O crisântemo e a espada

Dados Internacionais de Catalogação na Publicação (CIP)
(Câmara Brasileira do Livro, SP, Brasil)

Benedict, Ruth, 1887-1948.
O crisântemo e a espada : padrões da cultura japonesa / Ruth Benedict ; tradução Caesar Souza. – Petrópolis, RJ : Vozes, 2019. – (Coleção Antropologia)

Título original: The chrysanthemum and the sword : patterns of japanese culture.
Bibliografia.
ISBN 978-85-326-6202-6

1. Antropologia 2. Guerra Mundial, 1939-1945 – Japão 3. Japão – Civilização 4. Japão – Condições sociais 5. Japão – Cultura 6. Japão – Usos e costumes I. Souza, Caesar. II. Título. III. Série.

19-27332 CDD-952.09

Índices para catálogo sistemático:
1. Japão : Civilização : Cultura : História 952.09

Maria Alice Ferreira – Bibliotecária – CRB-8/7964

Ruth Benedict

O crisântemo e a espada

Padrões da cultura japonesa

Tradução de Caesar Souza

EDITORA
VOZES

Petrópolis

Título do original em inglês: *The Chrysanthemum and the Sword – Patterns of Japanese Culture*

Rua Frei Luís, 100
25689-900 Petrópolis, RJ
www.vozes.com.br
Brasil

Editoração: Eliana Moura Carvalho Mattos
Diagramação: Mania de criar
Revisão gráfica: Nilton Braz da Rocha / Nivaldo S. Menezes
Capa: Felipe Souza | Aspectos

ISBN 978-85-326-6202-6

Editado conforme o novo acordo ortográfico.

Este livro foi composto e impresso pela Editora Vozes Ltda.

Sumário

Agradecimentos

Homens e mulheres japoneses que haviam nascido ou sido educados no Japão e que estavam vivendo nos Estados Unidos durante os anos de guerra foram colocados em uma posição muito difícil. Muitos americanos desconfiavam deles. É um prazer especial, portanto, dar testemunho de seu auxílio e bondade durante o tempo em que estive reunindo o material para este livro. Devo-lhes, portanto, meus agradecimentos em uma medida muito especial. Sou especialmente grata ao meu colega de tempo de guerra, Robert Hashima. Nascido nesse país, mas criado no Japão, escolheu retornar aos Estados Unidos em 1941. Foi detido em um Campo de Relocalização de Guerra, e o encontrei quando veio a Washington para trabalhar nas agências de guerra dos Estados Unidos.

Devo meus agradecimentos também ao Escritório de Informações de Guerra, que me atribuiu a incumbência que relato neste livro, e, especialmente, ao Professor George E. Taylor, diretor-adjunto para o Extremo Oriente, e ao Comandante Alexander H. Leighton, mestre de cerimônias da Reserva Naval dos Estados Unidos (MC-USNR), que chefiava o Foreign Morale Analysis Division (Divisão de Análise do Moral Estrangeiro).

Desejo agradecer também àqueles que leram este livro em todo ou em parte: o Comandante Leighton, o Professor Clyde Kluckhohn e o Dr. Nathan Leites, que se encontravam no Escritório de Informações de Guerra durante a época em que estava trabalhando sobre o Japão e que me auxiliaram de muitos modos; o Professor Conrad Arensberg, a Dra. Margaret Mead, Gregory Bateson e E.H. Norman. Sou grata a todos por sugestões e auxílio.

Ruth Benedict

1
Incumbência: Japão

Os japoneses foram o inimigo mais estranho que os Estados Unidos já combateram em um conflito total. Em nenhuma outra guerra com um inimigo importante foi necessário levar em consideração hábitos extremamente diferentes de agir e pensar. Como a Rússia czarista, antes de nós* em 1905, estávamos combatendo uma nação completamente armada e treinada que não pertencia à tradição cultural ocidental. Convenções de guerra, que nações ocidentais passaram a aceitar como fatos da natureza humana, obviamente não existiam para os japoneses. Isso tornou a guerra no Pacífico mais do que uma série de aterrissagens em praias de ilhas, mais do que um problema incomparável de logística. Tornou-a um grande problema sobre a natureza do inimigo. Tivemos que compreender seu comportamento a fim de lidar com ele.

As dificuldades eram grandes. Durante os últimos 75 anos, desde que as portas fechadas do Japão foram abertas, os japoneses têm sido descritos na mais fantástica série de "mas tambéns" jamais usada para qualquer nação do mundo. Quando observadores sérios estão escrevendo sobre povos que não o japonês, e dizem que são excepcionalmente polidos, não tendem a acrescentar: "Mas também insolentes e dominadores". Quando dizem que o povo de alguma nação é incomparavelmente rígido em seu comportamento, não acrescentam: "Mas também se adapta prontamente a inovações extremas". Quando dizem que um povo é submisso, não explicam também que não é facilmente receptivo ao controle que vem de cima. Quando dizem que é leal e generoso, não declaram: "Mas também traiçoeiro e malicioso". Quando dizem que é genuinamente bravo, não discorrem detalhadamente sobre sua timidez. Quando dizem que agem levando em conta a opinião dos outros, não acrescentam que têm uma consciência verdadeiramente assustadora. Quando descrevem sua disciplina robótica no exército, não prosseguem descrevendo o modo pelo qual os soldados nesse exército se autodeterminam a ponto de se insubordinarem. Quando descrevem um povo que se dedica com paixão a conhecer o Ocidente, não falam sobre seu férvido conservadorismo. Quando escrevem livros sobre

* Em toda a obra os Estados Unidos são colocados em primeira pessoa [N.Ed.].

uma nação com um culto popular ao esteticismo, que concede honra elevada a atores e a artistas e se dedica à arte de cultivar crisântemos, esses livros não têm, ordinariamente, de ser suplementados por outros, dedicados ao culto da espada e do prestígio elevado do guerreiro.

Contudo, todas essas contradições embasam os livros sobre o Japão. São verdadeiras. Mas a espada e o crisântemo são uma parte da imagem. Os japoneses são, no grau mais elevado, agressivos e não agressivos, militaristas e estéticos, insolentes e polidos, rígidos e adaptáveis, submissos e ressentidos por serem tiranizados, leais e traiçoeiros, bravos e tímidos, conservadores e receptivos a novas formas. Preocupam-se, tremendamente, com o que outras pessoas pensarão sobre seu comportamento, e são também dominados pela culpa, mesmo quando outras pessoas nada saibam sobre seu erro de conduta. Seus soldados são completamente disciplinados, mas, também, insubordinados.

Quando se tornou tão importante para a América compreender o Japão, essas contradições e muitas outras igualmente flagrantes não poderiam ser descartadas. Estávamos enfrentando uma rápida sucessão de crises. O que os japoneses fariam? Era possível capitularem sem uma invasão? Deveríamos bombardear o palácio do imperador? O que poderíamos esperar dos prisioneiros de guerra japoneses? O que deveríamos dizer em nossa propaganda às tropas japonesas e para a pátria japonesa que pudesse salvar as vidas de americanos e diminuir a determinação japonesa de lutar até seu último soldado? Havia discordâncias violentas entre aqueles que conheciam melhor os japoneses. Quando viesse a paz, os japoneses eram um povo que exigiria a lei marcial para mantê-los em ordem? Nosso exército teria de se preparar para combater resistentes desesperados em cada reduto de montanha do Japão? Teria de haver uma revolução no Japão, ao estilo da Revolução Francesa ou da Revolução Russa, antes que a paz internacional fosse possível? Quem a lideraria? A erradicação dos japoneses era a alternativa? Nossos juízos faziam uma grande diferença.

Em junho de 1944, recebi a incumbência de estudar o Japão. Fui solicitada a utilizar todas as técnicas que pudesse, como antropóloga cultural, para esclarecer como os japoneses eram. Durante aquele começo de verão, nossa grande ofensiva contra o Japão havia recém-começado a se mostrar em sua verdadeira magnitude. As pessoas nos Estados Unidos ainda estavam dizendo que a guerra com o Japão duraria 3, 10 ou mais anos. No Japão, falavam que duraria 100 anos. Americanos, diziam, haviam tido vitórias locais, mas a Nova Guiné e as Ilhas Salomão ficavam a milhares de quilômetros de suas ilhas natais. Seus comunicados oficiais dificilmente admitiam derrotas navais, e o povo japonês ainda se considerava vitorioso.

Em junho, contudo, a situação começou a mudar. A segunda frente foi aberta na Europa, e a prioridade militar que o Alto Comando havia dado por 2,5 anos ao cenário europeu deu resultados. O fim da guerra contra a Alemanha estava à vista. E, no Pacífico, nossas forças aterrissaram em Saipan, uma grande operação que previa uma consequente derrota japonesa. A partir de então, nossos soldados deveriam enfrentar o exército japonês em regiões constantemente mais próximas. E, depois do combate na Nova Guiné, em Guadalcanal, em Burma, em Attu e Tarawa e Biak, sabíamos que estávamos lidando com um inimigo formidável.

Em junho de 1944, portanto, era importante responder a um sem-número de perguntas sobre nosso inimigo, o Japão.

Se o problema era militar ou diplomático, se era levantado por questões de alta política ou de panfletos a serem jogados atrás das linhas de frente japonesas, cada *insight* era importante. Na guerra total que o Japão estava lutando, não bastava apenas conhecermos os objetivos e motivos daqueles no poder em Tóquio, nem a longa história do Japão e, tampouco, as estatísticas econômicas e militares; tínhamos de saber o que seu governo poderia esperar do povo. Tínhamos de tentar compreender os hábitos de pensamento e de emoção japoneses e os padrões nos quais se enquadravam esses hábitos. Tínhamos de conhecer as sanções por trás dessas ações e opiniões; pôr de lado, temporariamente, as premissas sob as quais agimos como americanos e nos manter tão distantes quanto possível da conclusão fácil de que o que faríamos em determinada situação era o que eles fariam.

Minha incumbência era difícil. América e Japão estavam em guerra, e é fácil, em tempo de guerra, condenar indiscriminadamente, mas muito mais difícil tentar ver como seu inimigo vê a vida através dos olhos dele. Todavia, isso tinha de ser feito. A questão era como os japoneses se comportariam, não como nos comportaríamos se estivéssemos no lugar deles. Eu tinha de tentar usar o comportamento japonês na guerra como uma vantagem – e não como uma desvantagem – para compreendê-los. Tinha de olhar para o modo como conduziam a guerra e vê-lo, temporariamente, não como um problema militar, mas como um problema cultural. Na guerra, assim como na paz, os japoneses agiam de modo habitual. Que indicações especiais de seu modo de vida e pensamento eles davam na forma com que conduziam a guerra? As formas de seus líderes instigarem o espírito de guerra, de tranquilizarem os perplexos, de utilizarem seus soldados no campo – todas essas coisas mostravam o que eles consideravam pontos fortes sobre os quais poderiam capitalizar. Eu tinha de seguir os detalhes da guerra para ver como os japoneses se revelavam nela passo a passo.

Contudo, o fato de que nossas duas nações estavam em guerra inevitavelmente significava uma séria desvantagem. Significava que eu tinha de renunciar à mais importante técnica dos antropólogos culturais: uma saída de campo. Não poderia ir ao Japão e viver em seus lares e observar as pressões e estresses de sua vida diária, ver com meus olhos o que era crucial e o que não era. Não poderia observá-los na situação complicada de chegar a uma decisão. O estudo de campo de um antropólogo sobre uma aldeia japonesa, *Suye Mura*, de John Embree, foi inestimável, mas muitas das questões sobre o Japão, com as quais nos defrontávamos em 1944, não foram levantadas quando esse estudo fora escrito.

Como antropóloga cultural, a despeito dessas grandes dificuldades, tinha confiança em certas técnicas e postulados que poderiam ser utilizados. Ao menos, não tinha de renunciar à grande dependência dos antropólogos no contato face a face com o povo que estão estudando. Havia muitos japoneses nesse país que haviam sido criados no Japão, e eu lhes poderia perguntar sobre fatos concretos de suas experiências, descobrir como as julgaram, preencher com suas descrições muitas lacunas em nosso conhecimento que, como antropóloga, acreditava serem essenciais para compreendermos qualquer cultura. Outros cientistas sociais, que estavam estudando o Japão, usavam bibliotecas, analisando eventos ou estatísticas passados, seguindo desdobramentos na propaganda impressa ou falada japonesa. Eu acreditava que muitas dessas respostas que buscavam estavam incrustadas nas regras e valores da cultura japonesa, e poderiam ser encontradas, mais satisfatoriamente, por meio da exploração dessa cultura com pessoas que a tivessem realmente vivido.

Isso não significa que não tivesse lido ou não estivesse constantemente em dívida para com os ocidentais que haviam vivido no Japão. A vasta literatura sobre os japoneses e o grande número de bons observadores ocidentais que haviam vivido no Japão deram-me uma vantagem que nenhum antropólogo tem quando vai às nascentes do Rio Amazonas ou às montanhas da Nova Guiné para estudar uma tribo não alfabetizada. Por não possuírem uma língua escrita, essas tribos não registraram no papel quaisquer autorrevelações. Comentários de ocidentais são poucos e superficiais. Ninguém conhece sua história passada. O trabalhador de campo deve descobrir, sem qualquer ajuda de estudiosos anteriores, como sua vida econômica funciona, quão estratificada é sua sociedade, o que é mais importante em sua vida religiosa. Ao estudar o Japão, era a herdeira de muitos estudiosos. Descrições de pequenos detalhes da vida estavam ocultas em papéis antigos. Homens e mulheres da Europa e América haviam relatado suas experiências vividas, e os próprios japoneses haviam escrito autorrevelações realmente extraordinárias. Diferentemente de muitos povos orientais, tiveram um grande estímulo para se expressar por escrito. Escreveram sobre trivialidades de suas vidas, assim como sobre seus programas de expansão mundial. Eram surpreendentemente francos. Com certeza, não apresentaram a imagem completa. Nenhum povo apresenta. Japoneses que escrevem sobre o Japão desconsideram coisas realmente cruciais que lhes são tão familiares e tão invisíveis como o ar que respiram. O mesmo ocorre com americanos quando escrevem sobre a América. Mas, de qualquer modo, os japoneses adoravam a autorrevelação.

Li essa literatura, como Darwin diz ter lido quando estava desenvolvendo suas teorias sobre a origem das espécies, anotando o que eu não possuía os meios para compreender. O que necessitaria saber para compreender a justaposição de ideias em um discurso na Dieta? O que poderia encontrar-se por trás de sua violenta condenação de algum ato que parecia venial e de sua fácil aceitação de um ato que parecia chocante? Eu lia, fazendo a constante pergunta: O que há de "errado com essa imagem"? O que necessitaria saber para compreendê-la?

Assisti a filmes, também, que haviam sido escritos e produzidos no Japão – filmes de propaganda, históricos, sobre a vida contemporânea em Tóquio e nas aldeias agrícolas. Voltei a assisti-los mais tarde com japoneses que haviam assistido aos mesmos filmes no Japão e que, de qualquer modo, viam o herói, a heroína e os vilões como os japoneses os veem, não como eu os via. Quando estava confusa, estava claro que eles não estavam. Os enredos, as motivações não eram como eu os via, mas faziam sentido em termos da forma que o filme era construído. Como com os romances, havia muito mais diferenças do que parecia entre o que significavam para mim e o que significavam para aqueles criados no Japão. Alguns desses japoneses eram rápidos em defender as convenções japonesas, e alguns odiavam tudo que fosse japonês. É difícil dizer com qual grupo aprendi mais. Na imagem íntima que me deram de como as pessoas regulam suas vidas no Japão, todos estavam de acordo, independentemente de a aceitarem com alegria ou a rejeitarem com rancor.

Ao tentarem obter seu material e seus *insights* diretamente das pessoas na cultura que estão estudando, os antropólogos fazem o que todos os observadores ocidentais competentes que viveram no Japão fizeram. Se isso fosse tudo o que os antropólogos tivessem a oferecer, não poderiam esperar dar sua contribuição aos valiosos estudos que residentes estrangeiros fizeram sobre os japoneses. Os antropólogos culturais, contudo, possuem certas qualificações, como resultado de sua formação, que pareciam compensar seu esforço de tentarem acrescentar sua contribuição em um campo rico em estudiosos e observadores.

Os antropólogos conhecem muitas culturas da Ásia e do Pacífico. Existem muitos arranjos e hábitos sociais de vida no Japão que possuem paralelos estreitos nas tribos primitivas das ilhas do Pacífico. Alguns desses paralelos estão na Malásia, outros na Nova Guiné, e outros ainda na Polinésia. É interessante, com certeza, especular sobre se mostram algumas migrações antigas ou contatos, mas esse problema de possível relação histórica não era a razão pela qual o conhecimento dessas similaridades culturais era valioso para mim. Era, antes, o fato de que eu sabia como essas instituições funcionavam nessas culturas mais simples, e poderia obter noções para a vida japonesa a partir da semelhança ou da diferença que encontrasse. Sabia, também, algo sobre Sião, Burma e China no continente asiático, e poderia, portanto, comparar o Japão com outras nações que são uma parte de sua grande herança cultural. Antropólogos haviam mostrado repetidamente, em seus estudos sobre povos primitivos, quão valiosas essas comparações culturais podem ser. Uma tribo pode partilhar 90% de suas observâncias formais com seus vizinhos e, ainda assim, pode renová-las para se adequarem a um modo de vida e a um conjunto de valores que não partilha com povos adjacentes. Ao mesmo tempo, pode rejeitar alguns arranjos fundamentais que, embora pequenos em relação ao todo, conduzem o curso de seu desenvolvimento futuro numa direção única. Nada é mais útil aos antropólogos do que estudar contrastes que encontram entre povos que no todo partilham muitos traços.

Antropólogos tiveram também de se acostumar a maximizar diferenças entre sua cultura e uma outra, e suas técnicas têm de ser melhoradas para esse problema particular. Eles sabem, por experiência, que existem grandes diferenças nas situações que pessoas, em diferentes culturas, têm de experienciar e no modo como diferentes tribos e nações definem os significados dessas situações. Em alguma aldeia do Ártico, ou do deserto tropical, encontraram arranjos tribais de responsabilidade de parentesco ou intercâmbio financeiro que, em seus momentos de imaginação mais livre, não poderiam ter inventado. Tiveram de investigar não apenas os detalhes de parentesco ou intercâmbio, mas quais eram as consequências desses arranjos no comportamento da tribo, e como cada geração era condicionada, desde a infância, a se comportar do mesmo modo que seus ancestrais antes dela.

Essa preocupação profissional com diferenças, e seu condicionamento e suas consequências, poderia bem ser usada no estudo sobre o Japão. Ninguém ignora as diferenças culturais profundamente arraigadas entre os Estados Unidos e o Japão. Temos inclusive um provérbio sobre os japoneses que diz: "O que quer que façamos, eles farão o oposto". Uma tal convicção sobre diferença é perigosa somente se estudiosos se contentarem com dizer simplesmente que essas diferenças são tão fantásticas que é impossível compreender esse povo. Os antropólogos possuem boas provas, em sua experiência, de que mesmo comportamentos bizarros não nos impedem de compreendê-los. Mais do que quaisquer outros cientistas sociais, os antropólogos têm usado profissionalmente as diferenças como uma vantagem em vez de uma desvantagem. Nada chamou tanto sua atenção quanto o fato de que instituições e povos eram fenomenalmente estranhos. Não poderiam considerar coisa alguma como dada no modo de vida da tribo que estudavam, obrigando-os a olhar não apenas para alguns fatos selecionados, mas para tudo. Em estudos sobre nações ocidentais, uma pessoa sem experiência em estudos de culturas comparativas negligencia áreas inteiras de comportamento. Considera tantas coisas como dadas que não explora a variedade de hábitos na vida cotidiana e todos aqueles vereditos aceitos sobre temas domésticos, que, ampliados para o cenário nacional, têm mais a ver com o futuro da nação do que tratados assinados por diplomatas.

Os antropólogos tiveram de desenvolver técnicas para estudar o lugar-comum porque aquelas coisas que são lugares-comuns na tribo que estavam estudando eram muito diferentes de seus equivalentes em seu país natal. Quando tentaram compreender a extrema malícia de alguma tribo ou a extrema timidez de outra – quando tentaram determinar o modo pelo qual seus membros agiriam e se sentiriam em determinada situação – descobriram que tinham de se basear muito em observações e detalhes que muitas vezes não são percebidos nas nações civilizadas. Tinham boas razões para acreditar que eram essenciais e sabiam o tipo de pesquisa que as desvelaria.

Valia a pena tentar no caso do Japão. Pois é somente ao nos apercebermos dos lugares-comuns intensamente humanos da existência de qualquer pessoa que apreciamos, em sua total importância, a premissa dos antropólogos de que o comportamento humano em qualquer tribo primitiva ou em qualquer nação na vanguarda da civilização é *aprendido* na vida cotidiana. Não importa quão bizarro seu ato ou sua opinião, o modo como uma pessoa sente e pensa tem alguma relação com sua experiência. Quanto mais perplexa eu ficava diante de algum comportamento, mais assumia, portanto, que existiria, em algum lugar na vida japonesa, algum condicionamento ordinário dessa estranheza. Se a busca me levasse a detalhes triviais dos assuntos cotidianos, tanto melhor. Era ali que as pessoas aprendiam.

Como antropóloga cultural, também parti da premissa de que os comportamentos mais isolados possuem alguma relação sistemática entre si. Levei muito a sério o modo como centenas de detalhes caem em padrões gerais. Uma sociedade humana deve elaborar para si algum projeto de vida. Aprova certos modos de lidar com situações, certos modos de avaliá-las. As pessoas nessa sociedade consideram essas soluções como fundações do universo. Elas as integram, independentemente das dificuldades. Pessoas que aceitaram um sistema de valores pelos quais viver não podem, sem o risco de ineficiência e caos, manter por muito tempo uma parte isolada de suas vidas em que pensam e se comportam de acordo com um conjunto contrário de valores. Elas tentam produzir mais conformidade. Fornecem a si algum fundamento e algumas motivações comuns. Algum grau de consistência é necessário ou o esquema inteiro se desmantela.

Portanto, comportamento econômico, arranjos familiares, ritos religiosos e objetivos políticos se ajustam entre si. Mudanças em uma área podem ocorrer mais rapidamente do que em outras e submeter essas outras áreas a um grande estresse. Porém, o próprio estresse surge da necessidade de consistência. Em sociedades ágrafas dedicadas à busca de poder sobre outras, a vontade de poder é expressa tanto em suas práticas religiosas como em suas transações econômicas e em suas relações com outras tribos. Nas nações civilizadas, que possuem as antigas escrituras, a Igreja necessariamente retém as palavras dos séculos passados, enquanto as tribos ágrafas não, mas abdica da autoridade naqueles campos em que interferiria com a aprovação pública crescente ao poder econômico e político. As palavras permanecem, mas o significado é alterado. Dogmas religiosos, práticas econômicas e políticas não ficam retidos em pequenos lagos distintos, mas transbordam seus supostos limites, e suas águas se misturam inextricavelmente uma na outra. Como isso é sempre verdadeiro, quanto mais os estudiosos distribuem sua investigação entre fatos de economia, sexo, religião e cuidados com bebês, melhor podem seguir o que está acontecendo na sociedade que estudam. Podem formular suas hipóteses e obter seus dados em qualquer área da vida com proveito. Podem aprender a ver as demandas de qualquer nação, estejam elas formuladas em termos políticos, econômicos ou morais, como expressões de hábitos e modos de pensar que são aprendidos em sua experiência social. Este volume, portanto, não é um livro especificamente sobre a religião, a vida econômica, política ou familiar japonesa. Examina as crenças japonesas sobre a conduta da vida. Descreve essas crenças do modo que se manifestaram independentemente da atividade em questão. É sobre o que torna o Japão uma nação de japoneses.

Uma das desvantagens do século XX é que ainda temos as noções mais vagas e mais enviesadas não só do que torna o Japão uma nação de japoneses, mas do que torna os Estados Unidos uma nação de americanos, a França uma nação de franceses e a Rússia uma nação de russos. Sem esse conhecimento, um país não compreende o outro. Tememos diferenças irreconciliáveis quando o problema é apenas entre Tweedledum e Tweedledee*, e falamos sobre propósitos comuns, quando uma nação, em virtude de toda sua experiência e sistema de valores, tem em mente um curso de ação muito diferente daquele que pensávamos. Não nos damos a chance de descobrir quais são seus hábitos e valores. Se déssemos, poderíamos descobrir que um curso de ação não é necessariamente mau por não ser aquele que conhecemos.

Não é possível depender inteiramente do que cada nação diz sobre seus hábitos de pensamento e ação. Em cada nação, autores tentaram dar uma descrição devida. Mas não é fácil. As lentes através das quais uma nação olha para a vida não são as mesmas que outra nação utiliza. É difícil ser consciente dos olhos através dos quais o outro olha. Qualquer país subentende isso, e as distorções de foco e de perspectiva, que constituem a visão nacional da vida de qualquer povo, parecem, a esse povo, um arranjo dado por Deus. No que se refere a óculos, não podemos esperar que uma pessoa que os utiliza conheça a fórmula das lentes, assim como não podemos esperar que nações analisem sua própria perspectiva sobre o mundo. Quando desejamos saber sobre óculos, formamos um oftalmologista, e esperamos que seja capaz de escrever a fórmula de qualquer lente que

* Personagens de uma canção infantil inglesa e de Lewis Carroll em *Alice através do espelho e o que ela encontrou por lá*. Os nomes são comumente sinônimos na cultura popular para quaisquer duas pessoas que parecem idênticas e agem de formas idênticas [N.T.].

lhe trouxermos. Algum dia, sem dúvida, reconheceremos que é o trabalho dos cientistas sociais fazer isso para as nações do mundo contemporâneo.

O trabalho requer certo realismo e certa generosidade. Requer um realismo que as pessoas de boa vontade por vezes condenam. Esses protagonistas de Um Mundo colocaram suas esperanças em convencer as pessoas em cada canto da Terra de que todas as diferenças entre Leste e Oeste, brancos e negros, cristãos e muçulmanos são superficiais, e que toda humanidade é realmente similar. Essa visão é, por vezes, chamada a irmandade humana. Acreditar na irmandade humana deveria significar acreditar que os japoneses possuem sua própria versão da conduta da vida, e os americanos a nossa. Por vezes, é como se os idealistas só pudessem basear uma doutrina da boa vontade em um mundo no qual os povos fossem cópias do mesmo negativo. Mas exigir uma tal uniformidade como condição para respeitar outra nação é tão neurótico quanto exigi-la do cônjuge ou dos filhos. Os realistas estão contentes por existirem diferenças. Eles respeitam as diferenças. Seu objetivo é um mundo que se torne seguro para as diferenças, no qual os Estados Unidos possam ser completamente americanos sem ameaçar a paz do mundo, a França possa ser a França e o Japão possa ser o Japão, sob as mesmas condições. Proibir a maturação de qualquer uma dessas atitudes em relação à vida, pela interferência externa, parece injustificável a quaisquer estudiosos que não estejam convencidos de que as diferenças necessitam ser uma espada de Dâmocles pairando sobre o mundo. Tampouco necessitam temer que, ao adotar uma tal posição, estejam ajudando a confinar o mundo no *status quo*. Encorajar diferenças culturais não significaria um mundo estático. A Inglaterra não perdeu sua inglesidade porque uma Era Elizabetana foi seguida por uma era da Rainha Anne e por uma Era Vitoriana. Foi somente pelo fato de os ingleses serem tão eles mesmos que diferentes padrões e diferentes disposições nacionais puderam se afirmar em diferentes gerações.

O estudo sistemático das diferenças nacionais requer certa generosidade, assim como um realismo. O estudo de religiões comparativas floresceu somente quando as pessoas se encontraram seguras o bastante em suas próprias convicções para serem inusualmente generosas. Poderiam ser jesuítas, sábios árabes ou incrédulos, mas não poderiam ser extremistas. O estudo das culturas comparativas também não pode florescer quando as pessoas são tão defensivas sobre seu próprio modo de vida que lhes pareça ser por definição a única solução no mundo. Essas pessoas nunca conhecerão o amor agregado de sua própria cultura que vem de um conhecimento de outros modos de vida. Elas renunciam a uma experiência prazerosa e enriquecedora. Sendo tão defensivas, não têm alternativa senão exigir que outras nações adotem suas próprias soluções particulares. Como americanas, impõem seus preceitos preferidos a todas as nações. E outras nações não podem, a pedido, adotar nosso modo de vida, do mesmo modo como não poderíamos aprender a calcular em dúzias em vez de dezenas ou pararmos sobre um só pé, como certos nativos leste-africanos.

Este livro, portanto, é sobre hábitos que são esperados e tácitos no Japão. É sobre aquelas situações em que quaisquer japoneses podem contar com cortesia e aquelas situações em que não podem, sobre quando sentem vergonha, quando se sentem embaraçados, sobre o que exigem de si. A autoridade ideal para qualquer enunciado neste livro seria a pessoa comum. Seria qualquer um. Isso não significa que tenha sido colocada pessoalmente em cada circunstância particular. Significa que qualquer pessoa reconheceria que isso foi como foi sob aquelas condições. O objetivo de um estudo como este é descrever profundamente atitudes arraigadas de pensamento e de comportamento. Mesmo quando não o atinge, esse era o ideal.

Em um estudo como este, chegamos rapidamente ao ponto no qual o testemunho de um grande número de informantes adicionais não fornece mais validação. Quem faz reverência a quem e quando, por exemplo, não requer estudo estatístico de todo Japão. As circunstâncias aprovadas e costumeiras podem ser relatadas por quase qualquer pessoa e, após algumas confirmações, não é necessário obter a mesma informação de 1 milhão de japoneses.

Os estudiosos que estão tentando descobrir as suposições sob as quais o Japão constrói seu modo de vida possuem uma tarefa muito mais difícil do que a validação estatística. A grande exigência sobre eles é relatar como essas práticas e juízos aceitos se tornam as lentes através das quais os japoneses veem a existência. Têm de expressar o modo como suas crenças afetam o foco e a perspectiva pelos quais veem a vida. Devem tentar tornar isso inteligível aos americanos, que vemos a existência sob um foco muito diferente. Nessa tarefa de análise, a corte de autoridade não é necessariamente o *tanaka san* – o "qualquer um" japonês –, pois ele não torna suas crenças explícitas, e as interpretações escritas para os americanos lhe parecerão, sem dúvida, desnecessariamente difíceis.

Estudos americanos sobre sociedades foram muitas vezes planejados para estudar as premissas sob as quais culturas civilizadas são construídas. Muitos estudos assumem que essas premissas são autoevidentes. Sociólogos e psicólogos estão preocupados com a "dispersão" de opiniões e comportamentos, e a técnica de estocagem é estatística. Eles submetem à análise estatística uma grande quantidade de material de recenseamento, um grande número de respostas a questionários ou a questões de entrevistadores, medições psicológicas e outros semelhantes, e tentam derivar a independência ou interdependência de certos fatores. No campo da opinião pública, a técnica valiosa de pesquisar o país usando uma amostra cientificamente selecionada da população tem sido altamente aperfeiçoada nos Estados Unidos. É possível descobrir como muitas pessoas apoiam ou se opõem a certo candidato a um posto público ou a certa política. Apoiadores e oponentes podem ser classificados como rurais ou urbanos, de baixa renda ou de renda elevada, republicanos ou democratas. Em um país com sufrágio universal, no qual leis são formuladas e promulgadas pelos representantes do povo, esses achados têm importância prática.

Nós, americanos, podemos pesquisar os americanos e entender os achados, mas podemos fazer isso graças a um passo prévio, que é tão óbvio que ninguém menciona: conhecemos e subentendemos a conduta da vida nos Estados Unidos. Os resultados da pesquisa dizem mais sobre o que já sabemos. Ao tentarmos entender outro país, o estudo qualitativo sistemático sobre hábitos e suposições de seu povo é essencial antes que uma pesquisa possa ser de algum proveito. Ao coletar cuidadosamente amostras, uma pesquisa pode descobrir quantas pessoas são a favor ou contra o governo. Mas o que isso nos diz sobre elas, a menos que conheçamos suas noções sobre o Estado? Somente assim podemos saber sobre o que os partidos estão discutindo, nas ruas ou na Dieta. As crenças de uma nação sobre o governo são de importância muito mais geral e permanente do que de números da força partidária. Nos Estados Unidos, o governo, tanto para republicanos como para democratas, é quase um mal necessário, e limita a liberdade individual. O emprego no governo também, exceto talvez em tempo de guerra, não dá a uma pessoa uma posição que ela obtém de um trabalho equivalente na iniciativa privada. Essa versão do Estado é muito diferente da versão japonesa, e mesmo de muitas nações europeias. O que necessitamos saber primeiro de tudo é exatamente qual é sua versão. Sua visão está incorporada aos seus costumes, aos seus comentários sobre pessoas bem-sucedidas, ao seu mito sobre a história nacional, aos seus discursos sobre feriados nacionais. Ela pode ser estudada nessas manifestações indiretas. Mas requer estudo sistemático.

As suposições básicas que qualquer nação faz sobre a vida, as soluções que aprovou podem ser estudadas com o mesmo tipo de atenção e detalhe que usamos para descobrir a proporção de uma população que votará "sim" ou "não" em uma eleição. O Japão era um país cujas suposições fundamentais mereciam ser exploradas. Certamente, eu achava que, assim que visse em que minhas suposições ocidentais não se encaixavam em seu modo de ver a vida e tivesse uma ideia das categorias e símbolos que eles usavam, muitas contradições que os ocidentais costumavam ver no comportamento japonês deixariam de ser contradições. Comecei a ver como os japoneses viam certas oscilações violentas de comportamento como partes integrais de um sistema intrinsecamente consistente. Posso tentar mostrar por quê. Enquanto trabalhava com eles, começaram a utilizar frases e ideias estranhas, que terminaram tendo grandes implicações e se mostrando repletas de emoções antigas. Virtude e vício, conforme o Ocidente compreende, experienciaram uma mudança profunda. O sistema era singular, não era budismo e não era confucionismo. Era japonês – o ponto forte e o ponto fraco do Japão.

2
Os japoneses na guerra

Em cada tradição cultural existem ortodoxias sobre a guerra, e algumas delas são partilhadas em todas as nações ocidentais, independentemente das diferenças específicas. Existem certas exortações ao esforço de guerra total, certas formas de assistência no caso de derrotas locais, certas regularidades na proporção de fatalidades em relação a rendições e certas regras de comportamento para prisioneiros de guerra que são previsíveis em guerras entre nações ocidentais exatamente porque possuem uma grande tradição cultural compartilhada que leva em conta as guerras.

Todos os modos pelos quais os japoneses se afastavam das convenções ocidentais de guerra eram dados sobre sua visão da vida e sobre suas convicções sobre o dever de cada pessoa. Para os propósitos de um estudo sistemático da cultura e do comportamento japoneses não importava se seus desvios de nossas ortodoxias eram cruciais ou não em um sentido militar. Qualquer um deles pode ser importante por levantar questões sobre o caráter dos japoneses para as quais necessitávamos de respostas.

As próprias premissas que o Japão usava para justificar sua guerra eram o oposto das americanas. Ele definia a situação internacional diferentemente. A América entrara na guerra devido às agressões do Eixo. Japão, Itália e Alemanha haviam injustamente transgredido a paz internacional por seus atos de conquista. Tendo tomado o poder, seja em Manchukuo, seja na Etiópia ou na Polônia, o Eixo mostrou que havia iniciado um curso maligno de opressão aos povos fracos. Haviam pecado contra um código internacional de "viver e deixar viver" ou ao menos de "portas abertas" à livre-iniciativa. O Japão via a causa da guerra sob outra luz. Enquanto cada nação tivesse soberania absoluta, haveria anarquia no mundo. Para ele, era necessário lutar para estabelecer a hierarquia – subordinada ao Japão, é claro, uma vez que ele sozinho representava uma nação verdadeira e completamente hierárquica e, por isso, compreendia a necessidade de assumir "o devido lugar". Ao ter atingido a unificação e a paz em seu continente, debelado o banditismo, construído estradas e indústrias de energia elétrica e de aço e educado 99,5% de sua geração jovem em suas escolas públicas – de acordo com seus números oficiais –, o Japão deveria, segundo suas premissas de hierarquia, educar sua irmã mais jovem e mais atrasada, a China. Sendo da mesma raça que a Grande Ásia Oriental, deveria eliminar os Estados Unidos e, após eles, a Grã-Bretanha e a Rússia daquela parte do mundo, e "assumir seu devido lugar". Todas as nações deveriam ser um só mundo determinado em uma hierarquia internacional. No próximo capítulo, examinaremos o que esse valor elevado, colocado na hierarquia, significava na cultura japonesa. Era uma fantasia adequada para o Japão criar. Infelizmente, para ele, os países que ocupou não viam isso sob a mesma luz. Apesar disso, nem mesmo a derrota fez aflorar nele o repúdio moral aos seus ideais da Grande Ásia Oriental, e mesmo seus prisioneiros de guerra, que eram menos jingoístas, raramente chegaram a criticar os propósitos do Japão no continente e no sudoeste do Pacífico. Por muito tempo ainda o Japão manterá necessariamente parte de suas atitudes inerentes, e uma das mais importantes é sua fé e confiança na hierarquia. É estranha aos americanos, afetos à igualdade, mas é necessária para compreendermos o que a hierarquia significava para o Japão, e que vantagens aprendeu a conectar a ela.

Do mesmo modo, o Japão colocou suas esperanças de vitória em uma base diferente daquela prevalente nos Estados Unidos. A sua, alardeava, seria uma vitória do espírito sobre a matéria. A América era grande, seus armamentos eram superiores, mas o que importava isso? Tudo isso, eles diziam, havia sido previsto e descontado. "Se tivéssemos medo de cifras matemáticas", os japoneses liam em seu grande jornal, o *Mainichi Shimbun*, "a guerra não teria começado. Os grandes recursos do inimigo não foram criados por esta guerra".

Mesmo quando estava vencendo, seus estadistas civis, seu Alto Comando e seus soldados repetiam que essa não era uma competição entre armamentos. Era uma oposição entre nossa fé nas coisas contra a fé deles no espírito. Quando estávamos vencendo, eles repetiam constantemente que num conflito assim o poder material deve necessariamente fracassar. Esse dogma se tornou, sem dúvida, um álibi conveniente na época das derrotas em Saipan e em Iwo Jima, mas não foi manufaturado como um álibi para derrotas. Foi uma exortação, durante todos os meses de vitórias japonesas, e um *slogan* aceito muito antes de Pearl Harbor. Na década de 1930, o General Araki, um militarista fanático e outrora Ministro da Guerra, escreveu em um panfleto dirigido "A toda raça japonesa" que "a verdadeira missão" do Japão era "disseminar e glorificar o modo Imperial, até o fim dos Quatro Mares. A inadequação de força não nos preocupa. Por que deveríamos nos preocupar com o que é material?"

Certamente, como qualquer outra nação se preparando para a guerra, eles se preocupavam. Durante toda a década de 1930, a proporção de sua receita nacional, que era dedicada a armamento, cresceu astronomicamente. À época de seu ataque a Pearl Harbor, aproximadamente quase metade de toda receita nacional estava indo para propósitos militares e navais e, do total de gastos do governo, somente 17% estavam disponíveis para financiar qualquer coisa que tivesse a ver com a administração civil. A diferença entre o Japão e as nações ocidentais não era que o Japão fosse descuidado em relação a armamento material, mas que navios e armas eram apenas a fachada do Espírito imorredouro japonês. Eram símbolos, do mesmo modo que a espada do samurai havia sido o símbolo de sua virtude.

O Japão foi tão consistente em enfatizar recursos não materiais quanto os Estados Unidos foram em destacar seu comprometimento com a grandeza. O Japão tinha de fazer campanha pela produção em escala total, assim como os Estados Unidos, mas suas campanhas eram baseadas em suas próprias premissas. O espírito, o Japão dizia, era tudo e era eterno; as coisas materiais eram necessárias, é claro, mas eram subordinadas e caíam pelo caminho. "Existem limites para os recursos materiais", as rádios japonesas alardeariam, "é lógico que coisas materiais não podem durar 1.000 anos". E essa confiança no espírito foi tomada literalmente na rotina da guerra. Seus catecismos de guerra usavam o *slogan* – que era tradicional, não feito sob medida para esta guerra – "Confrontar nosso treinamento com seus números e nossa carne com seu aço". Seus manuais de guerra começavam com a linha em negrito: "Leia isso e a guerra está vencida". Seus pilotos, que guiavam seus aviões muito pequenos em colisões suicidas contra nossos navios, eram um texto sem fim em favor da superioridade do espiritual sobre o material. Eles os chamavam Unidade Kamikaze, pois o *kamikaze* foi o vento divino que salvou o Japão da invasão de Genghis Khan no século XIII ao espalhar e virar seus transportes.

Mesmo nas situações civis, as autoridades japonesas assumiram, literalmente, a predominância do espírito sobre as circunstâncias materiais. As pessoas ficavam fatigadas por trabalharem 12 horas nas fábricas e durante os bombardeios que duravam a noite inteira? "Quanto mais pesados nossos corpos, mais alto nossa vontade, nosso espírito elevar-se-á sobre eles." "Quanto mais cansados estamos, mais esplêndido o treinamento." As pessoas estavam com frio nos abrigos contra bombas no inverno? Na rádio, a Sociedade de Cultura Física Dai Nippon prescrevia exercícios físicos de aquecimento corporal, que não só seriam um substituto para calefação, colchões e roupas de cama como também, melhor ainda, substituiriam a comida, não mais disponível para manter a força normal das pessoas. "É claro que alguns podem dizer que com a escassez atual de comida não podemos pensar em fazer ginástica. Não! Quanto mais há escassez de comida, mais devemos aumentar nossa força física por outros meios." Ou seja, devemos aumentar nossa força física despendendo ainda mais dela. A visão dos americanos sobre energia corporal, que sempre reconhece quanta força temos de utilizar, quer tenhamos dormido 8 ou 5 horas na última noite, quer tenhamos feito nossas refeições regulares, quer estejamos com frio, é aqui confrontada a um cálculo que não se baseia em acumular energia. Isso seria materialista.

As transmissões de rádio japonesas foram ainda mais longe durante a guerra. Na batalha, o espírito superava mesmo o fato físico da morte. Uma transmissão descrevia um piloto herói e o milagre de seu triunfo sobre a morte:

> Depois de terminadas as batalhas aéreas, os aviões japoneses retornaram à sua base em pequenas formações de 3 ou 4. Um capitão estava em um dos primeiros aviões a retornarem. Após sair de seu avião, pisou no chão e olhou para o céu com binóculos. Enquanto seus homens retornavam, ele contava. Ele parecia muito pálido, mas estava muito firme. Após o último avião retornar, redigiu um relatório e se dirigiu ao quartel-general. Lá, fez seu relato ao oficial de comando. Tão logo terminou seu relato, porém, caiu repentinamente no chão. Os oficiais imediatamente correram para lhe prestar socorro, mas (que lástima!) ele estava morto. Ao examinarem seu corpo, constataram que já se encontrava frio, e que tinha um ferimento a bala em seu peito, que se mostrara fatal. É impossível para o corpo de uma pessoa recém-morta estar frio. Contudo, o corpo do capitão morto estava frio como gelo. Ele deve ter morrido muito tempo antes, e foi seu espírito que fez o relatório. Um fato milagroso como esse deve ter sido realizado pelo estrito senso de responsabilidade que o capitão morto possuía.

Para os americanos, é claro, essa é uma narrativa implausível, mas os japoneses instruídos não riram diante dessa transmissão. Tinham certeza de que não seria recebida como uma fábula pelos ouvintes no Japão. Primeiro, destacaram que o locutor havia verdadeiramente dito que o feito do capitão fora "um fato milagroso". Mas por que não? A alma poderia ser treinada. Obviamente, o capitão foi um mestre de autodisciplina. Se todo Japão sabia que "um espírito sereno poderia durar 1.000 anos", não poderia durar algumas horas no corpo de um capitão da força aérea, que tornou a "responsabilidade" a lei central de sua vida inteira? Os japoneses acreditavam que as disciplinas técnicas poderiam ser usadas para capacitar uma pessoa a tornar seu espírito supremo. O capitão aprendeu e se beneficiou disso.

Como americanos, poderíamos desconsiderar completamente esses excessos japoneses como os álibis de uma nação pobre ou a infantilidade de uma nação iludida. Se o fizéssemos, contudo, seríamos menos capazes de lidar com eles na guerra ou na paz. Os preceitos dos japoneses lhes têm sido inculcados por certos tabus e recusas, por certos métodos de treinamento e disciplina, e esses preceitos não são meras excentricidades isoladas. Somente se nós americanos os reconhecermos podemos nos aperceber do que estão dizendo, quando, na derrota, reconhecem que o espírito não foi o bastante, e que defender posições "com lanças de bambu" era uma fantasia. É ainda mais importante que sejamos capazes de apreciar seu reconhecimento de que *seu* espírito foi insuficiente e que foi confrontado na batalha e na indústria pelo espírito do povo americano. Como disseram após sua derrota: durante a guerra, estavam "envolvidos com a subjetividade".

As formas japonesas de afirmar todos os tipos de coisas durante a guerra – não somente sobre a necessidade da hierarquia e da supremacia do espírito – eram reveladoras a estudiosos de culturas comparativas. Eles falavam constantemente sobre segurança e autoconfiança como sendo somente uma questão de ser prevenido. Em qualquer catástrofe, fosse o bombardeio a civis, fosse a derrota em Saipan, ou ainda seu fracasso em defender as Filipinas, a mensagem japonesa para seu povo era que isso já era esperado e que, portanto, não havia com o que se preocupar. A rádio fez grandes esforços, contando, obviamente, com o conforto que o povo japonês obtinha ao ouvir que estavam vivendo em um mundo completamente conhecido. "A ocupação americana de Kiska leva o Japão para o raio dos bombardeiros americanos. Mas estávamos muito conscientes dessa contingência e fizemos as preparações necessárias." "Sem dúvida, o inimigo fará uma ofensiva contra nós através de operações combinadas de terra, mar e ar, mas levamos isso em consideração em nossos planos." Prisioneiros de guerra, mesmo aqueles que esperavam pela derrota do Japão logo no começo, em uma guerra sem esperança, estavam certos de que o bombardeio não enfraqueceria os japoneses em casa, "porque estavam prevenidos". Quando iniciaram os bombardeios americanos sobre as cidades japonesas, o vice-presidente da Associação dos Fabricantes Aeronáuticos anunciou: "Finalmente, os aviões inimigos estão sobre nossas cabeças. Contudo, nós, que estamos envolvidos com a indústria de produção aeronáutica e que sempre esperávamos que isso fosse acontecer, fizemos preparações completas para lidar com isso. Portanto, nada há com que se preocupar". Somente garantindo que já se soubesse tudo de antemão, que tudo fora completamente planejado, os japoneses poderiam fazer a afirmação, tão necessária a eles, de que tudo havia sido ativamente deliberado somente por eles; ninguém lhes havia imposto coisa alguma. "Não deveríamos pensar que fomos passivamente atacados, mas que atraímos ativamente o inimigo em nossa direção." "Inimigo, venha, se desejar." Em vez de dizermos "Finalmente, o que tinha de acontecer aconteceu", diremos em troca: "Aquilo que esperávamos aconteceu. Estamos felizes porque aconteceu". O ministro da Marinha citou, na Dieta, os ensinamentos do grande guerreiro da década de 1870, Takamori Saigo: "Existem dois tipos de oportunidades: uma que nos surge, a outra que criamos. Em tempos de grandes dificuldades, não devemos falhar em criar nossa oportunidade". E o General Yamashito, quando as tropas americanas marcharam em Manila, "observou com um amplo sorriso", disse a rádio, "que agora o inimigo estava em nosso seio..." "A rápida queda de Manila, logo após os desembarques do inimigo na Baía de Lingayen, só foi possível como um resultado das táticas do General Yamashito, e de acordo com seus planos. As operações do General Yamashito estão agora fazendo progresso contínuo." Em outras palavras, nada ocorre como derrota.

Nós, os americanos, fomos tão longe na direção oposta quanto os japoneses na sua. Lançamo-nos nesse esforço de guerra *porque* esse conflito nos foi imposto. Fomos atacados, portanto, o inimigo que se cuide. Nenhum porta-voz, planejando como poderia encorajar os recrutas americanos, disse sobre Pearl Harbor ou sobre Bataan: "Em nossos planos, levamos completamente em conta esses ataques". Nossos oficiais disseram, em troca: "O inimigo pediu isso. Mostraremos a eles o que podemos fazer". Nós, americanos, ajustamos todo o nosso comportamento a um mundo constantemente desafiador – e estamos preparados para aceitar o desafio. Os encorajamentos japoneses são baseados, em troca, em um modo de vida que é planejado e mapeado de antemão, e no qual a maior ameaça vem do inesperado.

Outro tema constante na conduta japonesa da guerra também era revelador sobre a vida japonesa. Eles falavam continuamente sobre como "os olhos do mundo estavam sobre eles". Assim, deveriam mostrar completamente o espírito do Japão. As tropas americanas desembarcaram em Guadalcanal, e as ordens japonesas aos seus soldados eram que agora estavam sob observação direta "do mundo" e deveriam mostrar do que eram feitos. Os marinheiros japoneses foram avisados de que no caso de serem torpedeados e recebessem a ordem de abandonar o navio, deveriam ocupar os barcos salva-vidas com o maior decoro, ou "o mundo rirá de vocês. Os americanos farão filmes de vocês e os mostrarão em Nova York". Importava que descrição davam de si ao mundo. E sua preocupação com esse ponto também era uma preocupação profundamente arraigada na cultura japonesa.

A questão mais famosa sobre as atitudes japonesas dizia respeito à Sua Majestade Imperial, o imperador. Qual era a influência do imperador sobre seus súditos? Algumas autoridades americanas enfatizavam que, ao longo dos 7 séculos feudais do Japão, o imperador fora uma autoridade simbólica obscura. A lealdade imediata de cada um era devida ao seu senhor, o *daimyo*, e, além desse, ao generalíssimo militar, o xogum. A lealdade ao imperador dificilmente era um problema. Ele era mantido recluso em uma corte isolada, cujas cerimônias e atividades eram rigorosamente circunscritas pelas regulações do xogum. Era traição, mesmo para um grande senhor feudal, prestar seus respeitos ao imperador, e, para o povo do Japão, ele praticamente inexistia. O Japão só poderia ser compreendido por sua história, esses analistas americanos insistiam. Como poderia um imperador, que havia sido tirado da obscuridade da memória de pessoas ainda vivas, ser o ponto de convergência real de uma nação conservadora como o Japão? Os publicistas japoneses, que reiteravam continuamente a influência imorredoura do imperador sobre seus súditos, estavam protestando em demasia, diziam, e sua insistência somente mostrava a fraqueza de seu caso. Não havia razão, portanto, para que a política americana durante a guerra tivesse pudores para lidar com o imperador. Ao contrário, havia muitas razões pelas quais deveríamos dirigir nossos ataques mais fortes contra esse conceito tirânico que o Japão havia recentemente concebido. Era a essência de sua religião xintoísta nacionalista moderna; se minássemos e questionássemos a santidade do imperador, toda estrutura do Japão inimigo cairia em ruínas.

Muitos americanos competentes, que conheciam o Japão e que viram os relatórios das linhas de frente e das fontes japonesas, eram de posição contrária. Aqueles que haviam vivido no Japão sabiam bem que nada amargurava o povo japonês ou provocava sua autoconfiança como qualquer palavra destrutiva contra o imperador ou qualquer ataque direto a ele. Eles não acreditavam que, ao atacarmos o imperador, estaríamos, aos olhos dos japoneses, atacando o militarismo. Eles viram que a reverência pelo imperador fora igualmente forte naqueles anos após a Primeira Guerra Mundial, quando "de-mok-ra-sie" era o grande lema, e o militarismo estava tão desacreditado, que os militares prudentemente colocavam roupas civis antes de saírem para as ruas de Tóquio. A reverência dos japoneses por seu chefe imperial não poderia ser comparada, como insistiam esses antigos residentes do Japão, com a veneração Heil-Hitler, que foi o barômetro do destino do partido nazista, e esteve vinculado a todos os males de um programa fascista.

Certamente, o testemunho de prisioneiros japoneses de guerra os corroborava. Diferentemente dos soldados ocidentais, esses prisioneiros não haviam sido instruídos sobre o que dizer e sobre o que silenciar quando capturados, e suas respostas sobre todos os temas eram surpreendentemente não reguladas. Essa falha de doutrinação se deveu, certamente, à política de não se render do Japão. Só foi remediada nos últimos meses de guerra, e, mesmo então, somente em alguns exércitos ou unidades locais. Valia a pena prestar atenção ao testemunho dos prisioneiros, pois representavam uma amostra da opinião geral nas Forças Armadas japonesas. Não eram soldados cujo baixo moral os havia levado a se renderem – e que poderiam, portanto, ser atípicos. Todos, com exceção de alguns, eram soldados feridos e inconscientes, incapazes de resistir quando capturados.

Os prisioneiros de guerra japoneses, que eram completamente resistentes, imputavam seu militarismo extremo ao imperador, e estavam "realizando sua vontade", "tranquilizando-o", "morrendo a mando do imperador". "O imperador levou o povo à guerra, e era meu dever obedecer". Mas aqueles que rejeitavam essa guerra presente e os futuros planos japoneses de conquista de modo tão regular atribuíam suas persuasões pacíficas ao imperador. Ele era todas as coisas para todos. Os cansados da guerra falavam dele como "sua Majestade pacífica"; insistiam em que "sempre fora liberal e contra a guerra". "Ele havia sido enganado por Tojo." "Durante o incidente manchu, mostrou que era contra os militares." "A guerra foi iniciada sem o conhecimento ou permissão do imperador. O imperador não gosta de guerra e não teria permitido que seu povo fosse arrastado a ela. O imperador não sabe o quanto seus soldados são maltratados." Essas não eram afirmações como as dos prisioneiros de guerra alemães que, embora reclamassem muito de que Hitler havia traído seus generais ou seu alto comando, atribuíam a guerra e as preparações para ela a Hitler como seu incitador supremo. O prisioneiro de guerra japonês era muito explícito quanto ao fato de que a reverência dada à Família Imperial era separável do militarismo e das políticas agressivas de guerra.

O imperador era, para eles, contudo, inseparável do Japão. "Um Japão sem um imperador não é o Japão." "O Japão sem o imperador não pode ser imaginado." "O imperador japonês é o símbolo do povo japonês, o centro de suas vidas religiosas. Ele é um objeto super-religioso." Tampouco seria culpado pela derrota se o Japão perdesse a guerra. "O povo não considera o imperador responsável pela guerra." "No caso da derrota, o Gabinete e os líderes militares assumiriam a culpa, não o imperador." "Mesmo que o Japão perdesse a guerra, 10 em cada 10 ainda reverenciariam o imperador."

Toda essa unanimidade em reconhecer o imperador como isento de críticas parecia falsa para os americanos, que estamos acostumados a não isentar ente humano algum de escrutínio e criticismo céticos. Mas não havia dúvida de que fosse a voz do Japão, mesmo na derrota. Aqueles mais experienciados em interrogar os prisioneiros decidiram que era desnecessário introduzir em cada folha de entrevista: "Recusas em falar contra o imperador". Todos os prisioneiros se recusavam, mesmo aqueles que cooperavam com os Aliados e se comunicavam pelo rádio com as tropas japonesas. De todas as entrevistas coletadas de prisioneiros de guerra, somente 3 foram ligeiramente contra o imperador, e somente uma se atreveu a dizer: "Seria um erro deixar o imperador no trono". Uma segunda disse que o imperador era uma "pessoa com a mente fraca, nada mais que uma marionete". E uma terceira, no máximo, supõe que o imperador poderia abdicar em favor de seu filho, e que, se a monarquia fosse abolida, as jovens japonesas esperariam obter uma liberdade que invejavam nas mulheres da América.

Os comandantes japoneses, portanto, estavam se aproveitando de uma veneração japonesa quase unânime, quando distribuíam aos soldados cigarros "do imperador", ou, em seu aniversário, levavam-nos a fazer 3 reverências, voltados para o leste, e a gritarem "Banzai"; quando entoavam com todas as suas tropas pela manhã e à noite – "mesmo que a unidade estivesse sujeita a bombardeio diurno e noturno" – as "palavras sagradas" que o próprio imperador havia proferido às forças armadas no Rescrito para Soldados e Marinheiros, enquanto "o som da entoação ecoava através da floresta". Os militaristas usavam o apelo da lealdade ao imperador de todas as formas possíveis. Exortavam seus soldados a "satisfazerem os desejos de Sua Majestade Imperial", a "dissiparem todas as ansiedades de seu imperador", a "demonstrarem seu respeito por Sua Benevolência Imperial", a "morrerem pelo imperador". Mas essa obediência à sua vontade poderia ter efeitos bons e maus ao mesmo tempo. O mesmo número de prisioneiros dizia que os japoneses "lutarão sem hesitação, mesmo com nada mais que varas de bambu, se o imperador assim decretar. Eles parariam prontamente caso ele assim o decretasse"; "o Japão deporia as armas amanhã se o imperador decretasse uma tal ordem"; "Mesmo o Exército Kwan-tung na Manchúria" – na maioria militantes e jingoístas – "deporia suas armas"; "somente suas palavras podem fazer o povo japonês aceitar uma derrota e se resignar a viver para a reconstrução".

Essa lealdade incondicional e irrestrita ao imperador estava conspicuamente em conflito com críticas de todas as outras pessoas e grupos. Fosse nos jornais e revistas japoneses ou no testemunho de prisioneiros de guerra, havia crítica ao governo e aos líderes militares. Prisioneiros de guerra se sentiam livres para denunciar seus comandantes locais, especialmente aqueles que não haviam partilhado dos perigos e privações de seus soldados. Eram especialmente críticos em relação àqueles que haviam evacuado por avião e deixado seus soldados para trás no campo de batalha. Usualmente, elogiavam alguns oficiais e criticavam duramente outros. Não havia sinal de que não estivessem dispostos a discriminar o bom do mau nas coisas japonesas. Mesmo nas ilhas natais, jornais e revistas criticavam "o governo". Exigiam mais liderança e uma maior coordenação de esforços, e declaravam que não estavam obtendo do governo o que era necessário. Criticavam inclusive as restrições de liberdade de expressão. Uma matéria sobre um painel de editores – ex-membros da Dieta e diretores do partido totalitário do Japão, a Associação de Assistência ao Regime Imperial – publicada em julho de 1944 em um jornal de Tóquio é um bom exemplo. Um interlocutor disse: "Acho que há vários modos de estimular o povo japonês, mas o mais importante é a liberdade de expressão. Nos últimos anos, as pessoas não se sentem livres para dizer francamente o que pensam. Têm estado com medo de que possam ser denunciadas se falarem sobre certos temas. Elas hesitaram, e tentaram reparar a superfície, de forma que a mente pública se tornou realmente tímida. Desse modo, nunca poderemos desenvolver o poder total do povo". Outro interlocutor expandiu o mesmo tema: "Tenho organizado simpósios quase toda noite com as pessoas dos distritos eleitorais e lhes perguntado sobre muitas coisas, mas elas ficam com muito medo de falar. A liberdade de expressão tem sido negada. Esse não é certamente um modo adequado de estimular nas pessoas sua vontade de lutar. Elas são tão restringidas pela assim chamada Lei Penal Especial de Tempo de Guerra e pela Lei de Segurança Nacional, que se tornaram tão tímidas quanto as pessoas no período feudalista. Assim, o poder de luta que poderia ter sido desenvolvido permanece agora subdesenvolvido".

Mesmo durante a guerra, portanto, os japoneses criticavam o governo, o Alto Comando e seus superiores imediatos. Não reconheciam, inquestionavelmente, as virtudes da hierarquia inteira. Mas o imperador estava isento. Como isso poderia ocorrer quando sua supremacia era tão recente? Que excentricidade do caráter japonês possibilitou que ele atingisse, então, uma posição sacrossanta? Os prisioneiros de guerra japoneses estavam certos em afirmar que, assim como o povo lutaria até a morte "com lanças de bambu", tão logo lhe ordenassem, aceitariam pacificamente a derrota e a ocupação, caso lhes fosse ordenado? Seria isso uma absurdidade destinada a nos enganar? Ou essa seria, possivelmente, a verdade?

Todas essas questões cruciais sobre o comportamento japonês na guerra – de seu viés antimaterialista às suas atitudes para com o imperador – diziam respeito ao Japão continental, assim como às frentes de batalha. Havia outras atitudes que tinham a ver mais especificamente com o exército japonês. Uma dessas dizia respeito à prescindibilidade de suas forças de combate. A rádio japonesa coloca bem o contraste com as atitudes americanas ao descrever com incredulidade chocada a condecoração do Almirante George S. McCain pela Marinha, comandante de uma força-tarefa das cercanias de Formosa.

> A razão oficial para a condecoração não foi a de o comandante John S. McCain ter sido capaz de afugentar os japoneses, embora não vejamos por que não, uma vez que é o que o comunicado de Nimitz declarava. [...] Bem, a razão dada para a condecoração do Almirante McCain foi a de ele ter sido capaz de resgatar com sucesso dois navios de guerra americanos danificados e de escoltá-los com segurança para sua base de operações. O que torna essa informação importante não é ser uma ficção, mas ser a verdade. [...] Assim, não estamos questionando a veracidade do resgate de dois navios pelo Almirante McCain, mas o ponto que desejamos que você veja é o fato curioso de que o resgate de navios danificados merece condecoração nos Estados Unidos.

Nós, americanos, emocionamo-nos com todo resgate, com toda ajuda àqueles em dificuldades. Um feito corajoso é ainda mais heroico se salva o "danificado". O heroísmo japonês repudia esse tipo de salvamento. Mesmo os mecanismos de segurança instalados em nossos B29 e nos aviões de combate provocavam seus gritos de "Covardia". A imprensa e o rádio retornavam ao tema repetidamente. Havia virtude somente na aceitação dos riscos de vida e de morte; precauções eram indignas. Essa atitude também encontrava expressão no caso dos feridos e dos acometidos pela malária. Esses soldados eram mercadoria danificada, e os serviços médicos fornecidos eram completamente inadequados, mesmo para a eficácia razoável da força de combate. Com o tempo, dificuldades de suprimentos de todos os tipos agravaram essa falta de cuidados médicos, mas essa não é a história toda. O desdém dos japoneses pelo materialismo desempenhou uma parte nela. Seus soldados eram ensinados que a própria morte era uma vitória do espírito, e que nosso tipo de cuidado com os doentes era uma interferência no heroísmo – como dispositivos de segurança em aviões de bombardeio. Tampouco os japoneses são acostumados a confiar tanto quanto os americanos nos médicos e cirurgiões na vida civil. A preocupação com compaixão em relação aos feridos, em vez de com outras medidas de bem-estar, é especialmente alta nos Estados Unidos, e é muitas vezes tematizada inclusive por visitantes de alguns países europeus em tempos de paz. É certamente estranha aos japoneses. Em todo caso, durante a guerra, o exército japonês não possuía equipes de resgate treinadas para remover os feridos sob fogo e para prestar os primeiros socorros; não possuía sistema médico, fosse na linha de frente, fosse atrás da linha de frente, ou sequer hospitais de recuperação distantes. Sua atenção aos suprimentos médicos era lamentável. Em certas emergências, os hospitalizados eram simplesmente mortos. Especialmente na Nova Guiné e nas Filipinas, os japoneses com frequência tinham de se retirar de uma posição onde havia um hospital. Não havia rotina de evacuação dos doentes e feridos, enquanto ainda houvesse oportunidade. Somente quando a "retirada planejada" do batalhão estava de fato ocorrendo, ou quando o inimigo estava ocupando, alguma coisa era feita. Então, o oficial médico encarregado muitas vezes atirava nos pacientes do hospital antes de partir, ou eles se matavam com granadas de mão.

Se essa atitude dos japoneses com relação aos feridos era fundamental no tratamento de seus compatriotas, era igualmente importante em seu tratamento dos prisioneiros de guerra americanos. De acordo com nossos padrões, os japoneses foram culpados de atrocidades para com seus soldados assim como para com seus prisioneiros. O ex-diretor médico das Filipinas, Coronel Harold W. Glattly, disse, após seus 3 anos de internação como um prisioneiro de guerra em Formosa, que "os prisioneiros americanos recebiam melhor tratamento médico do que os soldados japoneses. Nos campos de prisioneiros, os oficiais médicos aliados podiam cuidar de seus soldados, enquanto os japoneses não tinham médicos. Durante um tempo, o único pessoal médico que tiveram para seus soldados foi um cabo e, mais tarde, um sargento". Ele via um oficial médico japonês somente uma ou duas vezes ao ano[1].

O maior extremo ao qual essa teoria japonesa da prescindibilidade poderia chegar era a política de não rendição. Qualquer exército ocidental que tenha dado seu melhor, e se encontra diante de uma situação irreversível, rende-se ao inimigo. Eles ainda se consideram soldados honrosos, e, pelo acordo internacional, seus nomes são enviados aos seus países, de modo que suas famílias possam saber que estão vivos. Eles não são desonrados, quer como soldados quer como cidadãos, nem mesmo em suas famílias. Mas os japoneses definiam a situação

1. Relatado no *Washington Post*, 15/10/1945.

diferentemente. A honra estava vinculada a lutar até a morte. Em uma situação irreversível, um soldado japonês deveria matar-se com sua última granada de mão ou se lançar desarmado contra o inimigo em um ataque suicida em massa. Mas não deveria se render. Mesmo que fosse feito prisioneiro, quando estivesse ferido e inconsciente, "não poderia erguer sua cabeça no Japão" novamente; estava desonrado; estava "morto" para sua vida anterior.

Havia ordens do exército para esse efeito, é claro, mas aparentemente não havia necessidade de doutrinação oficial especial na frente de batalha. O exército cumpria o código a tal ponto, que na campanha ao norte de Burma a proporção dos capturados para os mortos foi de 142 para 17.166. Era uma proporção de 1:120. E dos 142 nos campos de prisioneiros, todos, exceto uma pequena minoria, estavam feridos ou inconscientes quando capturados; somente alguns haviam "se rendido" sozinhos ou em grupos de 2 ou 3. Nos exércitos das nações ocidentais, é quase um truísmo que tropas não podem suportar a morte de 1/4 a 1/3 de sua força sem se entregar; o número de soldados que se rendem é em torno de 4:1. Contudo, quando pela primeira vez em Hollandia um número apreciável de soldados japoneses se rendeu, a proporção era de 1:5, e esse foi um tremendo avanço em relação ao 1:120 do norte de Burma.

Para os japoneses, portanto, americanos que se tornaram prisioneiros de guerra eram desonrados pelo mero fato de se renderem. Eram "mercadoria danificada" – isso quando ferimentos, malária ou disenteria não os colocava também fora da categoria de "homens completos". Muitos americanos descreveram como era perigoso rir nos campos de prisioneiros, e como isso incomodava seus carcereiros. Aos olhos japoneses, os americanos haviam sofrido a ignomínia, e era desagradável para eles que os americanos não soubessem disso. Muitas das ordens a que os prisioneiros americanos tinham de obedecer eram, também, aquelas que haviam sido igualmente exigidas de seus carcereiros por seus próprios oficiais japoneses. As marchas forçadas e os transbordos abarrotados eram lugares-comuns para eles. Os americanos também narravam como as sentinelas eram rigorosas em exigir que os prisioneiros ocultassem transgressões às regras. O maior crime era transgredir abertamente. Em campos onde os prisioneiros trabalhavam fora do confinamento, em estradas ou instalações, durante o dia, a regra de não trazer comida do campo com eles era por vezes letra morta – se as frutas e vegetais fossem ocultos. Se pudessem ser vistos, era uma ofensa flagrante, que significava que os americanos haviam burlado a autoridade da sentinela. O questionamento aberto da autoridade era terrivelmente punido, mesmo que fosse um mero "retrucar". As regras japonesas são muito estritas contra um retruque, mesmo na vida civil, e as práticas de seu exército o penalizavam pesadamente. Distinguir entre esses e aqueles atos, que eram as consequências de habituações culturais, não é exoneração das atrocidades e crueldades deliberadas que ocorriam nos campos de prisioneiros.

Especialmente, nos primeiros estágios do conflito, a vergonha da captura era reforçada por uma crença muito real entre os japoneses de que o inimigo torturava e matava quaisquer prisioneiros. Um rumor de tanques, que haviam sido guiados sobre os corpos daqueles capturados em Guadalcanal, espalhou-se a quase todas as áreas. Alguns japoneses que tentavam se entregar eram vistos com tanta suspeita por nossas tropas, que eram mortos como uma precaução, e essa suspeita era muitas vezes justificada. Um japonês, para quem nada restava senão a morte, muitas vezes se orgulhava da possibilidade de levar consigo um inimigo ao morrer. Ele poderia fazer isso, mesmo após ser capturado. Tendo se determinado, como um deles colocava, "a ser queimado no altar da vitória, seria uma desgraça morrer sem ter realizado algum feito heroico". Essas possibilidades colocavam nosso exército em alerta e diminuíam o número de rendições.

A vergonha da rendição estava profundamente marcada na consciência dos japoneses. Eles aceitavam como uma coisa normal um comportamento estranho às nossas convenções de guerra. E o nosso era igualmente estranho para eles. Eles falavam, com desprezo escandalizado, de prisioneiros de guerra americanos que *pediam* para ter seus nomes informados ao seu governo, de modo que suas famílias soubessem que estavam vivos. Os recrutas, ao menos, estavam muito despreparados para a rendição dos soldados americanos em Bataan, pois haviam assumido que combateriam do modo japonês. Eles não podiam aceitar o fato de que os americanos não tivessem vergonha de ser prisioneiros de guerra.

A diferença mais melodramática de comportamento entre soldados ocidentais e japoneses foi, indubitavelmente, a cooperação que os últimos deram às forças aliadas como prisioneiros de guerra. Eles desconheciam quaisquer regras de vida que se aplicassem a essa nova situação. Haviam sido desonrados, e sua vida como japoneses havia terminado. Somente nos últimos meses da guerra alguns imaginaram um retorno à sua pátria, independentemente de como a guerra terminasse. Alguns homens pediam para ser mortos, "mas se seus costumes não permitem isso, serei um prisioneiro modelo". Velhos auxiliares militares e antigos nacionalistas extremos localizavam depósitos de munições, explicavam cuidadosamente a disposição das forças japonesas, escreviam nossa propaganda e voavam com nossos pilotos bombardeiros para guiá-los aos alvos militares. Era como se tivessem virado uma nova página; o que estava escrito nela era o oposto do que fora escrito na antiga, mas recitavam o texto com a mesma lealdade.

Essa, certamente, não é uma descrição de todos os prisioneiros de guerra. Alguns eram irreconciliáveis. E, de qualquer modo, certas condições favoráveis tinham de ser estabelecidas antes que esse comportamento fosse possível. Os comandantes do exército americano foram, muito compreensivelmente, hesitantes quanto a aceitar acriticamente a assistência japonesa, e havia campos em que nenhuma tentativa foi feita para usar quaisquer serviços que pudessem prestar.

Em campos onde isso foi feito, contudo, a suspeita original tinha de ser retirada, e cada vez mais confiança era colocada na boa-fé dos prisioneiros japoneses.

Nós, americanos, não esperávamos essa virada de 180° dos prisioneiros de guerra. Não estava de acordo com nosso código. Mas os japoneses se comportaram como se, após terem colocado tudo que tinham em uma linha de conduta e falhado nela, tivessem naturalmente adotado uma linha diferente. Esse era um modo de agir com o qual poderíamos contar nos tempos pós-guerra, ou era um comportamento peculiar dos soldados que haviam sido individualmente capturados? Como outras peculiaridades do comportamento japonês que se impuseram a nós durante a guerra, essa levantava questões sobre o modo de vida ao qual estavam condicionados, a forma como as suas instituições funcionavam e os hábitos de pensamento e ação que haviam aprendido.

3
Assumindo sua devida posição

Qualquer tentativa de compreender os japoneses deve começar com sua versão do que significa "assumir sua devida posição". Sua confiança na ordem e na hierarquia e nossa fé na liberdade e na igualdade são opostas, e nos é difícil conceder à hierarquia seu mérito justo como um possível mecanismo social. A confiança do Japão na hierarquia é fundamental em sua noção da relação entre seus compatriotas e desses com o Estado, e é somente ao descrever parte de suas instituições nacionais – como família, Estado, vida religiosa e econômica – que nos é possível compreender sua visão da vida.

Os japoneses viam tanto o problema das relações internacionais como seus problemas internos em termos de sua versão de hierarquia. Acreditavam ter atingido o ápice dessa pirâmide na última década, e, agora que essa posição pertence às nações ocidentais, sua visão de hierarquia determina do mesmo modo sua aceitação da administração atual. Seus documentos internacionais declaravam constantemente o peso que vinculavam a ela. O preâmbulo do Pacto Tripartite com a Alemanha e a Itália que o Japão assinou em 1940 dizia: "Os governos do Japão, da Alemanha e da Itália consideram, como condição precedente para qualquer paz duradoura, que a cada nação do mundo seja dada sua devida posição [...]", e o Rescrito Imperial promulgado na assinatura do Pacto dizia a mesma coisa novamente:

> Fortalecer nossa grande retidão em toda a Terra e tornar o mundo um lar é a grande injunção legada por nossos Ancestrais Imperiais, e trazemos isso no coração dia e noite. Na estupenda crise que agora confronta o mundo, parece que guerra e confusão serão interminavelmente agravadas e a humanidade sofrerá desastres incalculáveis. Esperamos, fervorosamente, que os distúrbios cessem e a paz seja restaurada tão logo possível. [...] Estamos, portanto, profundamente satisfeitos que esse pacto tenha sido concluído entre as Três Potências. A tarefa de capacitar cada nação a encontrar seu devido lugar e todos os indivíduos a viverem em paz e segurança é da maior magnitude. É sem precedentes na história. Esse objetivo ainda está muito distante.

No mesmo dia do ataque a Pearl Harbor, também os enviados japoneses entregaram ao secretário de Estado Cordell Hull uma declaração muito explícita sobre esse ponto:

> É a política imutável do governo japonês [...] capacitar cada nação a encontrar seu devido lugar no mundo. [...] O governo japonês não pode tolerar a perpetuação da situação presente, uma vez que vai diretamente contra a política fundamental do Japão de capacitar cada nação a desfrutar de sua devida posição no mundo.

Esse memorando japonês foi em resposta ao do Secretário Hull, emitido alguns dias antes, que havia invocado os princípios americanos, tão fundamentais e honrados nos Estados Unidos quanto a hierarquia no Japão. O Secretário Hull enumerou quatro: inviolabilidade da soberania e da integridade territorial; não intervenção nos assuntos internos de outras nações; confiança na cooperação e conciliação internacionais; e o princípio da igualdade. Esses são pontos importantes na fé americana nos direitos iguais e invioláveis, e são os princípios nos quais acreditamos que tanto a vida diária como as relações internacionais devem ser baseadas. A igualdade é o fundamento americano mais elevado, mais moral para a esperança de um mundo melhor. Significa, para nós, a liberdade diante da tirania, da interferência e de imposições indesejadas. Significa igualdade perante a lei e o direito de melhorarmos nossa condição de vida. É a base para os direitos das pessoas, conforme estão organizadas no mundo que conhecemos. Sustentamos a virtude da igualdade mesmo quando a violamos, e combatemos a hierarquia com uma indignação justa.

Tem sido assim desde que a América se tornou uma nação. Jefferson a incluiu na Declaração de Independência, e a Declaração de Direitos, incorporada na Constituição, baseia-se nela. Essas frases formais dos documentos públicos de uma nova nação eram importantes exatamente porque refletiam um modo de vida que estava tomando forma na vida diária de homens e mulheres nesse continente, um modo de vida que era estranho aos europeus. Um dos grandes documentos de cobertura internacional é o volume que um jovem francês, Alexis de Tocqueville, escreveu sobre esse tema da igualdade após ter visitado os Estados Unidos no começo da década de 1830. Tocqueville foi um observador inteligente e receptivo, capaz de ver muitas coisas boas nesse mundo estranho da América. Pois era estranho. O jovem Tocqueville havia sido criado na sociedade aristocrática da França que, na memória de pessoas ainda ativas e influentes, foi sacudida e abalada, primeiro, pela Revolução Francesa e, depois, pelas novas e drásticas leis de Napoleão. Ele foi generoso em sua apreciação de uma estranha nova ordem de vida na América, mas a viu através dos olhos de um aristocrata francês, e seu livro foi um relato para o Velho Mundo sobre coisas vindouras. Os Estados Unidos, ele acreditava, eram um posto avançado de desenvolvimentos que ocorreriam, embora com diferenças, também na Europa.

Ele fez, portanto, um relato detalhado sobre esse novo mundo. Aqui, as pessoas se consideravam realmente iguais umas às outras. Seu intercâmbio social se dava sobre um fundamento novo e simples. As pessoas entravam em conversação direta. Os americanos não ligavam para as pequenas atenções de uma etiqueta hierárquica; não as exigiam de outros como seu direito nem as ofereciam a outros. Gostavam de dizer que nada deviam a pessoa alguma. Aqui, não havia família no antigo sentido aristocrático ou romano; e a hierarquia social que havia dominado o Velho Mundo não mais existia. Esses americanos confiavam na igualdade como em nenhuma outra coisa. Ele dizia que, na prática, muitas vezes deixavam até a liberdade escapar pela janela enquanto olhavam para o outro lado. Mas viviam a igualdade.

É revigorante para nós, americanos, vermos nossos ancestrais através dos olhos desse estrangeiro, escrevendo sobre nosso modo de vida há mais de um século. Houve muitas mudanças em nosso país, mas as linhas gerais não se alteraram. Reconhecemos, ao lermos, que a América em 1830 já era a América como a conhecemos. Havia, e ainda há, aqueles neste país que, como Alexander Hamilton no tempo de Jefferson, são a favor de um ordenamento mais aristocrático da sociedade. Mas mesmo os Hamiltons reconhecem que nosso modo de vida neste país não é aristocrático.

Portanto, pouco antes de Pearl Harbor, quando declaramos ao Japão as elevadas bases morais nas quais os Estados Unidos fundamentavam sua política no Pacífico, estávamos proclamando nossos princípios mais confiáveis. Segundo nossas convicções, cada passo na direção à qual apontávamos melhoraria um mundo ainda imperfeito. Os japoneses, também, quando colocaram sua confiança na "devida posição", estavam recorrendo à regra de vida que lhes havia sido incutida por sua experiência social. A desigualdade havia sido, por séculos, a regra de sua vida organizada, exatamente naqueles pontos em que é mais previsível e mais aceita. O comportamento que reconhece a hierarquia é tão natural para eles como respirar. Não é, contudo, um simples autoritarismo ocidental. Tanto aqueles que exercem controle como aqueles que estão sob o controle de outros agem conforme a uma tradição, que é diferente da nossa. E, agora que os japoneses haviam aceitado o lugar hierárquico elevado da autoridade americana em seu país, é ainda mais necessário obtermos a ideia mais clara possível sobre suas convenções. Somente assim poderemos figurar para nós mesmos a forma pela qual tendem a agir em sua situação presente.

O Japão, a despeito de sua recente ocidentalização, é ainda uma sociedade aristocrática. Cada saudação, cada contato deve indicar o tipo e o grau de distância social entre as pessoas. Toda vez que uma pessoa diz à outra "Coma" ou "Sente-se", usa palavras diferentes, caso esteja se dirigindo a alguém familiarmente ou caso esteja falando a um inferior ou a um superior. Existe um "você" diferente que deve ser usado em cada caso, e os verbos têm raízes diferentes. Em outras palavras, os japoneses possuem, como muitos outros povos no Pacífico, o que é chamado uma "linguagem de respeito", e a acompanham com reverências. Todo comportamento assim é governado por regras e convenções meticulosas. Uma pessoa necessita saber não só a quem reverencia, mas o quanto. Uma reverência que é correta e adequada a uma anfitriã seria considerada um insulto por outra que se encontrasse em uma relação ligeiramente diferente com a pessoa que reverencia. E a reverência abrange desde ajoelhar-se com a testa abaixada em direção às mãos, colocadas no nível do chão, à mera inclinação da cabeça e ombros. Uma pessoa deve aprender, desde cedo, a ajustar a reverência a cada caso particular.

Não são meramente as diferenças de classe que devem ser constantemente reconhecidas pelo comportamento apropriado, embora sejam importantes. Sexo e idade, vínculos familiares e contatos anteriores entre duas pessoas entram nos cálculos necessários. Mesmo entre as mesmas duas pessoas, diferentes graus de respeito serão exigidos em diferentes ocasiões: uma pessoa civil pode estar, em termos familiares, com outra e não reverenciá-la, mas, quando está vestida com um uniforme militar, seus amigos em roupas civis a reverenciam. A observância da hierarquia é uma arte que requer o equilíbrio de inúmeros fatores, alguns dos quais, em um caso particular, podem anular-se mutuamente, e outros ainda podem ser complementares.

Existem, certamente, pessoas entre as quais há relativamente pouca cerimônia. Nos Estados Unidos essas pessoas são do próprio círculo familiar. Descartamos mesmo as menores formalidades de nossa etiqueta quando chegamos em casa no seio de nossa família. No Japão, é precisamente na família que regras de respeito são aprendidas e meticulosamente observadas. Enquanto a mãe ainda carrega o bebê preso às suas costas, empurrará sua cabeça para baixo com sua mão, e as primeiras lições dele, ainda bebê, são observar um comportamento de respeito para com seu pai ou irmão mais velho. A esposa reverencia seu esposo, a criança reverencia seu pai, os irmãos mais jovens reverenciam os irmãos mais velhos, a irmã reverencia todos os seus irmãos, independentemente da idade. Não é um gesto vazio. Significa que aquele que reverencia reconhece o direito do outro de fazer do seu modo coisas que pode preferir fazer sozinho, e o que recebe a reverência reconhece, por sua vez, certas responsabilidades inerentes à sua posição. A hierarquia baseada em sexo, geração e primogenitura são partes integrantes da vida familiar.

A devoção aos pais é, com certeza, uma lei ética elevada que o Japão partilha com a China. As formulações chinesas dessa ética foram adotadas cedo no Japão, nos séculos VI e VII d.C., junto ao budismo chinês, à ética confucionista e à cultura secular chinesa. O caráter da devoção aos pais, contudo, foi inevitavelmente modificado para se ajustar à estrutura diferente da família no Japão. Na China, mesmo hoje, uma pessoa deve lealdade ao seu vasto clã. Pode incluir dezenas ou milhares de pessoas sobre as quais possui autoridade e das quais recebe apoio. As condições diferem em diferentes partes desse vasto país, mas em grande parte da China todas as pessoas em uma aldeia são membros do mesmo clã. Entre os 450 milhões de habitantes da China, existem somente 470 sobrenomes, e todas as pessoas com o mesmo sobrenome se consideram, em algum grau, irmãs de clã. Em uma determinada região, todas as pessoas podem ser exclusivamente de um clã e, além disso, famílias vivendo em cidades muito distantes são suas companheiras de clã. Em áreas populosas como Kwangtung, todos os membros do clã se unem na conservação de grandes salões do clã, e, em dias determinados, veneram milhares de placas ancestrais de membros falecidos do clã, descendentes de um ancestral comum. Cada clã possui bens, terras e templos, além de fundos que são usados para pagar pela educação de qualquer filho promissor do clã; monitora a vida de membros dispersos e publica genealogias elaboradas, que são atualizadas a cada década, aproximadamente, para mostrar os nomes daqueles que têm direito de partilhar de seus privilégios. O clã possui leis ancestrais, que podem inclusive proibir seus membros de entregar familiares criminosos ao Estado, caso não concorde com as autoridades. Em tempos imperiais, essas grandes comunidades de clãs semiautônomas eram governadas em nome do Estado, tão casualmente quanto possível, através de mandarinatos tranquilos, chefiados por delegados temporários do Estado que não eram da região.

Tudo isso era diferente no Japão. Até meados do século XIX, somente famílias nobres e famílias de guerreiros (*samurais*) podiam utilizar sobrenomes. Sobrenomes eram fundamentais no sistema de clã chinês; sem esses, ou algo equivalente, a organização do clã não poderia se desenvolver. Um desses equivalentes, em algumas tribos, é manter uma genealogia. Mas, no Japão, apenas as classes altas mantinham genealogias e, mesmo nessas, mantiveram o registro, como as Filhas na Revolução Americana o fazem nos Estados Unidos, retrocedendo no tempo a partir da pessoa viva, e não avançando no tempo para incluir cada contemporâneo que descendesse de um ancestral original. É completamente diferente. Além disso, o Japão era um país feudal. A lealdade era devida não a um grande grupo de parentes, mas a um senhor feudal. Ele era o suserano residente, e o contraste com os mandarins burocráticos temporários da China, que eram sempre estrangeiros em seus distritos, não poderia ser maior. O importante, no Japão, era a pessoa pertencer ao feudo de Satsuma ou ao feudo de Hizem. As lealdades de uma pessoa eram para com seu feudo.

Outro modo de institucionalizar os clãs era através do culto de ancestrais remotos ou de deuses de clãs em santuários ou lugares sagrados. Isso era possível para as "pessoas comuns" japonesas, mesmo sem sobrenomes e genealogias. Mas, no Japão, não há culto de veneração de ancestrais remotos, e nos santuários, nos quais "pessoas comuns" prestam culto, todos os aldeões se reúnem sem ter de provar sua ancestralidade comum. Eles são chamados os "filhos" de seu deus de santuário, mas são "filhos" porque vivem em seu território. Esses cultuadores da aldeia são, certamente, relacionados entre si como aldeões, como o são em qualquer parte do mundo após gerações de residência fixa, mas não são um grupo de clã unido descendente de um ancestral comum.

A veneração devida aos ancestrais é prestada em um santuário muito diferente, na sala de estar da casa, na qual somente 6 ou 7 membros falecidos da família são honrados. Em todas as classes no Japão a homenagem é prestada diariamente diante desse santuário, onde são depositados alimentos para lembrar individualmente pais, avós e parentes próximos, representados no santuário por pequenas miniaturas de lápides. No cemitério, os marcadores nos túmulos de bisavós não são mais regravados, e a identidade da terceira geração ancestral cai rapidamente no esquecimento. Os vínculos familiares no Japão foram reduzidos quase a proporções ocidentais, e a família francesa talvez seja o equivalente mais próximo.

A "devoção aos pais", no Japão, portanto, está restrita à família mais próxima. Significa assumir sua devida posição de acordo com geração, sexo e idade dentro de um grupo que dificilmente inclui mais do que o pai e o pai do pai, seus irmãos homens e seus descendentes. Mesmo em casas importantes, nas quais grupos maiores podem ser incluídos, a família se divide em linhas separadas, e os filhos homens mais jovens estabelecem ramos familiares. Dentro desse estreito grupo de familiares, as regras que regulam a "devida posição" são meticulosas. Há uma estrita subserviência aos mais velhos, até que decidam formalmente se aposentar (*inkyo*). Mesmo hoje, um pai de filhos crescidos, caso seu pai ainda não tenha se aposentado, não faz transação alguma sem a aprovação do avô. Os pais fazem e desfazem os casamentos dos seus filhos mesmo quando esses têm mais de 30 anos. O pai, como chefe da família, é servido primeiro nas refeições, é o primeiro a entrar no banho familiar e recebe, com um gesto de assentimento com a cabeça, as profundas reverências de sua família. Há uma charada popular no Japão, que pode ser traduzida na forma do seguinte dilema: "Por que um filho que deseja aconselhar seus pais se parece com um sacerdote budista que deseja ter cabelo no topo de sua cabeça?" (Os sacerdotes budistas possuem uma tonsura.) A resposta é: "Independentemente de quanto deseje fazer isso, ele não pode".

A devida posição não significa apenas diferenças de geração, mas diferenças de idade. Quando os japoneses desejam expressar uma completa confusão, dizem que algo "não é o irmão mais velho nem o irmão mais novo". É como nosso ditado que diz que algo não é peixe nem ave, pois, para os japoneses, um homem deveria manter seu caráter como irmão mais velho tão drasticamente quanto um peixe deveria permanecer na água. O filho mais velho é o herdeiro. Viajantes falam "daquele ar de responsabilidade que o filho mais velho adquire muito cedo no Japão". Ele partilha em um grau elevado das prerrogativas do pai. Antigamente, seu irmão mais novo, com o tempo, terminaria inevitavelmente tornando-se dependente dele. Em nossos dias, especialmente em aldeias, é ele quem ficará em casa, na velha rotina, enquanto seus irmãos mais novos talvez progridam e obtenham mais formação e uma renda melhor. Mas antigos hábitos de hierarquia são fortes.

Mesmo no debate político atual, as prerrogativas dos irmãos mais velhos são vividamente expressas em discussões sobre política da Grande Ásia Oriental. Na primavera de 1942, um tenente-coronel, falando para o Escritório de Guerra, disse sobre o tema da Esfera de Coprosperidade: "O Japão é seu irmão mais velho e eles são os irmãos mais novos do Japão. Esse fato deve estar perfeitamente claro para os habitantes dos territórios ocupados. Conceder uma consideração exagerada aos habitantes poderia gerar em suas mentes a tendência para tirarem vantagem da bondade do Japão com efeitos perniciosos ao governo japonês". O irmão mais velho, em outras palavras, decide o que é bom para seu irmão mais novo, e não deveria mostrar "consideração demais" ao impor isso.

Independentemente da idade da pessoa, sua posição na hierarquia depende de se tratar de homem ou mulher. A mulher japonesa caminha atrás do seu esposo e possui um *status* inferior. Mesmo as mulheres que, às vezes, vestem roupas americanas e caminham ao seu lado, e o precedem ao passarem pela porta, assumem novamente seu lugar atrás dele tão logo vistam seus quimonos. A filha japonesa da família deve arranjar-se o melhor que pode, enquanto os presentes, as atenções e o dinheiro para educação vão para seus irmãos. Mesmo quando escolas superiores foram estabelecidas para mulheres jovens, os cursos prescritos eram muito carregados com instruções em etiqueta e movimento corporal. A formação intelectual séria não era comparável à dos meninos. Um diretor de uma escola assim, que recomendava às suas alunas de classe média alta alguma instrução em línguas europeias, baseava sua recomendação sobre a conveniência de serem capazes de colocar os livros de seu esposo de volta na estante corretamente tão logo os tivessem desempoeirado.

Apesar disso, as mulheres japonesas tinham grande liberdade quando comparadas à maioria dos outros países asiáticos, e isso não é apenas uma fase de ocidentalização. Nunca houve enfaixamento dos pés das mulheres como nas classes altas chinesas, e as mulheres indianas hoje se admiram com as mulheres japonesas entrando e saindo de lojas, para cima e para baixo nas ruas, sem terem de se cobrir. As esposas japonesas fazem as compras familiares e carregam a bolsa da família. Se falta dinheiro, são elas que devem selecionar algo da casa e levar à casa de penhores. Uma mulher administra seus criados, possui bastante influência nos casamentos dos filhos e, quando se torna sogra, comumente administra seu domínio familiar com uma mão tão firme como se não tivesse sido, por metade de sua vida, uma violeta aquiescente.

São grandes as prerrogativas de geração, sexo e idade no Japão. Mas aquelas pessoas que exercitam esses privilégios agem como consignatários em vez de autocratas arbitrários. O pai, ou o irmão mais velho, é responsável pela família, quer seus membros estejam vivos, mortos ou ainda não tenham nascido. Ele deve tomar decisões ponderadas e fazer com que sejam executadas. Contudo, não possui uma autoridade incondicional. Espera-se que haja com responsabilidade em honra da casa. Ele lembra seu filho mais velho e o mais jovem do legado da família, tanto material como espiritual, e os exorta a serem dignos. Mesmo que seja um camponês, ele invoca a *noblesse oblige* aos ancestrais familiares. E, se pertence a classes mais elevadas, o peso da responsabilidade para com a casa se torna cada vez mais pesado. As demandas da família vêm antes das demandas do indivíduo.

Em qualquer assunto de importância, o chefe de uma família de qualquer posição convoca um conselho familiar no qual o tema é debatido. Para uma discussão sobre um noivado, por exemplo, membros da família podem vir de partes distantes do Japão. O processo de chegar a uma decisão envolve todos os imponderáveis da personalidade. Um irmão mais novo ou uma esposa podem influenciar o veredicto. O chefe de família se impõe grandes dificuldades, caso aja sem consideração pela opinião do grupo. Decisões com certeza podem ser desesperadamente indesejadas para o indivíduo cujo destino está sendo decidido. Contudo, os mais velhos, que na sua vida se submeteram a decisões de conselhos familiares, são firmes em exigir dos mais jovens aquilo a que se resignaram em sua época. A sanção por trás de sua exigência é muito diferente daquela que, tanto na lei como no costume, dá ao pai prussiano direitos arbitrários sobre sua esposa e filhos. O que é exigido não é, por essa razão, menos opressivo no Japão, mas os efeitos são diferentes. Os japoneses não aprendem em sua vida familiar a valorizar a autoridade arbitrária, e o hábito de se submeter a ela facilmente não é encorajado. A submissão à vontade da família é exigida em nome de um valor supremo no qual, por mais onerosos que sejam seus requisitos, todos têm interesse. Ela é exigida em nome de uma lealdade comum.

Todos os japoneses aprendem o hábito da hierarquia primeiro no seio de sua família, e o que aprendem lá aplicam em campos mais amplos da vida econômica e do governo. Eles aprendem que uma pessoa dá toda deferência àqueles que lhe são superiores no "lugar devido" atribuído, independentemente de serem ou não pessoas realmente dominantes no grupo. Mesmo um esposo, que é dominado por sua esposa, ou um irmão mais velho, que é dominado por um irmão mais novo, não recebem menos deferência formal. Limites formais entre prerrogativas não são transpostos só porque a outra pessoa está operando nos bastidores. A fachada não é alterada para se adequar aos fatos da dominação. Ela permanece inviolável.

Existe inclusive certa vantagem tática em operar sem os aparatos do *status* formal. Nesse caso, a pessoa é menos vulnerável. Os japoneses aprendem, também, em sua experiência familiar, que o maior peso que pode ser dado a uma decisão provém da convicção de seus familiares de que tal decisão mantém a honra da família. A decisão não é um decreto imposto com mão de ferro pelo capricho de um tirano que calha ser o chefe da família – ele está mais para um consignatário de uma propriedade material e espiritual, que é importante para todos, e que exige de todos que subordinem suas vontades pessoais aos seus requisitos. Os japoneses repudiam o uso do poder coercitivo, mas nem por isso se subordinam menos às exigências da família, tampouco, em razão disso, dão deferência menos extrema àqueles com *status* atribuído. A hierarquia na família é mantida, mesmo que os anciões da família tenham pouca oportunidade para ser autocratas opressores.

Uma mera afirmação de hierarquia na família japonesa – quando nós, americanos, a lemos com nossos diferentes padrões de comportamento interpessoal – não faz justiça à aceitação de vínculos emocionais fortes e sancionados nas famílias japonesas. Existe uma considerável solidariedade na família, e um dos temas deste livro é como eles a exercem. Entretanto, na tentativa de compreender sua exigência pela hierarquia nos campos mais amplos do governo e da vida econômica, é importante reconhecermos o quão rigorosamente esse hábito é aprendido no seio da família.

Os arranjos hierárquicos da vida japonesa eram tão drásticos nas relações entre as classes quanto na família. Em toda a sua história nacional, o Japão foi uma forte sociedade de classes e de castas. E uma nação com séculos de hábito com arranjos de castas possui certos pontos fortes e fracos que são da maior importância. No Japão a casta foi a regra da vida ao longo de toda a sua história documentada, e, já no século VII d.C., estava adaptando os modos de vida que emprestara da China sem castas para se adequarem à sua própria cultura hierárquica. Naquele período, durante os séculos VII e VIII, o imperador japonês e sua corte colocaram-se a tarefa de enriquecer o Japão com os costumes da alta civilização que haviam saudado os olhos maravilhados de seus enviados no grande reino da China. Eles executaram isso com uma energia incomparável. Antes dessa época, o Japão não possuía sequer uma língua escrita. No século VII, adotou os ideogramas da China, e os usou para escrever sua língua totalmente diferente. Possuía uma religião que identificava 40.000 deuses, que eram responsáveis pelas montanhas e aldeias, e davam às pessoas boa sorte – uma religião popular que, com todas as suas subsequentes mudanças, sobreviveu como o xintoísmo moderno. No século VII, o Japão adotou totalmente o budismo da China como uma religião "excelente para proteger o Estado"[2]. Não possuía qualquer arquitetura

2. Citado de uma crônica contemporânea do Período Nara, de Sir George Sansom: *Japan: A short cultural history*, p. 131.

grande e permanente, fosse pública ou privada. Os imperadores construíram uma nova capital, Nara, aos moldes de uma capital chinesa, além de grandes templos budistas ornados e vastos monastérios budistas, também em conformidade aos padrões chineses. Os imperadores introduziram títulos, *status* e leis, que seus enviados lhes relataram existirem na China. É difícil encontrar na história outra importação de civilização planejada por uma nação soberana com tanto sucesso.

O Japão, contudo, desde o início, falhou em reproduzir a organização social sem castas da China. Os títulos oficiais que o Japão adotou eram dados, na China, aos administradores que tivessem passado nos concursos públicos – no Japão, eram dados a nobres hereditários e a senhores feudais. Eles se tornaram parte dos arranjos de castas do Japão. O Japão foi organizado em um grande número de feudos semissoberanos, cujos senhores constantemente cobiçavam os poderes uns dos outros. Os arranjos sociais que importavam eram aqueles que tinham a ver com prerrogativas de senhores e vassalos. Não importa quão assiduamente o Japão importasse civilização da China, ele não poderia adotar os modos de vida que colocassem no lugar de sua hierarquia qualquer coisa como a burocracia administrativa ou seu sistema de clãs estendidos que uniam pessoas dos mais diferentes estilos de vida em um grande clã. Tampouco, o Japão adotou a ideia chinesa de um imperador secular. O nome japonês para a Casa Imperial é "Aqueles que habitam acima das nuvens", e somente pessoas dessa família podem ser imperadores. O Japão nunca teve uma mudança de dinastia, como a China muitas vezes teve. O imperador era inviolável, e sua pessoa, sagrada. Os imperadores japoneses e suas cortes, que introduziram a cultura chinesa no Japão, sem dúvida sequer poderiam imaginar quais eram os arranjos chineses nessas questões, além de não terem ideia de quais mudanças estavam fazendo.

A despeito de todas as importações culturais que o Japão fez da China, portanto, essa nova civilização japonesa apenas preparou o caminho para séculos de conflito a respeito de qual desses senhores e vassalos hereditários estava no controle do país. Antes que o século VIII terminasse, a família nobre Fujiwara havia conquistado a supremacia e legado o imperador ao segundo plano. Com o tempo, quando a supremacia dos Fujiwara foi disputada por senhores feudais e todo o país mergulhou na guerra civil, um deles, o famoso Yoritomo Minamoto, subjugou todos os rivais e se tornou o governante efetivo do país, sob um antigo título militar, o xogum, que, de forma completa, significa "generalíssimo subjugador dos bárbaros". Como era usual no Japão, Yoritomo tornou esse título hereditário na Família Minamoto, enquanto seus descendentes pudessem manter os outros senhores feudais sob controle. O imperador se tornou uma figura impotente. Sua principal importância dizia respeito ao fato de o xogum ainda depender dele para sua investidura ritual. Ele não detinha poder civil. O poder efetivo era exercido por uma base militar, como era chamada, que tentava manter seu domínio sobre feudos ingovernáveis por meio da força armada. Cada senhor feudal, o *daimiô*, possuía seus vassalos armados, os *samurais*, cujas espadas estavam à sua disposição; em períodos de desordem, estavam sempre prontos para disputar o "devido lugar" de um feudo rival ou do xogum governante.

No século XVI, a guerra civil havia se tornado endêmica. Após décadas de desordem, o grande Ieyasu triunfou sobre todos os rivais, e em 1603 se tornou o primeiro xogum da Casa de Tokugawa. O Xogunato permaneceu na linha Ieyasu por 2,5 séculos, e foi encerrado somente em 1868, quando o "governo dual" do imperador e do xogum foi abolido no começo do Período Moderno. Sob muitos aspectos, esse longo Período Tokugawa é um dos mais notáveis na história. Ele manteve uma paz armada no Japão até a última geração, antes que terminasse e pusesse em efeito uma administração centralizada, que admiravelmente servia aos propósitos dos Tokugawa.

Ieyasu enfrentou o problema mais difícil e não escolheu uma solução fácil. Os senhores de alguns dos feudos mais fortes haviam estado contra ele na guerra civil e lhe reverenciaram somente após uma desastrosa derrota final. Esses eram os assim chamados Senhores de Fora. Ele deixou esses senhores no controle de seus feudos, de seus samurais e, na verdade, de todos os senhores feudais do Japão; eles continuaram a ter a maior autonomia em seus domínios. Apesar disso, ele os excluiu da honra de serem seus vassalos e de todas as funções importantes. Essas posições importantes foram reservadas aos Senhores de Dentro, que apoiaram Ieyasu na guerra civil. Para manter esse regime difícil, os Tokugawa se basearam em uma estratégia de impedir os senhores feudais, os daimiôs, de acumularem poder e de fazerem qualquer combinação possível, entre si, que ameaçasse o controle do xogum. Com o propósito de manter a paz no Japão e o domínio de sua Casa, os Tokugawa, além de não abolirem o esquema feudal, tentaram fortalecê-lo e torná-lo mais rígido.

A sociedade feudal japonesa era elaboradamente estratificada, e o *status* de cada um era determinado por herança. Os Tokugawa solidificaram esse sistema e regularam os detalhes do comportamento diário de cada casta. Cada chefe de família tinha de colocar em sua porta de entrada sua posição de classe e informações exigidas sobre seu *status* hereditário. As roupas que poderia vestir, os alimentos que poderia comprar e o tipo de casa na qual poderia legalmente viver eram regulados de acordo com sua posição herdada. Abaixo da Família Imperial e dos nobres da corte havia 4 castas japonesas, classificadas em ordem hierárquica: os guerreiros (samurais), os agricultores, os artesãos e os comerciantes. Abaixo desses, novamente, estavam os párias. Os mais numerosos e famosos desses párias eram os *eta*, trabalhadores em ocupações-tabu. Eles eram varredores, sepultadores dos executados, esfoladores de animais mortos e curtidores de pele de animais. Eles eram os intocáveis do Japão, ou, mais exatamente, seus incontáveis, pois mesmo os quilômetros de estradas através de suas aldeias não eram contados, como se a terra e os habitantes da área não existissem. Eles eram desesperadamente pobres e, embora garantido o exercício de suas ocupações, estavam fora da estrutura formal.

Os comerciantes se situavam imediatamente acima dos párias. Por mais estranho que isso pareça aos americanos, era altamente realístico em uma sociedade feudal. Uma classe comerciante é sempre perturbadora do feudalismo. À medida que comerciantes se tornam respeitados e prósperos, o feudalismo decai. Quando os Tokugawa – por meio das leis mais drásticas que qualquer nação jamais impôs – decretaram o isolamento do Japão no século XVII, tiraram o chão dos pés dos comerciantes. O Japão tinha um comércio além-mar acima e abaixo de toda a costa da China e da Coreia, e uma classe de comerciantes estava inevitavelmente se desenvolvendo. Os Tokugawa interromperam tudo isso, tornando uma ofensa, digna de punição capital, construir ou operar qualquer embarcação maior do que determinado tamanho. As pequenas embarcações permitidas não podiam cruzar para o continente ou carregar mercadorias de comércio. O comércio interno também foi severamente restringido por meio de barreiras alfandegárias, construídas nas fronteiras de cada feudo, com regras estritas que proibiam a entrada ou a saída de mercadorias. Outras leis foram direcionadas a enfatizar a posição social inferior dos comerciantes. Leis suntuárias regulavam as roupas que podiam usar, os guarda-chuvas que podiam portar, o quanto podiam gastar em um casamento ou em um funeral. Eles não podiam viver em um distrito samurai. Não possuíam proteção legal contra as espadas dos samurais, os guerreiros privilegiados. A política Tokugawa de manter os comerciantes em posições inferiores em uma economia monetária falhou, é claro. E o Japão, naquele período, operava em uma economia monetária. Mas a tentativa foi feita.

O Regime Tokugawa confinou a formas rígidas às duas classes que são apropriadas a um feudalismo estável: a dos guerreiros e a dos agricultores. Durante as guerras civis, que foram finalmente encerradas por Ieyasu, o grande senhor da guerra, Hideyoshi, já havia completado, por meio de sua "caça às espadas", a separação dessas duas classes. Ele havia desarmado os camponeses e dado somente aos samurais o direito de usar espadas. Os guerreiros não poderiam mais ser agricultores, artesãos, nem comerciantes. Nem sequer o mais inferior deles poderia legalmente ser um produtor. Eles eram membros de uma classe parasítica, que extraía seu estipêndio anual de arroz de impostos cobrados dos camponeses. Os daimiôs gerenciavam esse arroz e distribuíam a cada samurai-vassalo sua renda estipulada. Não havia dúvida sobre onde o samurai deveria buscar apoio; ele era completamente dependente de seu senhor. Nos primórdios da história japonesa, os fortes vínculos entre o chefe feudal e seus guerreiros foram forjados em uma guerra quase incessante entre os feudos. No Período Tokugawa de paz, os vínculos se tornaram econômicos, pois o guerreiro-vassalo, diferente de seu equivalente europeu, não era um subsenhor, que possuía sua própria terra e servos, nem um mercenário, mas, sim, um pensionário com um estipêndio fixo, determinado por sua linha familiar no começo do Período Tokugawa. Não era grande. Os estudiosos japoneses estimaram que o estipêndio médio de cada samurai era em torno do que os agricultores estavam ganhando e que, certamente, mal dava para sua subsistência[3]. Nada poderia ser mais desvantajoso para sua família do que a divisão desse estipêndio entre herdeiros, por isso, eles a limitavam. E nada poderia ser mais irritante para eles do que o prestígio dependente da riqueza e ostentação. Por isso, enfatizavam tanto as virtudes superiores da frugalidade em seu código.

Um grande abismo separava os samurais das outras três classes: os agricultores, os artesãos e os comerciantes. Esses três últimos eram "pessoas comuns". Os samurais, não. As espadas que os samurais usavam, como sua prerrogativa e sinal de casta, não eram meras decorações. Eles tinham o direito de usá-las nas pessoas comuns. Fizeram isso, tradicionalmente, antes do Período Tokugawa, e as leis de Ieyasu meramente sancionaram antigos costumes quando decretaram: "As pessoas comuns que se comportarem de forma inconveniente com os samurais, ou que não mostrarem respeito aos seus superiores, podem ser imediatamente mortas". Não era parte do propósito de Ieyasu que se estabelecesse uma dependência mútua entre pessoas comuns e os samurais-vassalos. Sua política era baseada em regulações hierárquicas estritas. Ambas as classes erguiam a cabeça para o daimiô e lidavam diretamente com ele. Eles estavam em escadas diferentes, por assim dizer. Acima e abaixo de cada escada havia lei, regulação, controle e reciprocidade. Entre as pessoas nas duas escadas havia meramente distância. Devido a certas contingências, a separação das duas classes necessitava ser repetidamente transposta, mas essa não era uma parte do sistema.

Durante o Período Tokugawa, os samurais-vassalos não eram meros portadores de espadas. Eles se tornaram cada vez mais os gestores das propriedades de seus suseranos e especialistas em artes pacíficas, como o drama clássico e a cerimônia do chá. Todo protocolo residia em sua esfera, e as intrigas do daimiô eram executadas por suas hábeis manipulações. 200 anos de paz é um longo tempo, e meros portadores individuais de espadas tinham seus limites. Assim como os comerciantes, a despeito das regulações da casta, desenvolveram um modo de vida que dava um lugar elevado a ocupações urbanas, artísticas e prazerosas, os samurais, a despeito de suas espadas a postos, desenvolveram artes de paz.

Os agricultores, a despeito de seu desamparo legal contra os samurais, dos pesados tributos e de todas as restrições impostas a eles, tinham algumas seguranças que lhes eram garantidas. Tinham assegurada a posse de suas terras – e

---

3. Apud NORMAN, H. *Japan's emergence as a modern state*, n. 12, p. 17.

possuir terras dá prestígio a uma pessoa no Japão. Durante o Regime Tokugawa, a terra não podia ser permanentemente alienada, e essa lei era uma garantia para os agricultores individuais – não como no feudalismo europeu era para o senhor feudal. Os agricultores tinham um direito permanente a algo que valorizava supremamente, e parecem ter trabalhado sua terra com a mesma diligência e cuidado irrestrito com que seus descendentes cultivam seus campos de arroz hoje. Contudo, eles eram o Atlas que suportava toda a parasítica classe alta de cerca de 2 milhões de pessoas, incluindo o governo do xogum, os estabelecimentos do daimiô e os estipêndios dos samurais-vassalos. Eram tributados em espécie, ou seja, pagavam ao daimiô uma percentagem de sua colheita. Enquanto no Sião, outro país de cultivo de arroz inundado, o imposto tradicional era de 10%, no Japão Tokugawa era de 40%. Mas, na realidade, era mais alto que isso. Em alguns feudos, era de 80%, e sempre havia corveia ou requisições de trabalho, o que consumia as forças e o tempo dos agricultores. Como os samurais, os agricultores também limitavam suas famílias, e a população do Japão se manteve praticamente no mesmo número durante todos os séculos Tokugawa. Para um país asiático durante um longo período de paz, esse número estático de população diz muito sobre o regime. Era espartano em suas restrições – tanto sobre os vassalos, mantidos com impostos, como sobre a classe produtora –, mas, entre cada dependente e seu superior, era relativamente confiável. Uma pessoa conhecia suas obrigações, suas prerrogativas e sua posição, e, se essas fossem infringidas, os mais pobres poderiam protestar.

Os agricultores, mesmo na mais terrível pobreza, levaram seus protestos não somente ao senhor feudal, mas às autoridades do Xogunato. Houve ao menos 1.000 revoltas dessas durante os 2,5 séculos do Regime Tokugawa. Elas não foram ocasionadas pela pesada regra tradicional de "40% para o príncipe e 60% para os agricultores". Foram protestos contra tributos adicionais. Quando as condições deixaram de ser suportáveis, os agricultores puderam marchar em grande número contra seus suseranos, mas o procedimento de petição e julgamento era ordenado. Eles redigiam petições formais para reparação, as quais submetiam ao chefe de gabinete do daimiô. Quando essa petição era interceptada ou o daimiô ignorava suas reclamações, eles enviavam seus representantes para a capital para apresentarem suas reclamações escritas ao Xogunato. Em casos famosos, puderam assegurar sua entrega somente a inserindo no palanquim de algum alto funcionário, enquanto circulava pelas ruas da capital. Mas, independentemente dos riscos que os agricultores corriam para entregar a petição, ela era posteriormente investigada pelas autoridades do Xogunato e cerca de metade dos julgamentos era a favor dos camponeses[4].

---

4. HUGH, B. *Peasant uprising in Japan of the Tokugawa period* [2. series, 16, 1938] [Trad. de Asiatic Society of Japan].

Os requisitos da lei e da ordem do Japão não eram satisfeitos; contudo, com o julgamento do Xogunato sobre as exigências dos agricultores. Suas reclamações poderiam ser justas, e poderia ser aconselhável para o Estado honrá-las – mas os líderes dos camponeses haviam transgredido a lei estrita da hierarquia. Independentemente de qualquer decisão a seu favor, eles haviam transgredido a lei essencial de sua lealdade, e isso não poderia ser ignorado. Eles eram, portanto, condenados à morte. A retidão de sua causa nada tinha a ver com a questão. Até os camponeses aceitavam essa inevitabilidade. Os condenados eram seus heróis, e as pessoas vinham aos milhares para a execução, nas quais os líderes eram fervidos em óleo, decapitados ou crucificados. Mas, durante a execução, as multidões não provocavam distúrbios. Era a lei e a ordem. Elas poderiam, mais tarde, erigir santuários para os mortos e honrá-los como mártires, mas aceitavam a execução como parte integral das leis hierárquicas pelas quais viviam.

Os xoguns Tokugawa, em suma, tentaram solidificar a estrutura de castas em cada feudo e tornar cada classe dependente do senhor feudal. O daimiô se colocava no ápice da hierarquia em cada feudo, e tinha permissão para exercer suas prerrogativas sobre seus dependentes. O grande problema administrativo do xogum era controlar o daimiô. Ele o impedia de todos os modos de formar alianças ou de executar esquemas de agressão. Funcionários aduaneiros eram mantidos nas fronteiras dos feudos para fazer vigilância estrita sobre a "saída de mulheres e a entrada de armas", e para evitar que algum daimiô tentasse enviar suas mulheres para fora e contrabandear armas para dentro. Nenhum daimiô poderia contratar um casamento sem a permissão do xogum, por receio de que pudesse levar a uma aliança política perigosa. O comércio entre os feudos era dificultado a ponto inclusive de tornar pontes intransitáveis. Os espiões do xogum também o mantinham bem informado sobre os gastos do daimiô e se os cofres feudais estavam ficando cheios. O xogum, então, exigia-lhes que empreendessem obras públicas caras para os colocar na linha novamente. A regulação mais famosa de todas era que o daimiô vivesse metade do ano na capital e, mesmo quando retornasse ao seu feudo para sua residência, tinha de deixar para trás sua esposa em Yedo (Tóquio) como uma refém nas mãos dos xoguns. De todos esses modos a administração se certificava de manter a supremacia e impor sua posição dominante na hierarquia.

O xogum não era, certamente, a pedra angular final nesse arco, pois ele governava como nomeado do imperador. O imperador, com sua corte de nobres hereditários (*kuge*), vivia isolado em Quioto, e não tinha poder de fato. Os recursos financeiros do imperador eram menores do que os dos daimiôs inferiores, e as próprias cerimônias da corte eram estritamente circunscritas por regulações do Xogunato. Nem mesmo os xoguns Tokugawa mais poderosos, contudo, faziam qualquer coisa para eliminar esse governo dual do imperador e do governante efetivo. Não era uma novidade no Japão. Desde o século XII, um generalíssimo (xogum) governava o país em nome de um trono desprovido de autoridade efetiva. Em alguns séculos, a divisão de função havia ido tão longe que o poder real que o indistinto imperador delegava a um chefe secular hereditário era exercido, por sua vez, por um conselheiro hereditário desse chefe. Sempre houve delegação da delegação da autoridade original. Mesmo nos últimos e desesperados dias do Regime Tokugawa o Comandante Perry não suspeitou da existência de um imperador em segundo plano, e nosso primeiro enviado, Townsend Harris, que negociou o primeiro tratado comercial com o Japão em 1858, teve de descobrir por si que havia um imperador.

A verdade é que a concepção do Japão sobre seu imperador é a mesma encontrada repetidamente nas ilhas do Pacífico. Ele é o Chefe Sagrado que pode ou não participar da administração. Em algumas ilhas do Pacífico, ele participava e, em outras, delegava sua autoridade. Mas sua pessoa sempre era sagrada. Entre as tribos neozelandesas, o Chefe Sagrado era tão sacrossanto que não podia se alimentar por si, e mesmo a colher com que era alimentado não poderia tocar seus dentes sagrados. Ele tinha de ser carregado quando viajava ao exterior, pois qualquer terra sobre a qual colocasse seu pé sagrado se tornava automaticamente tão sagrada que deveria passar à posse do Chefe Sagrado. Sua cabeça era particularmente sacrossanta, e ninguém poderia tocá-la. Suas palavras chegavam aos deuses tribais. Em algumas ilhas do Pacífico, como Samoa e Tonga, o Chefe Sagrado não descia à arena da vida. Um Chefe Secular executava todos os deveres do Estado. James Wilson, que visitou a Ilha de Tonga no leste do Pacífico no final do século XVIII, escreveu que seu governo "se assemelha muito ao governo do Japão, em que a majestade sagrada é um tipo de prisioneiro de Estado do capitão-general"[5]. Os Chefes Sagrados tonganeses eram isolados dos assuntos públicos, mas realizavam deveres rituais. Tinham de receber os primeiros frutos dos jardins e conduzir uma cerimônia, antes que qualquer um pudesse comê-los. Quando o Chefe Sagrado morria, sua morte era anunciada pela frase: "Os céus estão vazios". Ele era enterrado com cerimônia em uma grande tumba real. Mas não participava da administração.

O imperador, mesmo quando era politicamente impotente e "um tipo de prisioneiro de Estado do capitão-general", ocupava, de acordo com as definições japonesas, uma "devida posição" na hierarquia. A participação ativa do imperador nos assuntos mundanos não era para eles medida de seu *status*. Sua corte em Quioto era um valor que preservaram durante todos os longos séculos do governo dos generalíssimos subjugadores dos bárbaros. Suas funções eram supérfluas somente de um ponto de vista ocidental. Os japoneses, que a cada momento

5. WILSON, J. *A missionary voyage to the Southern Pacific Ocean performed in the years 1796, 1797 and 1798 in the ship Duff*. Londres, 1799, p. 384, apud GIFFORD, E.W. *Tongan Society*. Havaí: Bernice P. Bishop Museum, 1929 [Bulletin 61].

estavam acostumados à definição rigorosa de papel hierárquico, viam a questão de um modo diferente.

A extrema clareza do sistema hierárquico japonês no período feudal, do pária ao imperador, deixou sua forte impressão no Japão moderno. No fim, o regime feudal só se encerrou legalmente há cerca de 75 anos, e fortes hábitos nacionais não desaparecem no período de uma existência humana. Os estadistas japoneses do Período Moderno também elaboraram seus planos cuidadosamente, como veremos no próximo capítulo, para preservar uma boa parte do sistema, a despeito das alterações radicais nos objetivos de seu país. Os japoneses, mais do que qualquer outra nação soberana, foram condicionados a um mundo no qual os menores detalhes de conduta são mapeados e têm seu *status* determinado. Durante 2 séculos em que a lei e a ordem foram mantidas com uma mão de ferro, em um mundo assim os japoneses aprenderam a identificar essa hierarquia meticulosamente planejada com proteção e segurança. Contanto que permanecessem dentro de limites conhecidos, e contanto que cumprissem as obrigações conhecidas, poderiam confiar em seu mundo. O banditismo era controlado. A guerra civil entre os daimiôs foi evitada. Se os súditos pudessem provar que outros haviam excedido seus direitos, poderiam apelar, como os agricultores faziam quando eram explorados. Era pessoalmente perigoso, mas era aprovado. O melhor dos xoguns Tokugawa tinha inclusive uma Caixa de Reclamações, na qual qualquer cidadão poderia colocar seu protesto, e só o xogum tinha a chave dessa caixa. Havia garantias genuínas no Japão de que agressões seriam retificadas, caso fossem atos não permitidos no mapa existente de conduta. Confiava-se no mapa e só se tinha segurança ao obedecê-lo. Mostrava-se coragem e integridade ao se conformar a ele, não ao modificá-lo ou ao se revoltar contra ele. Dentro de seus limites determinados, era um mundo conhecido e, aos seus olhos, confiável. Suas regras não eram princípios éticos abstratos de um decálogo, mas minúsculas especificações: sobre o que era devido nessa situação ou naquela; sobre o que era devido quando se era um samurai e sobre o que era devido quando se era uma pessoa comum; sobre o que era devido ao irmão mais velho e sobre o que era devido ao irmão mais novo.

Os japoneses não se tornaram um povo brando e submisso sob esse sistema, como algumas nações se tornaram quando submetidas a um regime hierárquico linha dura. É importante reconhecer que certas garantias eram dadas a cada classe. Mesmo aos párias era garantido um monopólio de suas ocupações especiais, e seus corpos de autogestão eram reconhecidos pelas autoridades. Eram grandes as restrições sobre cada classe, mas havia ordem e segurança também.

As restrições de casta também tinham certa flexibilidade que não encontramos, por exemplo, na Índia. Os costumes japoneses forneciam várias técnicas explícitas para manipular o sistema, sem violência às formas aceitas. Uma pessoa poderia mudar seu *status* de classe de vários modos. Quando prestamistas e comerciantes se tornavam ricos, como inevitavelmente ocorria na economia monetária do Japão, os ricos usavam vários mecanismos tradicionais para se infiltrar nas classes altas. Eles se tornavam "proprietários de terras" pelo uso de penhores e arrendamentos. É verdade que a terra dos camponeses era inalienável, mas arrendamentos de terras eram excessivamente altos no Japão, e era lucrativo deixar os camponeses em sua terra. Os prestamistas se instalavam na terra e cobravam seus arrendamentos, e essa "posse" da terra lhes dava prestígio, bem como lucro, no Japão. Seus filhos se casavam com samurais. Passavam à aristocracia.

Outra manipulação tradicional do sistema de castas era através do costume da adoção. Fornecia um modo de "comprar" *status* samurai. À medida que os comerciantes enriqueciam, a despeito de todas as restrições Tokugawa, providenciavam a adoção de seus filhos por famílias samurais. No Japão, raramente se adota um filho; adota-se um esposo para uma filha. Ele é conhecido como um "esposo adotado". Torna-se o herdeiro de seu sogro. Ele paga um preço alto, pois seu nome é eliminado do registro de sua família e é introduzido no de sua esposa. Ele assume seu nome e passa a viver com sua sogra. Mas, se o preço é alto, as vantagens são também grandes. Os descendentes do próspero comerciante se tornam samurais, e a empobrecida família do samurai obtém uma aliança com a riqueza. Nenhuma violência é cometida ao sistema de castas, que permanece exatamente o que sempre foi. Mas o sistema foi manipulado para prover *status* de classe alta para os ricos.

O Japão, portanto, não exige que as castas se casem somente entre si. Havia arranjos aprovados que permitiam o casamento entre elas. A infiltração resultante dos prósperos comerciantes na classe samurai inferior desempenhou um papel importante na promoção do maior contraste entre a Europa Ocidental e o Japão. Quando o feudalismo colapsou na Europa, foi devido à pressão de uma classe média crescente e cada vez mais poderosa, e essa classe dominou o Período Industrial Moderno. No Japão, não surgiu uma classe média forte como essa. Os comerciantes e os prestamistas "compraram" *status* de classe alta por métodos sancionados. Os comerciantes e os inferiores samurais se tornaram Aliados. É algo curioso e surpreendente assinalar que, na época em que o feudalismo estava estertorando em ambas as civilizações, o Japão sancionou a mobilidade de classe a um nível mais elevado do que fez a Europa Continental, mas nenhuma evidência para tal afirmação poderia ser mais convincente do que a ausência de qualquer sinal de uma guerra de classes entre a aristocracia e a burguesia.

É fácil mencionar que a causa comum criada por essas duas classes era mutuamente vantajosa no Japão, mas teria sido mutuamente vantajosa na França também. Foi vantajosa na Europa Ocidental naqueles casos individuais em que ocorreu. Mas a rigidez era forte na Europa, e o conflito de classes levou, na França, à expropriação da aristocracia. No Japão, elas se aproximaram ainda mais.

A aliança que depôs o decadente Xogunato foi uma aliança entre os comerciantes-financiadores e os samurais-vassalos. A Era Moderna no Japão preservou o sistema aristocrático. Isso dificilmente poderia ter acontecido sem as técnicas da mobilidade de classes sancionadas do Japão.

Se os japoneses estimassem e confiassem em seu mapa de comportamento meticulosamente explícito, teriam certa justificação. Ele garantia segurança enquanto suas regras fossem seguidas; permitia protestos contra agressões não autorizadas e poderia ser manipulado em benefício próprio. Requeria o cumprimento de obrigações recíprocas. Quando o Regime Tokugawa colapsou na primeira metade do século XIX, nenhum grupo na nação foi a favor de rasgar o mapa. Não houve uma Revolução Francesa. Não houve sequer um 1848. Todavia, eram tempos desesperados. Das pessoas comuns ao Xogunato, cada classe havia se endividado com os prestamistas e os comerciantes. As meras estatísticas das classes não produtivas e a proporção de despesas oficiais usuais haviam se mostrado insuportáveis. Os daimiôs, à medida que a pobreza se acercava mais deles, foram incapazes de pagar os estipêndios fixados aos seus samurais-vassalos, e toda a rede de vínculos feudais se tornou ridícula. Eles tentaram não afundar, aumentando os já pesados impostos sobre os camponeses. Foram coletados impostos de anos antecipadamente e os agricultores foram reduzidos à extrema necessidade. O Xogunato também foi à bancarrota, e pouco pôde fazer para manter o *status quo*. O Japão estava vivendo uma calamidade nacional por volta de 1853, quando o Almirante Perry apareceu com seus soldados. Sua entrada forçada foi seguida, em 1858, por um tratado de comércio com os Estados Unidos, que o Japão não estava em posição de recusar.

O clamor que cresceu no Japão, contudo, foi *Isshin* – remontar ao passado, restaurar. Era o oposto de revolucionário. Não era sequer progressista. Unido ao clamor "Restaurem o imperador" estava o clamor igualmente popular "Expulsem os bárbaros". A nação apoiava o programa de retornar a uma era de ouro de isolamento, e os poucos líderes, que viam quão impossível seria um curso como esse, seriam assassinados por seus esforços. Parecia não haver a menor possibilidade de que um país não revolucionário como o Japão alterasse seu curso para se conformar a quaisquer padrões ocidentais. Era menos provável ainda que em 50 anos competisse com as nações ocidentais em suas próprias bases. Contudo, foi isso que aconteceu. O Japão usou seus pontos fortes, que de modo algum eram os pontos fortes ocidentais, para conquistar um objetivo que nenhum grupo influente poderoso e nenhuma opinião popular no Japão exigiam. Nenhum ocidental na década de 1860 teria acreditado, caso tivesse visto o futuro em uma bola de cristal. Parecia não haver sequer uma pequena nuvem no horizonte para indicar o tumulto de atividade que varreu o Japão durante as próximas décadas. Contudo, o impossível aconteceu. A população retrógrada e dominada pela hierarquia do Japão se dirigiu para um novo curso e o manteve.

4
A Reforma Meiji

O grito de guerra que introduziu a Era Moderna no Japão foi *Sonno joi*, "Restaurem o imperador e expulsem os bárbaros". Era um *slogan* que buscava manter o Japão incontaminado pelo mundo externo e restaurar uma idade de ouro do século X, antes que tivesse havido um "governo dual" de imperador e xogum. A corte do imperador em Quioto era extremamente reacionária. A vitória do partido do imperador significava, a seus apoiadores, a humilhação e a expulsão dos estrangeiros. Significava a restauração de modos de vida tradicionais no Japão. Significava que "reformadores" não teriam voz nos assuntos. Os grandes Senhores de Fora – os daimiôs dos feudos mais fortes do Japão, que lideraram a deposição do Xogunato – consideravam a Restauração um modo pelo qual eles, em vez dos Tokugawa, poderiam governar o Japão. Eles desejavam uma mera mudança de pessoal. Os agricultores desejavam ficar com mais do arroz que cultivavam, mas odiavam "reformas". Os samurais desejavam manter suas pensões e o direito de usar suas espadas para honra e distinção. Os comerciantes, que financiaram as forças de Restauração, desejavam expandir o mercantilismo, mas nunca condenaram o sistema feudal.

Quando as forças antitokugawa triunfaram e o "governo dual" foi encerrado em 1868 com a Restauração do imperador, as vitórias estavam comprometidas com uma política isolacionista duramente conservadora – pelos padrões ocidentais. Desde o início, o regime seguiu um curso oposto. Nem um ano no poder, aboliu o direito de tributação dos daimiôs em todos os feudos; reuniu os registradores de terras e se apropriou do imposto "40% para o daimiô", pago pelos camponeses. Essa expropriação não foi sem compensação. O governo distribuiu a cada daimiô o equivalente à metade de sua renda normal. Ao mesmo tempo, o governo também libertou o daimiô do apoio de seus samurais-vassalos e das despesas com obras públicas. Os samurais-vassalos, como os daimiôs, receberam pensões do governo. Nos próximos 5 anos, toda desigualdade legal entre as classes foi sumariamente abolida, insígnia e vestimenta distintiva de castas e classes foram banidas – mesmo rabos de cavalo tiveram de ser cortados –, os párias foram emancipados, as leis contra a alienação da terra foram retiradas, as barreiras que haviam separado feudo de feudo foram removidas e o budismo foi abolido.

Por volta de 1876, as pensões dos daimiôs e dos samurais foram substituídas por pagamentos únicos, que venceriam no período de 5 a 15 anos. Esses pagamentos eram grandes ou pequenos, de acordo com a renda fixada que esses indivíduos extraíam nos tempos Tokugawa, e o dinheiro lhes possibilitou iniciarem empresas na nova economia não feudal. "Foi o estágio final no estabelecimento dessa união peculiar de comerciantes e príncipes financiadores com príncipes feudais ou que possuíam terras, que já era evidente no Período Tokugawa"[6].

Essas reformas notáveis do emergente Regime Meiji não foram populares. Houve muito mais entusiasmo geral por uma invasão da Coreia de 1871 a 1873 do que por qualquer uma dessas medidas. O Governo Meiji não apenas persistiu em seu drástico curso de reformas como também frustrou o projeto de invasão. Seu programa era tão fortemente oposto aos desejos de uma grande maioria daqueles que haviam lutado para estabelecê-lo que, por volta de 1877, Saigo, seu maior líder, organizou uma rebelião completa contra o governo. Seu exército representava todas as aspirações pró-feudais dos apoiadores imperiais que haviam, desde o primeiro ano da Restauração, sido traídos pelo Regime Meiji. O governo mobilizou um exército voluntário não samurai e derrotou os samurais de Saigo. Mas a rebelião foi uma indicação da extensão da insatisfação com o regime iniciado no Japão.

A insatisfação dos agricultores foi igualmente pronunciada. Houve ao menos 190 revoltas agrárias entre 1869 e 1878, a primeira década Meiji. Em 1877, o novo governo fez seus primeiros movimentos tardios para diminuir a grande carga tributária sobre os camponeses, e eles tinham razão para achar que o regime os havia desapontado. Os agricultores se opunham também ao estabelecimento de escolas, à conscrição, à medição de terras, a terem de cortar seus rabos de cavalo, à igualdade legal dos párias, às drásticas restrições ao budismo oficial, às reformas do calendário e a muitas outras medidas que mudaram seu modo de vida tranquilo.

Quem era, portanto, esse "governo" que empreendeu reformas tão drásticas e impopulares? Era aquela "união peculiar" dos samurais inferiores e da classe comerciante que as instituições japonesas especiais haviam fomentado mesmo nos tempos feudais. Eram os samurais-vassalos, que haviam aprendido a arte política como chefes de gabinete, e os administradores dos daimiôs, que haviam gerenciado os monopólios feudais em minas, tecidos, papelão e afins. Eram comerciantes que haviam comprado o *status* samurai e difundido o conhecimento de técnicas produtivas nessa classe. Essa aliança samurai-comerciante colocou rapidamente em evidência administradores hábeis e autoconfiantes que formulavam as políticas Meiji e planejavam sua execução. O problema real, contudo,

6. NORMAN, H. Op. cit. p. 96.

não era de que classe vinham, mas como calhava serem tão hábeis e tão realistas. O Japão, recém-emergindo do medievalismo na segunda metade do século XIX, e tão fraco na época quanto o Sião hoje, produziu líderes capazes de conceber e executar um dos trabalhos de natureza mais estadista e mais bem-sucedidos jamais tentados em qualquer nação. O ponto forte, assim como o ponto fraco desses líderes estava arraigado no caráter japonês tradicional, e é o principal objeto deste livro discutir qual era e é esse caráter. Aqui, podemos apenas reconhecer como os estadistas Meiji empreenderam sua iniciativa.

Eles não consideravam sua tarefa de modo algum uma revolução ideológica. Eles a trataram como um trabalho. Seu objetivo, enquanto a conceberam, era tornar o Japão um país a ser levado em conta. Não eram iconoclastas. Não atacaram nem empobreceram a classe feudal. Eles a seduziram com pensões grandes o bastante para atraí-la a um subsequente apoio ao regime. Eles finalmente melhoraram a condição dos camponeses. Seu atraso em 10 anos parece ter se devido mais à condição lamentável do erário no começo do Regime Meiji do que a uma rejeição de classe das reivindicações dos camponeses sobre o regime.

Contudo, os estadistas vigorosos e inventivos, que administravam o Governo Meiji, rejeitavam todas as ideias de acabar com a hierarquia no Japão. A Restauração havia simplificado a ordem hierárquica ao colocar o imperador em seu ápice e ao eliminar o xogum. Os estadistas Pós-restauração, ao abolirem os feudos, eliminaram o conflito entre lealdade ao respectivo senhor e ao Estado. Essas mudanças não eliminaram os hábitos hierárquicos. Deram-lhes um novo lugar. "Suas Excelências", os novos líderes do Japão, inclusive fortaleceram o governo centralizado, a fim de impor seus programas eficientes ao povo. Eles alternaram demandas de cima com presentes de cima e, desse modo, conseguiram sobreviver. Mas não imaginavam que tivessem de satisfazer a uma opinião pública que poderia não desejar reformar o calendário, estabelecer escolas públicas ou abolir a discriminação contra os párias.

Um desses presentes de cima foi a Constituição do Japão, que foi outorgada pelo imperador ao seu povo em 1889. Ela deu ao povo um lugar no Estado e estabeleceu a Dieta. Foi formulada com grande cuidado por Suas Excelências após um estudo crítico de várias constituições do mundo ocidental. Seus redatores, contudo, tomaram "toda precaução possível para se resguardarem da interferência popular e da invasão da opinião pública"[7]. O próprio gabinete que a redigiu era parte do Departamento da Casa Imperial e, portanto, sacrossanto.

Os estadistas Meiji eram muito conscientes de seu objetivo. Durante a década de 1880, o Príncipe Ito, que concebeu a Constituição, enviou o Marquês

7. Citado de uma autoridade japonesa que baseia suas observações em declarações de Baron Kaneko, que foi um dos formuladores. Cf. NORMAN, H. Op. cit. p. 88.

Kido para consultar Herbert Spencer, na Inglaterra, sobre os problemas que se acercavam do Japão. Após extensas conversações, Spencer escreveu a Ito. Em relação ao tema da hierarquia, Spencer disse que o Japão possuía, em seus arranjos tradicionais, uma base incomparável para o bem-estar nacional, que deveria ser mantida e cultivada. As obrigações tradicionais para com superiores, ele disse, e sobretudo ao imperador, eram a grande oportunidade do Japão. O Japão poderia avançar solidamente, subordinado a seus "superiores", e se defender contra as dificuldades inevitáveis em nações mais individualistas. Os grandes estadistas Meiji ficaram muito satisfeitos com essa confirmação de suas convicções. Eles tinham intenção de reter no mundo moderno as vantagens de observar a "devida posição". Não tinham intenção de comprometer o hábito da hierarquia.

Em cada campo de atividade, fosse política, religiosa ou econômica, os estadistas Meiji distribuíram as obrigações da "devida posição" entre o Estado e o povo. Seu esquema total era tão estranho aos arranjos nos Estados Unidos ou na Inglaterra, que nós usualmente falhamos em reconhecer seus pontos básicos. Havia, é claro, um forte controle de cima, que não tinha de seguir a opinião pública. Esse governo era administrado por uma hierarquia superior, e isso nunca poderia incluir pessoas eleitas. Nesse nível, o povo não poderia ter voz alguma. Em 1940, a hierarquia superior do governo consistia daqueles que tinham "acesso" ao imperador, aqueles que se constituíam seus conselheiros imediatos e aqueles cujas altas indicações exibiam o selo privado. Esses últimos incluíam os ministros de gabinete, prefeitos, juízes, chefes de escritórios nacionais e outros funcionários responsáveis similares. Nenhum funcionário nomeado tinha tal *status* na hierarquia, e estaria fora de questão para membros eleitos da Dieta, por exemplo, ter qualquer voz na seleção ou aprovação de um ministro ou chefe de Gabinete do Escritório de Finanças ou de Transportes. A Câmara Baixa eleita da Dieta era uma voz do povo que possuía o privilégio não insignificante de interrogar e criticar os altos funcionários, mas não possuía uma voz real nas nomeações, nas decisões ou nos temas orçamentários, e não tinha iniciativa legislativa. A Câmara Alta era inclusive supervisionada por uma Câmara Superior não eleita, com metade dos representantes oriundos da nobreza e outro quarto de nomeados imperiais. Uma vez que seu poder para aprovar a legislação era aproximadamente igual ao daqueles da Câmara Baixa, outra checagem hierárquica era estipulada.

O Japão, portanto, assegurava que aqueles que detinham altos postos do governo permanecessem "Suas Excelências", mas isso não significa que não houvesse autogoverno em seu "devido lugar". Em todas as nações asiáticas, sob qualquer regime, a autoridade superior sempre desce e encontra, em algum ponto intermediário, um governo local autônomo vindo de baixo. As diferenças entre vários países dizem respeito a questões sobre até que ponto a responsabilidade democrática se estende, quantas são suas responsabilidades e se a liderança local permanece responsiva à comunidade inteira ou é apropriada pelos magnatas locais em detrimento do povo. O Japão Tokugawa possuía, como a China, pequenas unidades de 5 a 10 famílias, chamadas, em tempos recentes, *tonari gumi*, que eram as menores unidades responsáveis da população. O chefe desse grupo de famílias vizinhas assumia a liderança em seus assuntos, era responsável por seu bom comportamento, tinha de relatar quaisquer atos duvidosos e entregar ao governo qualquer indivíduo procurado. No início, os estadistas Meiji as aboliram, mas foram mais tarde restauradas e chamadas *tonari gumi*. Nas cidades, o governo por vezes as incentivava ativamente, mas, hoje, raramente funcionam nas aldeias. As unidades de vilarejos (*buraku*) são mais importantes. As *buraku* não foram abolidas nem incorporadas como unidades no governo. Eram uma área na qual o Estado não funcionava. Esses vilarejos de 15 ou mais casas continuam, ainda hoje, a funcionar de um modo organizado através de líderes que se alternam anualmente, e que "cuidam das propriedades, supervisionam o auxílio dado às famílias quando ocorre uma morte ou um incêndio, decidem os dias para trabalho cooperativo na agricultura, construção de casas ou reparo de estradas, e anunciam os feriados e dias de descanso locais, soando o sino de incêndio ou batendo 2 tijolos um contra o outro em certo ritmo"[8]. Esses líderes não são responsáveis, como em algumas nações asiáticas, também por coletar os impostos do Estado em sua comunidade; portanto, não têm de arcar com esse ônus. Sua posição é muito unívoca: eles funcionam na área da responsabilidade democrática.

O governo civil moderno no Japão reconhece oficialmente a administração local das cidades e aldeias. "Anciões" eleitos escolhem um líder responsável que serve como um representante da comunidade em todas as transações com o Estado, que é representado pela prefeitura e pelo governo nacional. Nas aldeias, o líder é um antigo residente, um membro de uma família proprietária de terras. Ele auxilia em uma perda financeira, mas o prestígio é considerável. Ele e os anciões são responsáveis por finanças, saúde pública, manutenção das escolas e, especialmente, pelos registros de propriedade e dossiês individuais da aldeia. O escritório da aldeia é um lugar concorrido. Tem a tarefa de aplicar a verba orçamentária do Estado para a educação escolar primária para todas as crianças, de levantar, junto à comunidade, sua parcela local muito maior de fundos e de aplicá-los às despesas das escolas. Além disso, encarrega-se do gerenciamento e do aluguel de propriedades da aldeia, do melhoramento da terra, do reflorestamento e dos registros de todas as transações de propriedades, que só se tornam legais quando são adequadamente arquivadas nesse escritório. Deve também manter um registro atualizado de residência, *status* matrimonial, nascimento de crianças, adoções, qualquer encontro com a lei e outros fatos de cada indivíduo que ainda mantém

8. EMBREE, J.F. *The Japanese nation*, p. 88.

residência oficial na comunidade, além de um registro familiar que mostra dados similares sobre cada família. Quaisquer informações pessoais são encaminhadas de qualquer parte do Japão para o escritório domiciliar oficial da pessoa e são introduzidas em seu dossiê. Sempre que alguém se candidata a uma posição, ou é processado diante de um juiz ou de algum modo é solicitado a se identificar, escreve para o escritório da comunidade domiciliar ou lá comparece pessoalmente e obtém uma cópia do seu dossiê para apresentar à pessoa interessada. Ninguém encara com pouca seriedade a possibilidade de ter um registro ruim inscrito no seu dossiê ou no de sua família.

A cidade e a aldeia, portanto, possuem uma responsabilidade considerável. É uma responsabilidade comunitária. Mesmo na década de 1920, quando o Japão tinha partidos políticos nacionais – que em qualquer país significa uma alternância de mandato entre os que estão "em exercício" e os que estão "fora do exercício" –, a administração local geralmente permanecia intocada por esse desenvolvimento, e era dirigida por anciões que representavam a comunidade inteira. Sob três aspectos, contudo, as administrações locais não possuem autonomia: todos os juízes são nomeados nacionalmente, toda polícia e todos os professores de escola são empregados do Estado. Como muitos casos civis no Japão são ainda resolvidos por arbitragem ou por mediadores, os tribunais de justiça figuram pouco na administração local. A polícia é mais importante. Ela tem de estar presente em reuniões públicas, mas essas obrigações são intermitentes, e a maior parte de seu tempo é dedicada a manter os registros de pessoas e de propriedades. Frequentemente o Estado pode transferir policiais de um posto para outro, de modo que possam permanecer pessoas de fora sem vínculos locais. Professores de escola também são transferidos. O Estado regula cada detalhe das escolas e, como na França, cada escola no país está estudando no mesmo dia a mesma lição do mesmo livro escolar. Cada escola realiza a mesma ginástica com a mesma transmissão de rádio na mesma hora da manhã. A comunidade não possui autonomia local sobre as escolas, polícia ou tribunais de justiça.

Em todos os sentidos, portanto, o governo japonês difere do americano, no qual pessoas eleitas arcam com a mais elevada responsabilidade do executivo e do legislativo, e o controle local é exercido através da direção local da polícia e das cortes policiais. Contudo, não difere formalmente da organização governamental de nações completamente ocidentais como a Holanda e a Bélgica. Por exemplo, na Holanda, como no Japão, o Ministério da Rainha redige todas as leis propostas. No Japão, a Dieta, na prática, não possui iniciativa legislativa. A Coroa holandesa nomeia, legalmente, até os prefeitos de cidades (mesmo que, na prática, geralmente aprove apenas uma nomeação local); portanto, seu direito formal se estende mais a áreas locais de interesse do que no Japão antes de 1940. A responsabilidade direta da polícia e das cortes para com a Coroa também é característica da Holanda. Enquanto lá as escolas podem ser estabelecidas à vontade por qualquer grupo sectário, na França, o sistema escolar japonês é duplicado. Na Holanda, a responsabilidade local por canais, pôlders e melhoramentos locais é uma obrigação da comunidade como um todo, e não apenas de um prefeito e de funcionários politicamente eleitos.

A verdadeira diferença entre a forma japonesa de governo e esses casos na Europa Ocidental repousa não na forma, mas no funcionamento. Os japoneses se baseiam em velhos hábitos de deferência, estabelecidos em sua experiência passada e formalizados em seu sistema ético e em sua etiqueta. O Estado pode esperar que, quando Suas Excelências funcionam em seu "devido lugar", suas prerrogativas serão respeitadas não porque a política é aprovada, mas porque é errado no Japão desconsiderar limites entre prerrogativas. No nível mais elevado da política, a "opinião popular" não tem lugar. O governo pede somente "apoio popular". Quando o Estado supervisiona seu campo oficial na área de interesse local, sua jurisdição também é aceita com deferência. O Estado, em todas as suas funções internas, não é um mal necessário como é geralmente considerado nos Estados Unidos. Aos olhos japoneses, o Estado chega a ser quase o bem supremo.

O Estado, além disso, é meticuloso em reconhecer o "devido lugar" para a vontade do povo. Em áreas de jurisdição popular legítima, não é demais dizer que o Estado japonês tem tido que cortejar o povo até para seu próprio bem. O agente de extensão agrícola estatal pode ser tão democrático no melhoramento de velhos métodos de agricultura quanto seu equivalente em Idaho. Para comprar e vender, o funcionário do Estado que promove associações de crédito de agricultores ou cooperativas de agricultores garantidas pelo Estado deve manter rodadas de discussões prolongadas com os notáveis locais, e então acatar suas decisões. Assuntos locais exigem gerenciamento local. O modo de vida japonês distribui a devida autoridade e define sua devida esfera. Concede muito mais deferência – e, portanto, liberdade de ação – aos "superiores" do que as culturas ocidentais, mas eles devem se manter em sua posição. O lema do Japão é: Cada coisa em seu lugar.

No campo da religião, os estadistas Meiji fizeram arranjos formais muito mais bizarros do que no governo. Contudo, estavam executando o mesmo lema japonês. O Estado assumiu, como seu domínio, um culto que confirma especificamente os símbolos de unidade e superioridade nacionais, e em tudo mais deixou a liberdade de culto ao indivíduo. Essa área de jurisdição nacional era o xintoísmo estatal. Como se ocupava com o devido respeito aos símbolos nacionais – como é a saudação à bandeira nos Estados Unidos –, o xintoísmo estatal não era, eles diziam: "religião". O Japão, portanto, poderia exigi-lo de todos os cidadãos sem violar o dogma ocidental da liberdade de religião mais do que os Estados Unidos violam ao exigir uma saudação à bandeira americana. Era um mero sinal de lealdade. Como "não era religião", o Japão podia ensiná-lo nas escolas sem o risco de crítica ocidental. O xintoísmo estatal nas escolas se torna a história do Japão, do tempo dos deuses e da veneração ao imperador, "governante desde tempos imemoriais". Era apoiado e regulado pelo Estado. Todas as outras áreas da religião – mesmo o xintoísmo denominacional ou o culto xintoísta, sem falar das seitas budista e cristã – foram deixadas à iniciativa individual, assim como nos Estados Unidos. As duas áreas eram inclusive separadas administrativa e financeiramente. O xintoísmo estatal era responsável por seu próprio gabinete no Escritório Domiciliar, e seus sacerdotes, cerimônias e santuários eram mantidos pelo Estado. O culto xintoísta e as seitas budista e cristã eram da competência de um Gabinete de Religião no Departamento de Educação, e eram mantidos por contribuições voluntárias de membros.

Devido à posição oficial do Japão sobre o tema, não podemos falar do xintoísmo estatal como uma vasta igreja estabelecida, mas podemos ao menos chamá-lo de um vasto estabelecimento. Havia mais de 110.000 santuários, abrangendo desde o grande Santuário Ise e o templo da Deusa do Sol até pequenos santuários locais, que o sacerdote oficiante prepara para a ocasião de uma cerimônia especial. A hierarquia nacional de sacerdotes equivalia à política, e as linhas de autoridade administravam desde o sacerdote mais inferior, passando pelos sacerdotes distritais e municipais, até Suas Excelências sacerdotais no topo. Eles realizavam cerimônias para a comunidade, em vez de conduzirem o culto por ela, e nada havia no xintoísmo estatal comparado ao nosso hábito familiar de frequentar a igreja. Sacerdotes do xintoísmo estatal – como não era religião – eram proibidos por lei de ensinar qualquer dogma, e não poderia haver serviços de culto como os ocidentais os concebiam. Em vez disso, nos dias frequentes de ritos, representantes oficiais da comunidade vinham e se posicionavam diante do sacerdote, que os purificava, agitando diante deles uma vara com tiras de cânhamo e de papel. Ele abria a porta do santuário interno e invocava os deuses, com um grito agudo, para virem participar de uma refeição cerimonial. O sacerdote orava, e cada participante, em ordem de *status*, apresentava com profunda reverência aquele objeto onipresente em um velho e novo Japão: um ramo de sua árvore sagrada, com tiras pendentes de papel branco. O sacerdote, então, enviava os deuses de volta com outro grito, e fechava as portas do santuário interno. Nos dias festivos do xintoísmo estatal, o imperador, por sua vez, celebrava ritos para o povo, e os escritórios do governo eram fechados. Mas esses feriados não eram dias de grandes celebrações populares, como as cerimônias em homenagem a santuários locais ou mesmo os feriados budistas. Ambos estão na área "livre" fora do xintoísmo estatal.

Nessa área, o povo japonês pratica seitas e celebrações que considera importantes. O budismo permanece a religião da maioria do povo, e as várias seitas, com seus diferentes ensinamentos e profetas fundadores, são vigorosas e onipresentes. Mesmo o xintoísmo possui seus grandes cultos, que se situam fora do xintoísmo estatal. Alguns foram bastiões de nacionalismo puro, mesmo antes que o governo na década de 1930 adotasse a mesma posição; alguns são seitas de cura pela fé, comparadas à ciência cristã; alguns seguem princípios confucianos; alguns se especializaram em estados de transe e peregrinações a santuários de montanhas sagradas. A maioria das celebrações populares também foi deixada de fora do xintoísmo estatal. Nesses dias, o povo se aglomera nos santuários. Cada pessoa se purifica, enxaguando sua boca, e pede ao deus que desça, puxando uma corda de sino ou batendo palmas. Então, faz uma reverência, envia o deus de volta, puxando novamente a corda do sino ou batendo palmas, e parte para as atividades principais do dia: comprar adereços e gulodices dos vendedores que montaram seus estandes; assistir a competições de luta livre, exorcismos ou danças *kagura*, generosamente animadas por palhaços; e, basicamente, desfrutar da grande multidão. Um inglês, que havia vivido no Japão, citava o verso de William Blake, que ele sempre lembrava em festividades japonesas:

> Se na igreja cerveja nos dessem,
> E um fogo agradável que nossas almas entretivesse,
> Ficaríamos o dia inteiro a cantar e a orar,
> Sem jamais desejarmos dela nos afastar.

Exceto por aqueles poucos que se dedicavam profissionalmente às austeridades religiosas, a religião não é austera no Japão. Os japoneses também são aficionados a peregrinações religiosas, e esses também são feriados muito apreciados.

Os estadistas Meiji, portanto, separaram cuidadosamente a área do Estado, que funcionava como governo, da área do xintoísmo estatal no campo da religião, deixando outras áreas para o povo. No entanto, garantiram para si, como altos oficiais da nova hierarquia, o domínio em assuntos que, aos seus olhos, se relacionavam diretamente com o Estado. Ao fundarem as Forças Armadas, tiveram um problema similar. Rejeitaram, como em outros campos, o antigo sistema de castas, mas, no Exército, foram mais longe do que na vida civil. Baniram, nas Forças Armadas, inclusive a linguagem de respeito do Japão, embora na prática efetiva o uso antigo com certeza persista. O Exército também promovia à posição de oficial com base no mérito, não na família, em um grau que dificilmente poderia ser posto em prática em outros campos. A esse respeito, sua reputação entre os japoneses é, ao que parece, merecidamente, elevada. Esse foi, com certeza, o melhor meio disponível pelo qual obter apoio popular para o novo Exército. Além disso, companhias e pelotões eram formados por vizinhos da mesma região, e o serviço militar, em tempos de paz, era prestado em postos próximos às suas casas. Isso significava não somente que os vínculos locais eram conservados, mas que cada um que se submetesse ao treinamento militar passaria 2 anos durante os quais a relação entre oficiais e homens, entre aqueles do 2º ano e aqueles do 1º ano suplantava aquela entre samurais e agricultores ou entre ricos e pobres. O Exército funcionava, sob muitos aspectos, como um nivelador democrático, e era em grande medida um verdadeiro exército do povo. Enquanto a maior parte das outras nações depende do Exército como o braço forte para defender o *status quo*, no Japão a afinidade do Exército com o pequeno camponês se alinhou em repetidos protestos contra os grandes financiadores e industrialistas.

Os estadistas japoneses podem não ter aprovado todas as consequências de criar um exército do povo, mas não foi nesse nível em que acharam correto assegurar a supremacia do Exército na hierarquia. Garantiram esse objetivo por meio de arranjos nas esferas mais elevadas. Não introduziram esses arranjos na Constituição, mas continuaram, como procedimento costumeiro, a já reconhecida independência do Alto Comando em relação ao governo civil. Os ministros do Exército e da Marinha, em contraste, por exemplo, com o chefe do Ministério das Relações Exteriores e gabinetes nacionais, tinham acesso direto ao imperador e poderiam, assim, usar seu nome na imposição de suas medidas. Eles não precisavam informar ou consultar seus colegas civis do gabinete. Além disso, as Forças Armadas detinham um controle sobre qualquer gabinete. Podiam impedir a formação de um gabinete do qual desconfiassem através do simples expediente de recusar a liberação de generais e almirantes para ocuparem pastas nesse Gabinete. Sem esses altos oficiais da ativa para preencher as posições de ministros do Exército e da Marinha, não poderia haver Gabinete. Nenhum civil ou oficial aposentado poderia ocupar esses postos. Similarmente, se as Forças Armadas estivessem descontentes com qualquer ato do Ministério, poderiam provocar sua dissolução, convocando seus representantes do Gabinete. Nesse nível político mais elevado, era garantido que a hierarquia superior militar não precisava tolerar qualquer interferência. Caso necessitasse de outras garantias, possuía uma na Constituição: “Se a Dieta falhasse em aprovar o orçamento submetido, o orçamento do ano anterior era automaticamente disponibilizado ao governo para o ano corrente”. A exploração do Exército na ocupação da Manchúria, quando o Ministério das Relações Exteriores havia prometido que o Exército não daria esse passo, foi somente um dos exemplos em que a hierarquia do Exército apoiou com sucesso seus comandantes no campo, na ausência de uma política de Gabinete acordada. Como em outros campos, o mesmo se dava com o Exército: quando privilégios hierárquicos estão envolvidos, os japoneses tendem a aceitar todas as consequências – não porque concordem com a política, mas porque não aceitam desconsiderar limites entre prerrogativas.

No campo do desenvolvimento industrial, o Japão trilhou um caminho sem precedentes em qualquer nação ocidental. Uma vez mais, Suas Excelências arranjaram o jogo e definiram as regras. Eles não apenas planejaram como também construíram e financiaram, com dinheiro do governo, as indústrias que decidiram ser necessárias. Uma burocracia estatal as organizou e as administrou. Técnicos estrangeiros foram importados e japoneses foram enviados para aprender no exterior. Então, quando, como diziam, essas indústrias estavam "bem organizadas e os negócios prósperos", o governo as transferiu para firmas privadas. Elas foram vendidas gradualmente por "preços ridiculamente baixos"[9] para uma oligarquia financeira escolhida, a famosa Zaibatsu – formada principalmente pelas famílias Mitsui e Mitsubishi. Seus estadistas julgaram que o desenvolvimento industrial era muito importante para o Japão para ser confiado a leis de oferta e procura ou à livre-iniciativa. Mas essa política de modo algum se deveu ao dogma socialista. Foi precisamente a Zaibatsu que obteve as vantagens. O que o Japão conseguiu foi que, com o mínimo de equívocos e desperdício, as indústrias que considerava necessárias fossem estabelecidas.

O Japão foi, por esses meios, capaz de revisar a "ordem normal do ponto de partida e dos estágios sucessivos da produção capitalista"[10]. Em vez de começar com a produção de bens de consumo e com a indústria leve, empreendeu primeiro as indústrias pesadas que eram chave. Arsenais, estaleiros, fundições, construção e estradas de ferro tinham prioridade e foram rapidamente levadas a um estágio avançado de eficiência técnica. Nem todas, porém, foram entregues às mãos privadas, e grandes indústrias militares permaneceram sob controle da burocracia governamental, sendo financiadas por contas especiais do governo.

Nesse campo das indústrias, às quais o governo deu prioridade, o pequeno comerciante ou o administrador não burocrático não possuía um "devido lugar". Somente o Estado e as grandes instituições financeiras confiáveis e politicamente favorecidas operavam nessa área. Mas, como em outros campos da vida japonesa, também havia uma área livre na indústria, ocupada pelas indústrias "residuais", que operavam com capitalização mínima e máxima utilização de força de trabalho de baixo custo. Essas indústrias leves podiam existir sem tecnologia moderna, e assim o fizeram. Elas funcionam por meio do que costumávamos chamar nos Estados Unidos de fabriquetas (*sweat-shops*) caseiras. Um pequeno fabricante compra matéria-prima, entrega a uma família ou a uma fábrica pequena com 4 ou 5 trabalhadores; após, retira o material e o entrega para outro estágio no processamento e, por fim, vende o produto para o comerciante ou exportador. Na década de 1930, não menos que 53% de todas as pessoas industrialmente empregadas no Japão estavam trabalhando desse modo em famílias e fabriquetas com menos de 5 trabalhadores[11]. Muitos desses trabalhadores são protegidos por antigos costumes paternalistas de aprendizagem profissional, e vários são

---

9. NORMAN. Op. cit. p. 131. Essa discussão se baseia na iluminadora análise dada por Norman.

10. Ibid., p. 125.

11. UYEDA, apud FARLEY, M.S. *Pigmy factories* – Far Eastern Survey, VI, 1937, p. 2.

mães que, nas grandes cidades do Japão, realizam o trabalho em casa com seus bebês presos às suas costas.

Essa dualidade da indústria japonesa é quase tão importante para o modo de vida japonês quanto a dualidade no campo do governo ou da religião. É como se os estadistas japoneses, quando decidiram que precisavam de uma aristocracia financeira que correspondesse às suas hierarquias em outros campos, tivessem construído para si indústrias estratégicas, selecionado instituições comerciais politicamente favorecidas e associando-as a suas "devidas posições" a outras hierarquias. Não era parte de seu plano de governo se libertarem dessas grandes instituições financeiras, e a Zaibatsu se beneficiou de um tipo de paternalismo continuado que lhes deu não apenas lucro, mas uma posição elevada. Dadas as antigas atitudes japonesas com relação ao lucro e ao dinheiro, era inevitável que uma aristocracia financeira fosse atacada pelo povo, mas o governo fez o que pôde para estabelecê-la de acordo com as ideias aceitas sobre hierarquia. Não foi inteiramente bem-sucedido, pois a Zaibatsu estava sob o ataque dos assim chamados grupos de Jovens Oficiais do Exército e das áreas rurais. Mas ainda permanece verdadeiro que o maior ressentimento da opinião pública japonesa não era contra a Zaibatsu, mas contra os *narikin*. Narikin é muitas vezes traduzido como *nouveau riche*, mas não faz justiça ao sentimento japonês. Nos Estados Unidos, os *nouveaux riches* são estritamente "recém-chegados". Eles são risíveis, porque são deselegantes e não tiveram tempo de adquirir o devido polimento. Essa desvantagem, contudo, é equilibrada pela virtude reconfortante de terem vindo da cabana de madeira, e saído da condição de guiarem uma mula para controlarem milhões vindos do petróleo. Mas, no Japão, narikin é um termo tomado do jogo de xadrez japonês, e significa um peão promovido à rainha. É um peão que se move sobre o tabuleiro como um "figurão". Não possui direito hierárquico algum de fazer algo assim. Considera-se que os narikin tenham obtido sua riqueza defraudando ou explorando outros, e o ressentimento dirigido a eles é tão distante quanto possível da atitude nos Estados Unidos em relação ao "garoto simples que dá certo". O Japão concedeu um lugar em sua hierarquia para as grandes riquezas, e manteve uma aliança com elas. Quando a riqueza é adquirida fora do âmbito da hierarquia, a opinião pública japonesa se ressente dela.

Os japoneses, portanto, ordenam seu mundo com referência constante à hierarquia. Na família e nas relações pessoais, idade, geração, sexo e classe ditam o devido comportamento. No governo, religião, exército e indústria são áreas cuidadosamente separadas em hierarquias, nas quais nem o superior nem o inferior podem, sem penalidade, exceder suas prerrogativas. Enquanto a "devida posição" é mantida, os japoneses se comportam sem protesto. Eles se sentem seguros. Certamente, não estão "seguros", com frequência, no sentido de que seu bem-estar está protegido, mas estão "seguros" porque aceitaram a hierarquia como legítima. A hierarquia é essencial ao seu julgamento sobre a vida, do mesmo modo que a confiança na igualdade e na livre-iniciativa é ao modo de vida americano.

A nêmesis do Japão surgiu quando tentou exportar sua fórmula para "segurança". Em seu país, a hierarquia se ajustava à imaginação popular porque a havia moldado. As únicas ambições possíveis seriam as cabíveis naquele tipo de mundo. Mas era uma mercadoria fatal para exportação. Outras nações se ressentiram de suas declarações grandiloquentes, que consideraram uma impertinência, ou pior. Contudo, os oficiais e os soldados japoneses, em cada país ocupado, continuavam a se chocar com o fato de os habitantes não lhes receberem bem. O Japão não lhes estava oferecendo um lugar, embora inferior, em uma hierarquia, e a hierarquia não era desejável, mesmo para aqueles nos níveis inferiores dela? Seus Serviços de Guerra continuaram a produzir uma série de filmes de guerra que figuravam o "amor" da China pelo Japão, sob a imagem de garotas chinesas desesperadas e desordenadas que encontravam a felicidade se apaixonando por um soldado ou um engenheiro japonês. Era muito diferente da versão nazista da conquista, todavia, não foi mais bem-sucedida em longo prazo. Eles não puderam exigir das outras nações o que haviam exigido de si. Seu erro foi terem pensado que poderiam. Não reconheceram que o sistema de moralidade japonesa, que os havia conformado a aceitarem sua "devida posição", era algo com que não poderiam contar em outra parte. Outras nações não o possuem. É um produto genuíno do Japão. Seus escritores consideram esse sistema de ética tão subentendido que sequer o descrevem, mas uma descrição dele é necessária para que possamos compreender os japoneses.

5
Em dívida para com as gerações passadas e o mundo

Na língua inglesa, costumávamos falar sobre sermos "herdeiros das gerações passadas". Duas guerras e uma vasta crise econômica diminuíram um pouco a autoconfiança que costumávamos mostrar, mas essa mudança certamente não diminuiu nosso senso de dívida para com o passado. As nações orientais viram a moeda para o outro lado: elas são devedoras das gerações passadas. Grande parte do que os ocidentais chamam culto aos ancestrais não é verdadeiramente um culto nem completamente dirigido aos ancestrais: é uma confissão ritualizada da grande dívida humana para com todos os que vieram antes. Além disso, não estamos em dívida somente para com o passado; o contato diário com as outras pessoas aumenta nossa dívida no presente. Dessa dívida devem se originar nossas decisões e ações diárias. É o ponto de partida fundamental. Como os ocidentais prestam tão pouca atenção à sua dívida para com o mundo e para com o que lhes deu em termos de cuidado, educação, bem-estar, ou mesmo o mero fato de terem nascido, os japoneses acham que nossas motivações são inadequadas. Pessoas virtuosas não dizem, como na América, que nada devem a pessoa alguma. Elas não desconsideram o passado. A retidão, no Japão, depende de uma pessoa reconhecer seu lugar na grande rede de dívida mútua que envolve tanto seus ancestrais como seus contemporâneos.

É simples colocar em palavras esse contraste entre Oriente e Ocidente, mas é difícil apreciar quanta diferença faz na vida. Até que o compreendamos, no Japão, não seremos capazes de entender seja o extremo sacrifício do *self*, com que nos tornamos familiares durante a guerra, sejam os rápidos ressentimentos de que os japoneses são capazes em situações nas quais pensamos que ressentimentos não são cabíveis. A condição de estar em dívida pode tornar uma pessoa extremamente suscetível a se ofender, e os japoneses provam isso. Também coloca sobre ela grandes responsabilidades.

Tanto chineses como japoneses possuem muitas palavras que significam "obrigações". As palavras não são sinônimas, e seus significados específicos não possuem tradução literal para o inglês, porque as ideias que expressam nos são estranhas. A palavra para "obrigações" (*obligations*), que cobre a dívida de uma pessoa, da maior à menor, é *on*. No uso japonês, é traduzido para o inglês por uma série de palavras: de "obrigações" e "lealdade" a "bondade" e "amor", mas essas palavras distorcem seu significado. Se realmente significasse amor, ou mesmo obrigação, os japoneses certamente seriam capazes de falar sobre o *on* para seus filhos, mas esse é um uso impossível da palavra. Tampouco significa lealdade, que é expressa por outras palavras japonesas, que de modo algum são sinônimas de *on*. *On* é, em todos os seus usos, um peso, uma dívida, um fardo que a pessoa carrega como pode. Uma pessoa recebe *on* de um superior, e o ato de aceitar um *on* de qualquer pessoa que não seja definitivamente sua superior, ou ao menos sua igual, dá-lhe um senso desconfortável de inferioridade. Quando dizem: "Eu assumo um *on* para com ela", estão dizendo: "Eu carrego muitas obrigações para ela", e chamam essa credora, essa benfeitora, sua "pessoa *on*".

Lembrar do *on* de uma pessoa pode ser uma efusão pura de devoção recíproca. Uma pequena história em uma antologia escolar japonesa da 2ª série, intitulada "Não se esqueça do *on*", usa a palavra nesse sentido. É uma história para crianças em suas aulas de ética.

> Hachi é um cão engraçadinho. Tão logo nasceu, foi levado por um estranho, e foi amado como uma criança da casa. Por essa razão, mesmo seu corpo fraco se tornou saudável; quando seu dono ia para o trabalho todas as manhãs, o cão o acompanhava até a estação de bondes e, à noite, próximo à hora de ele [o dono] voltar para casa, o cão ia novamente à estação para encontrá-lo.
>
> No devido tempo, o dono faleceu. Hachi, sabendo disso ou não, continuava a procurar seu dono todos os dias. Indo à estação, procurava seu dono em meio à multidão de pessoas que saíam toda vez que um bonde chegava.
>
> Assim, os dias e meses passaram. 1 ano passou, 2 anos passaram, 3 anos passaram. Mesmo 10 anos depois, a figura envelhecida de Hachi podia ser vista todo dia em frente à estação, ainda buscando por seu dono.

A moral dessa pequena história é a lealdade, que é somente outro nome para amor. Um filho que se importa profundamente com sua mãe pode falar sobre não esquecer o *on* que recebeu dela, e ter em mente, com isso, que possui por ela a devoção sincera que Hachi tinha por seu dono. O termo, contudo, refere-se especificamente não ao seu amor, mas a tudo que sua mãe fez por ele quando bebê, seus sacrifícios em sua adolescência, tudo que fez para promover seus interesses como homem, tudo que ele deve a ela pelo simples fato de ela existir. Isso implica um retorno dessa dívida e, portanto, significa amor. Mas o significado básico é a dívida, embora pensemos o amor como algo livremente dado, não tolhido por obrigações.

O *on* é sempre usado nesse sentido de devoção ilimitada quando é usado a respeito da primeira e maior dívida de uma pessoa, seu "*on* imperial". Essa é a dívida de uma pessoa para com o imperador, que ela deveria receber com profunda gratidão. Seria impossível, eles pensam, estar contente com seu país, com sua vida, com suas pequenas e grandes preocupações, sem pensar também em receber esses benefícios. Em toda a história japonesa, essa pessoa suprema entre as pessoas vivas, para com a qual estão em dívida, era o superior mais elevado em seu horizonte. Em diferentes épocas, foi o senhor local, o senhor feudal e o xogum. Hoje, é o imperador. O título do superior não era tão importante quanto a primazia secular do hábito japonês de "lembrar o *on*". O Japão moderno usou de todos os meios para centrar esse sentimento no imperador. Cada parcialidade que possuem para com seu modo de viver aumenta o *on* imperial de cada um; cada cigarro distribuído ao Exército nas linhas de frente em nome do imperador durante a guerra enfatizava o *on* que cada soldado assumia para com ele; cada dose de saquê distribuída a eles, antes de entrarem em batalha, era mais um *on* imperial. Cada piloto kamikaze de um avião suicida estava, eles dizem, restituindo seu *on* imperial. Todas as tropas que, eles afirmam, pereceram defendendo alguma ilha do Pacífico eram vistas como cumprindo seu *on* ilimitado para com o imperador.

Uma pessoa assume um *on* também para com pessoas menos importantes do que o imperador. Existe, certamente, o *on* que cada um recebe de seus pais. Essa é a base da famosa devoção aos pais no Oriente, que coloca os pais em uma posição muito estratégica de autoridade sobre seus filhos. É formulada em termos da dívida que seus filhos têm para com eles e se esforçam para restituir. São os filhos, portanto, que devem se esforçar para obedecer em vez de, como na Alemanha – outra nação na qual os pais têm autoridade sobre seus filhos –, os pais se esforçarem para exigir e impor essa obediência. Os japoneses são muito realistas em sua versão oriental da devoção aos pais, e possuem um ditado sobre o *on* que a pessoa recebe dos pais, que pode ser livremente traduzido como "Somente após uma pessoa se tornar pai ou mãe saberá quão em dívida está para com seus pais". Ou seja, o *on* parental é o cuidado diário e as inquietações reais aos quais pais e mães são submetidos. A limitação japonesa da veneração ancestral a antepassados recentes e lembrados enfatiza a dependência real, durante a infância. Isso é muito evidente em seu pensamento; com certeza, é algo muito óbvio que, em qualquer cultura, cada homem e mulher foram uma vez crianças indefesas, e não teriam sobrevivido sem cuidados parentais. Por anos, até que fossem adultos, receberam lar, alimento e vestimenta. Os japoneses estão convictos de que nós, americanos, minimizamos tudo isso, e de que, como um escritor diz: "Nos Estados Unidos, lembrar o *on* para com os pais dificilmente é mais do que ser bom para seu pai e sua mãe". Os pais não podem deixar *on* para seus filhos, com certeza, mas o cuidado que dedicam aos filhos é um retorno de sua dívida para com seus próprios pais, adquirida quando eram indefesos. Uma pessoa faz uma restituição parcial do *on* a seus pais ao dar uma criação igualmente boa, ou melhor, aos seus filhos.

As obrigações de uma pessoa para com seus filhos são meramente subsumidas ao "*on* para com seus pais".

Uma pessoa possui um *on* particular também para com seu professor e para com seu mestre (*nushi*). Ambos a ajudaram em seu percurso, e o *on* que assume para com eles pode, em um momento futuro, tornar necessário que aceda a alguma exigência deles quando estiverem com problemas, ou que dê prioridade, talvez, a um parente jovem deles, depois que morrerem. Uma pessoa deve se esforçar muito para cumprir a obrigação, e o tempo não diminui a dívida. Com os anos, ela aumenta em vez de diminuir. Acumula um tipo de juro. Um *on* para com uma pessoa é um assunto sério. Como diz seu ditado popular: "Uma pessoa jamais restitui 1/10 de milésimo de um *on*". É um fardo pesado; "o poder do *on*" é sempre considerado acima das meras preferências pessoais de alguém.

O trabalho sereno dessa ética da dívida depende de cada pessoa ser capaz de se considerar uma grande devedora sem sentir muito ressentimento em cumprir com as obrigações às quais está sujeita. Já vimos quão rigorosamente arranjos hierárquicos foram organizados no Japão. Os hábitos decorrentes, executados diligentemente, tornam possível para os japoneses honrarem sua dívida moral em um grau impensável para um ocidental. Isso é mais fácil de fazer quando os superiores são considerados solidários. Há evidências interessantes, a partir de sua linguagem, de que superiores eram na verdade vistos como "amorosos" para com seus dependentes. *Ai* significa "amor" no Japão, e foi essa palavra que pareceu aos missionários do século XIX a única palavra japonesa que era possível usar em suas traduções do conceito cristão de "amor". Eles a usavam na tradução da Bíblia para significar o amor de Deus pela humanidade e o amor da humanidade por Deus. Mas *ai* significa especificamente o amor de um superior por seus dependentes. Um ocidental poderia talvez achar que significasse "paternalismo", mas em seu uso japonês significa mais do que isso. Era uma palavra que significava afeição. No Japão contemporâneo, *ai* ainda é usada nesse sentido estrito de amor de cima para baixo, mas, talvez, parcialmente devido ao uso cristão, e certamente como uma consequência de esforços oficiais para eliminar as distinções de casta, possa ser usada hoje também no sentido de amor entre iguais.

Contudo, a despeito de todas as mitigações culturais, no Japão, é uma circunstância favorável quando o *on* é "assumido" sem ofensa. As pessoas não gostam de assumir casualmente a dívida de gratidão que o *on* implica. Elas estão sempre falando sobre "fazer uma pessoa assumir um *on*". Muitas vezes, a tradução mais próxima da frase é: "impor algo a outra pessoa" (*imposing upon another*). Contudo, nos Estados Unidos, "impor" (*imposing*) significa "exigir algo de uma pessoa". No Japão, a frase significa "dar-lhe algo ou fazer-lhe uma bondade". Favores casuais de pessoas relativamente estranhas são os mais ressentidos, já que, com vizinhos e em relações hierárquicas antigas, uma pessoa conhece e aceita as complicações do *on*. Mas, com meros conhecidos e com semelhantes, as pessoas se irritam. Elas prefeririam evitar se envolver em todas as consequências do *on*. No Japão, a passividade de uma multidão na rua diante de um acidente não é apenas falta de iniciativa. É um reconhecimento de que qualquer interferência não oficial faria o receptor assumir um *on*. Uma das leis mais conhecidas do Período Pré-Meiji era: "Caso ocorra uma querela, ou uma discussão, ninguém deve interferir desnecessariamente". E uma pessoa que ajuda outra nessas situações, no Japão, sem clara autorização, é suspeita de tirar uma vantagem injustificável. O fato de que o receptor terá uma dívida enorme para com ela atua não para tornar uma pessoa ansiosa por se beneficiar dessa vantagem, mas para torná-la muito relutante em ajudar. Especialmente em situações não formalizadas, os japoneses são extremamente cautelosos quanto a se envolverem em *on*. Mesmo a oferta de um cigarro de alguém com quem a pessoa não possuía quaisquer vínculos a deixa desconfortável, e o modo polido para expressar agradecimento é dizer: "Oh, esse sentimento venenoso (*kino doku*)". "É mais fácil de tolerar", uma japonesa me disse, "se você reconhece logo o quanto isso faz você se sentir mal. Você nunca pensou em fazer coisa alguma por aquela pessoa, e por isso você está envergonhado por receber o *on*". *Kino doku*, portanto, é traduzido às vezes como "Obrigado", isto é, pelos cigarros; às vezes, como "Lamento", isto é, pela dívida; às vezes, como "Me sinto um canalha" porque você me antecipou nesse ato de generosidade. Significa, ao mesmo tempo, todas essas coisas e nenhuma delas.

Os japoneses possuem muitos modos de dizer "obrigado" que expressam esse mesmo desconforto em receber o *on*. O menos ambivalente – a frase que foi adotada em lojas de departamentos em cidades modernas – significa "Oh, essa coisa difícil" (*arigato*). Os japoneses usualmente dizem que essa "coisa difícil" é o grande e raro benefício que o cliente está dispensando à loja ao comprar. É um elogio. É usado também quando uma pessoa recebe um presente, e em inúmeras circunstâncias. Outras palavras igualmente comuns para "obrigado" referem-se – como *kino doku* – à dificuldade de receber. Muito comumente, lojistas que administram suas lojas dizem literalmente: "Oh, isso não termina" (*sumimasen*), isto é, "Eu recebi o *on* de você, e, sob os arranjos econômicos modernos, nunca poderei lhe restituir; lamento ser colocado numa posição como essa". Em inglês, *sumimasen* é traduzido por "Obrigado" (*Thank you*), "Sou grato" (*I'm grateful*), "Lamento" (*I'm sorry*) ou "Me desculpe" (*I apologize*). Você usa a palavra, por exemplo, em vez de todos os outros obrigados, caso alguém busque o chapéu que você perdeu em uma rua ventosa. Quando a pessoa o devolve a você, a polidez exige que você reconheça seu desconforto interno em recebê-lo. "Ela está me oferecendo um *on*, e nunca a vi antes. Nunca tive uma chance de lhe oferecer o primeiro *on*. Sinto-me culpado por isso, mas me sinto melhor se eu me desculpar a ela. *Sumimasen* é provavelmente a palavra mais comum para 'obrigado' no Japão. Eu lhe digo que reconheço que recebi um *on* dela, e não termina com o ato de pegar de volta meu chapéu. Mas o que posso fazer em relação a isso? Somos desconhecidos".

A mesma atitude com relação à dívida é expressa, ainda mais fortemente do ponto de vista japonês, por outra palavra para obrigado, *katajikenai*, que é escrita com o caráter de "insulto", de "embaraço". Significa tanto "Me sinto insultado" como "Sou grato". O dicionário de japonês diz que, por esse termo, a pessoa está envergonhada e se sente insultada pelo extraordinário benefício que recebeu, porque não é digna do benefício. Nessa frase, ela explicitamente reconhece sua vergonha em receber o *on*, e vergonha, *haji*, é, como veremos, uma coisa amargamente sentida no Japão. A palavra *katajikenai*, "Me sinto insultado", é ainda usada por lojistas conservadores ao agradecerem a seus clientes, e os clientes a usam quando pedem para que lhes sejam cobradas suas compras. É uma palavra encontrada constantemente nos romances Pré-Meiji. Uma bela garota de classe inferior que serve na corte e é escolhida pelo senhor como sua amante diz a ele *Katajikenai*; ou seja, "Estou envergonhada por, imerecidamente, aceitar esse *on*; estou admirada por sua generosidade". Em uma disputa feudal, o samurai que é solto sem punição pelas autoridades diz *Katajikenai*, "Estou embaraçado por aceitar esse *on*; não me é apropriado me colocar em tal posição humilde; lamento; eu humildemente lhe agradeço".

Essas frases expressam, melhor do que quaisquer generalizações, o "poder do *on*". As pessoas o assumem constantemente com ambivalência. Em relações estruturadas aceitas, muitas vezes a grande dívida que a expressão implica estimula uma pessoa apenas a propor em restituição tudo o que está nela. Mas é difícil ser uma devedora, e ressentimentos surgem facilmente. O quão facilmente surgem é descrito com vividez no famoso romance *Botchan*, de um dos romancistas japoneses mais conhecidos, Soseki Natsume. Botchan, o herói, é um rapaz de Tóquio que está ensinando em uma escola pela primeira vez, em uma cidade pequena nas províncias. Ele logo se dá conta de que despreza a maioria dos seus colegas professores; certamente, não se dá bem com eles. Mas há um jovem professor do qual ele gosta; enquanto estão fora, juntos, esse novo amigo, que ele chama Ouriço, dá-lhe um copo de água gelada, pelo qual paga 1 1/2 sen (algo em torno de 1/5 de centavo).

Não muito tempo depois, outro professor relata a Botchan que Ouriço falara mal dele. Botchan acredita no relato do intriguista e, instantaneamente, fica preocupado com o *on* que havia recebido de Ouriço.

> Assumir um *on* de um colega assim, mesmo que seja por uma coisa tão insignificante como 1 copo d'água gelada, afeta minha honra. 1 sen ou 1/2 sen, não morrerei em paz se assumir esse *on* [...]. O fato de que recebi o *on* de alguém sem protestar é um ato de boa vontade, tomando-o em seu valor nominal como um indivíduo decente. Em vez

> de insistir em pagar por meu próprio copo d'água gelada, assumi o *on* e expressei gratidão. Isso é um reconhecimento que nenhuma quantia de dinheiro pode comprar. Não possuo título nem posição oficial, mas sou um indivíduo independente, e um indivíduo independente aceitar o favor do *on* é muito mais do que se ele desse em troca 1 milhão de ienes. Deixei Ouriço gastar 1 1/2 sen, e lhe dei meu agradecimento, que é mais custoso do que 1 milhão de ienes.

No outro dia, ele joga 1 1/2 sen sobre a mesa de Ouriço, pois somente após ter cessado de assumir o *on* pelo copo d'água gelada pôde começar a resolver o problema atual entre eles: o comentário ofensivo que lhe contaram. Isso pode envolver golpes, mas o *on* tem de ser eliminado primeiro, porque o *on* não está mais entre amigos.

Uma sensibilidade tão aguda com relação a ninharias, uma vulnerabilidade tão dolorosa ocorre em registros americanos de gangues adolescentes e em histórias de casos de neuróticos. Mas isso é virtude japonesa. Poucos japoneses levariam o caso a esse extremo, segundo pensam, mas certamente muitas pessoas são lenientes. Os comentadores japoneses que escrevem sobre Botchan o descrevem como "muito temperamental, puro como cristal, um defensor do certo". O autor também se identifica com Botchan, e o personagem é, na verdade, sempre reconhecido pelos críticos como um retrato dele. Essa é uma história sobre virtude elevada, porque a pessoa que recebe o *on* pode se retirar da posição de devedora somente ao considerar sua gratidão como valendo "1 milhão de ienes" e ao agir de acordo com isso. Ela pode tomá-lo somente de "um indivíduo decente". Na fúria de Botchan, ele contrasta seu *on* para com Ouriço com um *on* que havia recebido há muito tempo de sua velha babá. Ela era cegamente parcial em relação a ele, e achava que ninguém de sua família o apreciava. Costumava levar-lhe secretamente pequenos presentes, como balas e lápis coloridos, e certa vez lhe deu 3 ienes. "A atenção constante que me dava me gelava até os ossos." Mas, embora tivesse sido "insultado" com a oferta dos 3 ienes, aceitou-os como um empréstimo, e até então nunca os restituíra. Mas isso, ele diz para si – contrastando como se sente sobre seu *on* para com Ouriço – foi porque *o considero parte de mim*. Essa é a pista para as reações japonesas ao *on*. Elas podem ser suportadas, com quaisquer sentimentos confusos, contanto que a "pessoa *on*" seja na verdade eu mesmo; ou que esteja determinada em "meu" esquema hierárquico; ou que esteja fazendo algo que posso me imaginar fazendo, como devolver meu chapéu em um dia ventoso; ou que seja uma pessoa que me admira. Quando essas identificações se desfazem, o *on* é uma ferida inflamada. Independentemente de quão trivial seja a dívida contraída, é virtude ressentir-se dela.

Todos os japoneses sabem que se alguém torna o *on* muito pesado, sob quaisquer circunstâncias, terá problemas. Uma boa ilustração é a "Seção de Consultas" de uma revista recente – um tipo de "Consultório Sentimental" –, que é uma coluna da *Tokyo Psychoanalytic Journal*. O conselho oferecido é dificilmente freudiano, mas é completamente japonês. Um ancião escreveu pedindo um conselho:

> Sou o pai de 3 meninos e 1 menina. Minha esposa faleceu há 16 anos. Como estava com pena de meus filhos, não me casei novamente, e eles consideraram esse fato uma virtude minha. Agora, todos estão casados. Há 8 anos, quando meu filho casou, mudei-me para uma casa distante algumas quadras. É embaraçoso admitir, mas, por 3 anos, brinquei com uma garota no escuro [uma prostituta de uma casa noturna]. Ela me narrou suas circunstâncias, e fiquei com pena dela. Comprei sua liberdade por uma pequena soma, levei-a para minha casa, ensinei-lhe etiqueta e a mantive como empregada. Seu senso de responsabilidade é forte, e é admiravelmente econômica. Contudo, meus filhos e noras e minha filha e genro me desprezam por isso, e me tratam como um estranho. Não os culpo; é minha falta.
>
> Os pais da garota não pareceram compreender a situação, e, como ela está em idade de casar, escreveram exigindo que ela retornasse. Encontrei seus pais e expliquei a situação. Eles são muito pobres, mas não são interesseiros. Prometeram considerá-la como morta, e consentir que continue em sua situação. Ela própria deseja permanecer a meu lado até minha morte. Mas nossas idades são como pai e filha, portanto, por vezes penso em enviá-la para casa. Meus filhos acham que ela está interessada em meu dinheiro.
>
> Tenho uma doença crônica, e acho que tenho apenas 1 ou 2 anos de vida pela frente. Agradeceria muito se pudesse me mostrar que rumo tomar. Para concluir, permita-me dizer que, embora a garota tenha sido outrora apenas uma "garota no escuro", isso era devido às circunstâncias. Seu caráter é bom e seus pais não são interesseiros.

O médico japonês considera esse um caso claro do homem velho que colocou um *on* muito pesado sobre seus filhos. Ele diz:

> Você descreveu um evento que ocorre todo dia [...].
>
> Deixe-me prefaciar meus comentários, dizendo que concluí, a partir de sua carta, que você está me pedindo a resposta que *você* deseja, e isso faz com que me antagonize um pouco com você. Certamente, aprecio seu longo período sem estar casado, mas você usou isso para fazer seus filhos assumirem um *on*, e também para se justificar em sua presente linha de ação. Não gosto disso. Não estou dizendo que você é dissimulado, mas sua personalidade é muito fraca. Teria sido melhor você ter explicado a seus filhos que tinha de viver com uma mulher – caso não pudesse evitar ter uma –, e não tê-los deixado assumir o *on* [por você permanecer não casado]. Seus filhos estão naturalmente contra você por ter colocado tanta ênfase nesse *on*. Afinal, os entes humanos não perdem seus desejos sexuais, e você não pode evitar tê-los. Mas a gente tenta superar o desejo. Seus filhos esperavam isso de você, porque espe-

ravam que você vivesse de acordo com o ideal que formaram de você. Ao contrário, foram traídos, e posso ver como se sentem, embora seja egoísta da parte deles. Eles estão casados e sexualmente satisfeitos, e são egoístas em negar isso ao seu pai. Você está pensando desse modo, e seus filhos do outro [como acima]. Os dois modos de pensar não convergem.

Você diz que a garota e seus pais são pessoas boas. Isso é o que você quer pensar. A gente sabe que o bom e o mau em relação às pessoas dependem das circunstâncias, da situação, e como eles não estão, nesse momento, buscando uma vantagem, podemos dizer que são "pessoas boas". Acho que os pais da garota são tolos em deixá-la servir como concubina de um homem prestes a morrer. Se forem considerar o fato de sua filha ser uma concubina, deveriam buscar algum lucro ou vantagem disso. É apenas fantasia sua ver as coisas de outro modo.

Não me admira que seus filhos estejam preocupados com relação aos pais da garota estarem interessados em algum dinheiro; eu realmente acho que estão. A garota é jovem, e pode não ter isso em mente, mas seus pais devem ter.

Há dois caminhos abertos a você:

1) Como "um homem completo" [um tão bem-formado que nada é impossível a ele], separar-se da garota, e acertar as contas com ela. Mas não acho que você possa fazer isso; seus sentimentos humanos não permitiriam.

2) "Voltar a ser um homem comum" [desistir de suas pretensões], e desfazer a ilusão de seus filhos sobre você como um homem ideal.

Com relação aos seus bens, faça um testamento imediatamente e determine o que caberá à garota e aos seus filhos.

Em conclusão, lembre-se de que você é velho, está ficando infantil, como posso ver por sua escrita. Seu pensamento é emotivo em vez de racional. Você quer essa garota como uma mãe substituta, embora expresse isso como desejando tirá-la da sarjeta. Não acho que uma criança possa sobreviver se sua mãe a abandona – portanto, aconselho você a seguir o segundo caminho.

Essa carta diz várias coisas sobre o *on*. Uma pessoa, tendo escolhido fazer seus filhos assumirem um *on* muito pesado, pode mudar seu curso de ação somente por sua própria conta e risco. Ela deveria saber que sofrerá por isso. Além disso, não importa qual o custo para ela do *on* que seus filhos receberam, ela não pode guardá-lo para si como um mérito a ser usado aos poucos; é errado usá-lo "para se justificar em sua linha de ação presente". Seus filhos estão "naturalmente" ressentidos; porque seu pai começou algo que não pôde manter; eles foram "traídos". É tolice para um pai imaginar que, só porque se dedicou inteiramente a eles enquanto necessitavam de seu cuidado, seus filhos, enquanto crescidos, serão mais solícitos para com ele. Em troca, são conscientes somente do *on* que contraíram e "naturalmente estão contra você".

Nós, americanos, não julgamos uma situação dessas sob essa luz. Pensamos que um pai que se dedicou aos seus filhos sem mãe deveria mais tarde merecer um lugar especial em seus corações, e não esses filhos "naturalmente contra ele". A fim de apreciar como os japoneses veem essa situação, podemos, contudo, considerar isso como uma transação financeira, pois nessa esfera temos atitudes comparáveis. Para nós, seria perfeitamente possível dizer a um pai que emprestou dinheiro a seus filhos em uma transação formal na qual esses filhos terão de arcar com juros: "Eles naturalmente estão contra você". Nesses termos, podemos compreender, também, por que uma pessoa que aceitou um cigarro fala de sua "vergonha", em vez de dizer diretamente: "Obrigada!" Podemos compreender o ressentimento com o qual eles falam de uma pessoa fazendo a outra assumir um *on*. Podemos ao menos ter uma noção da grandiosa magnificação que Botchan faz da dívida por 1 copo d'água gelada. Mas nós, americanos, não estamos acostumados a aplicar esses critérios financeiros a uma delicadeza casual ocorrida no balcão da lanchonete, ou aos longos anos de dedicação de um pai aos seus filhos sem mãe, ou à dedicação de um cão fiel como Hachi. O Japão, sim. Amor, bondade e generosidade que valorizamos apenas na proporção em que são dados sem quaisquer vínculos, no Japão devem necessariamente ter seus vínculos. E cada ato assim recebido torna uma pessoa uma devedora. Como diz seu ditado popular: "É necessário (um grau impossível de) generosidade inata para receber o *on*".

6
Restituindo 1/10 de milésimo

O *on* é uma dívida que deve ser restituída, mas, no Japão, todas as restituições são consideradas como caindo em uma categoria completamente diferente. Os japoneses acham nossa moral – que confunde essas duas categorias em nossa ética e em nossas palavras neutras como obrigação e dever – tão estranha quanto acharíamos transações financeiras em alguma tribo cuja língua não separasse "devedor" de "credor" em transações monetárias. Para eles, a dívida fundamental e sempre presente, chamada *on*, é diametralmente oposta à restituição ativa, tensa, que é nomeada em uma série de outros conceitos. A dívida de uma pessoa (*on*) não é virtude; sua restituição, sim. A virtude começa quando ela se dedica ativamente ao trabalho da gratidão.

Ajudará os americanos a entendermos esse tema da virtude no Japão se tivermos em mente o paralelo com as transações financeiras, e as pensarmos como tendo por trás delas as sanções contra inadimplência que as transações imobiliárias têm na América. Aqui, vinculamos uma pessoa à sua obrigação. Não levamos em conta circunstâncias atenuantes quando uma pessoa toma o que não é seu. Não permitimos que o pagamento ou não de uma dívida com um banco seja uma questão de impulso. E o devedor é tão responsável pelos juros acumulados quanto pela quantia original que tomou emprestada. Consideramos muito diferente de tudo isso o patriotismo e o amor de nossas famílias. Amor, para nós, tem a ver com o coração, e é melhor quando é livremente dado. Patriotismo, no sentido de colocar os interesses de nosso país acima de tudo, é considerado muito quixotesco, ou, certamente, como incompatível com a falível natureza humana, até que os Estados Unidos sejam atacados pelas forças armadas de um inimigo. Sem o postulado básico japonês da grande dívida, contraída automaticamente por todo homem e mulher nascidos, pensamos que uma pessoa deveria ter piedade e auxiliar seus pais em necessidade, não deveria agredir fisicamente seu cônjuge e deveria sustentar seus filhos. Mas essas coisas não são quantitativamente reconhecidas como uma dívida monetária, e não são recompensadas como o sucesso nos negócios. No Japão, elas são vistas do mesmo modo que a solvência financeira nos Estados Unidos. E as sanções que acarretam são tão fortes quanto aquelas aplicadas nos Estados Unidos pelo não pagamento das contas ou dos juros da hipoteca. Não são questões levadas em conta somente em crises, como uma proclamação de guerra ou a doença séria de um pai ou uma mãe. São a sombra constante de uma pessoa, como a preocupação de um pequeno agricultor de Nova York com sua hipoteca ou de um financista de Wall Street enquanto observa as ações, que vendeu com perda, subirem.

Os japoneses dividem em duas categorias, cada uma com suas regras diferentes, aquelas restituições de *on* que são ilimitadas, tanto em quantidade como em duração, e aquelas que são quantitativamente equivalentes e vencem em ocasiões especiais. As restituições ilimitadas da dívida são chamadas *gimu*, e sobre ela dizem: "Uma pessoa nunca restitui 1/10 de milésimo d[ess]e *on*". O *gimu* de uma pessoa agrupa dois tipos diferentes de obrigações: a restituição de seu *on* aos seus pais, que é *ko*, e a restituição de seu *on* ao imperador, que é *chu*. Ambas essas obrigações de *gimu* são compulsórias, e são a condição humana universal. Na verdade, a formação elementar do Japão é chamada "educação gimu", porque nenhuma outra palavra expressa tão adequadamente o significado de "obrigatório" (*required*). Os acidentes de vida podem modificar os detalhes do gimu de uma pessoa, mas ele é, automaticamente, uma obrigação de todos, e está acima de todas as circunstâncias fortuitas.

Tabela esquemática das obrigações japonesas e suas contrapartidas

I - *On*: obrigações passivamente contraídas. Uma "pessoa recebe um *on*"; uma pessoa "assume um *on*", isto é, *on* são obrigações do ponto de vista do receptor passivo:

- *ko on*. *On* recebido do imperador.
- *oya on*. *On* recebido dos pais.
- *nushi no on*. *On* que a pessoa recebe do senhor.
- *shi no on*. *On* que a pessoa recebe do professor.
- *on*. Recebido em todos os contatos da pessoa no curso de sua vida.

Nota: todas essas pessoas das quais alguém recebe o *on* se tornam sua *on jin*, sua "pessoa *on*".

II - Contrapartidas do *on*. Uma pessoa "paga" essas dívidas, "restitui essas obrigações" à "pessoa *on*", isto é, essas são obrigações consideradas do ponto de vista da restituição ativa.

A. *Gimu*. A restituição total dessas obrigações é ainda apenas parcial, e não há limite de tempo:

- *chu*. Dever para com o imperador, a lei, o Japão.
- *ko*. Dever para com os pais e ancestrais (por implicação, aos descendentes).
- *nimmu*. Dever de uma pessoa para com seu trabalho.

B. *Giri*. Essas dívidas são consideradas como tendo de ser restituídas com equivalência matemática ao favor recebido, e existem limites de tempo.

1. *Giri-para-com-o-mundo*.
   - Deveres para com o senhor feudal.
   - Deveres para com a família do cônjuge.
   - Deveres para com pessoas não relacionadas em decorrência de um *on recebido*, *e.g.*, um presente em dinheiro, um favor, um trabalho cedido (como um "grupo de trabalho").
   - Deveres para com pessoas relacionadas não intimamente o bastante (tias, tios, sobrinhos, sobrinhas) em decorrência de um *on* recebido não delas, mas de ancestrais comuns.
2. *Giri-para-com-o-próprio-nome*. Essa é a versão japonesa do *die Ehre*.
   - O dever de uma pessoa de "limpar" sua reputação de insulto ou imputação de falha, isto é, o dever de vingança ou vendeta. (N.B.: Esse nivelamento de resultados não é reconhecido como agressão.)
   - O dever de uma pessoa de não admitir falha (profissional) ou ignorância
   - O dever de uma pessoa de satisfazer as regras japonesas de etiqueta, e.g., observar o comportamento de respeito, não viver acima de sua condição, conter todas as demonstrações de emoção em ocasiões inapropriadas etc.

Ambas as formas de *gimu* são incondicionais. Assim, ao tornar essas virtudes absolutas, o Japão partiu dos conceitos chineses do dever para com o Estado e da devoção aos pais. O sistema ético chinês foi repetidamente adotado no Japão, desde o século XVII, e *chu* e *ko* são palavras chinesas. Mas os chineses não tornaram essas virtudes incondicionais. A China postula uma virtude preponderante, que é uma condição de lealdade e devoção. É usualmente traduzida por "benevolência" (*jen*), mas significa quase tudo que os ocidentais entendem por boas relações interpessoais. Os pais devem ter *jen*. Se um governante não o possui, é justo que seu povo se rebele contra ele. É uma condição sob a qual se estabelece o dom da lealdade de uma pessoa. O mandato do imperador e o de seus oficiais dependia de fazerem *jen*. A ética chinesa aplica esse critério a todas as relações humanas.

Esse postulado ético chinês nunca foi aceito no Japão. O grande estudioso japonês, Kan'ichi Asakawa, ao comentar esse contraste em tempos medievais, diz: "No Japão, essas ideias eram obviamente incompatíveis com sua soberania imperial e, portanto, nunca foram aceitas em sua totalidade, mesmo como teorias"[12]. De fato, *jen* se tornou, no Japão, uma virtude interdita, e foi inteiramente degradada da alta posição que possuía na ética chinesa. No Japão, é pronunciada *jin* (escrita com os mesmos caracteres que os chineses usam), e "fazer jin", ou sua variante "fazer jingi", está muito longe, na verdade, de ser uma virtude obrigatória, mesmo nos níveis mais elevados. Foi tão completamente banido de seu sistema ético que significa algo feito fora da lei. Na verdade, pode ser um ato louvável, como uma pessoa colocar seu nome em uma lista de subscrição para caridade pública, ou conceder clemência a um criminoso. Mas é enfaticamente um trabalho de supererrogação. Significa que o ato não era exigido de você.

"Fazer jingi" é usado também em outro sentido de "fora da lei". É usado para indicar a virtude entre gângsters. No Período Tokugawa, a honra entre os ladrões dos bandos de aventureiros que praticavam ataques violentos – e que portavam uma espada, em contraste com os samurais, que portavam duas – era "fazer jingi". Quando um desses fora da lei pedia guarida a outro, que não era seu conhecido, esse, como uma garantia contra vingança futura da gangue do peticionário, atenderia ao pedido e, com isso, "faria jingi". No uso moderno, "fazer jingi" caiu ainda mais baixo. Ocorre, frequentemente, em discussões sobre atos puníveis: "Trabalhadores comuns", seus jornais dizem: "ainda fazem jingi e devem ser punidos. A polícia deveria assegurar que o jingi seja interrompido nos buracos e cantos em que floresce no Japão". Eles querem dizer, é claro, a "honra entre ladrões", que floresce no crime organizado e no gangsterismo. Especialmente, diz-se que o pequeno contratante de mão de obra no Japão

---

12. *Documents of Iriki*, n. 19, 1929, p. 380.

"faz jingi" quando – como o patrão italiano nos portos americanos na virada do século – entra em relações extralegais com trabalhadores não qualificados e enriquece, subcontratando-os mediante lucro. A degradação do conceito chinês de jen dificilmente poderia ir mais longe[13]. Os japoneses reinterpretaram e degradaram inteiramente a virtude crucial do sistema chinês, sem colocar algo em seu lugar que pudesse tornar o gimu condicional. Por isso, a devoção aos pais se tornou, no Japão, um dever que uma pessoa deve cumprir, mesmo que isso signifique perdoar o vício e a injustiça dos pais. O gimu poderia ser abolido somente se entrasse em conflito com a obrigação de uma pessoa para com o imperador, mas, certamente, não quando seus pais fossem indignos ou estivessem destruindo sua felicidade.

Em um de seus filmes modernos, uma mãe encontra algum dinheiro que seu filho casado, um professor de escola da aldeia, coletou dos aldeões para resgatar uma aluna que estava para ser vendida por seus pais a uma casa de prostituição, porque estavam passando fome no campo. A mãe do professor rouba o dinheiro de seu filho, embora não seja pobre. (Ela administra um restaurante respeitável que é seu.) Seu filho sabe que ela roubou o dinheiro, mas tem de assumir a culpa. Sua esposa descobre a verdade, deixa uma carta suicida assumindo toda a responsabilidade pela perda do dinheiro e se afoga com seu bebê. A tragédia vem a público, mas o papel da mãe nessa história sequer é colocado em questão. O filho cumpriu a lei de devoção aos pais, e parte sozinho para Hokkaido para construir seu caráter, de modo que possa se fortalecer para testes semelhantes no futuro. Ele é um herói virtuoso. Meu colega japonês contestou vigorosamente meu veredito americano óbvio de que a pessoa responsável por toda a tragédia fora a mãe ladra. A devoção aos pais, ele disse, estava muitas vezes em conflito com outras virtudes. Se o herói tivesse sido sábio o bastante, poderia ter encontrado um modo de as reconciliar sem perda do autorrespeito. Mas o autorrespeito não teria sido possível, caso culpasse sua mãe, mesmo que para si.

Tanto romances como a vida real são cheios de deveres pesados de devoção aos pais após um homem jovem se casar. Exceto em círculos *modan* (modernos), em famílias respeitáveis, é tácito que os pais selecionem a esposa do seu filho, usualmente por meio de bons escritórios de intermediários. A família, não o filho, está preocupada principalmente com a importância de uma boa seleção não somente por causa das transações monetárias envolvidas, mas porque a esposa será introduzida na genealogia familiar, e perpetuará a linha familiar através dos seus filhos. É o costume para os intermediários arranjarem um encontro aparentemente casual entre os dois jovens na presença de seus pais, mas eles não

13. Quando os japoneses usam a frase "conhecer o jin", estão um pouco mais próximos ao uso chinês. Budistas exortam pessoas a "conhecerem o jin" e isso significa ser piedoso e benevolente. Mas, como todo dicionário de japonês diz, "conhecer o jin se refere à pessoa ideal em vez de a atos".

conversam. Às vezes, os pais escolhem fazer para seu filho um casamento de conveniência no qual o pai da garota lucrará financeiramente e os pais do rapaz lucrarão com a aliança com uma boa família. Às vezes, eles decidem selecionar a garota por suas qualidades pessoalmente aceitáveis. A restituição do *on* parental pelo bom filho não lhe permite questionar a decisão dos seus pais. Após se casar, sua restituição continua. Especialmente se o filho é o herdeiro da família, viverá com seus pais, e é proverbial que a sogra não goste de sua nora e encontre nela todo tipo de falhas. A sogra pode enviá-la de volta e terminar o casamento, mesmo quando o jovem esposo está feliz com sua esposa, e nada pede senão para viver com ela. Romances e histórias pessoais japoneses são igualmente adequados para enfatizar tanto o sofrimento do esposo como o da esposa. O esposo, é claro, está fazendo *ko* ao se submeter ao término de seu casamento.

Uma japonesa "modan", agora na América, recebeu em sua casa, em Tóquio, uma jovem esposa grávida, cuja sogra a havia forçado a deixar seu entristecido jovem esposo. Ela estava doente e desconsolada, mas não culpava seu esposo. Gradualmente, tornou-se interessada pelo bebê que em breve teria. Mas, quando a criança nasceu, a mãe veio, acompanhada de seu silente e submisso filho, para reclamar o bebê. Ele pertencia, é claro, à família do esposo. A sogra, então, tomou o bebê e o entregou imediatamente a um lar adotivo.

Tudo isso é, por vezes, incluído na devoção aos pais, e é a devida restituição da dívida para com os pais. Nos Estados Unidos, todas essas histórias são tomadas como exemplos de interferência externa na felicidade legítima de um indivíduo. O Japão não pode considerar "externa" essa interferência, devido ao seu postulado da dívida. Lá, essas histórias – como as nossas sobre pessoas honestas que pagam seus credores com incríveis dificuldades pessoais – são histórias de pessoas verdadeiramente virtuosas, que conquistaram seu direito de se respeitarem, que se mostraram fortes o bastante para aceitar frustrações pessoais. Essas frustrações, embora virtuosas, podem naturalmente deixar um resíduo de ressentimento, e vale a pena observar que o provérbio asiático sobre Coisas Odiosas que, em Burma, por exemplo, lista "fogo, água, ladrões, governantes e pessoas maliciosas", no Japão lista "terremotos, trovões e o Velho (o chefe da casa; o pai)".

A devoção aos pais não inclui, como na China, a linha de ancestrais que remonta a séculos, nem o vasto clã vivo em proliferação que descende deles. No Japão, a veneração é de ancestrais recentes. Uma lápide deve ser regravada anualmente para manter sua identidade e, quando as pessoas não se lembram mais de um ancestral, seu túmulo é negligenciado. Tampouco placas são mantidas para eles no santuário familiar. Os japoneses não valorizam a devoção, exceto àqueles lembrados pessoalmente, e se concentram no aqui e agora. Muitos escritores comentaram sua falta de interesse em especulação desincorporada ou na formação de imagens de objetos não presentes. E sua versão de devoção aos pais serve como outro exemplo disso, quando é contrastada com a da China. A maior importância prática de sua versão, contudo, é a forma de limitar as obrigações de ko entre pessoas vivas.

A devoção aos pais, tanto na China como no Japão, é muito mais do que uma deferência e obediência aos pais e ancestrais da pessoa. Todo aquele cuidado da criança, que os ocidentais expressam como sendo dependente do instinto materno e da responsabilidade paterna, eles expressam como dependente da devoção da pessoa aos seus ancestrais. O Japão é muito explícito sobre isso: uma pessoa restitui sua dívida para com seus ancestrais ao conceder aos seus filhos o cuidado que recebeu. Não há palavra para expressar "obrigação do pai para com seus filhos", e todos esses deveres são cobertos pelo ko para com os pais e seus pais. A devoção aos pais comanda todas as numerosas responsabilidades que repousam sobre o chefe de uma família para sustentar seus filhos, educar seus filhos homens e seus irmãos mais jovens, assegurar a administração da propriedade, dar abrigo a parentes em necessidade e milhares de deveres diários similares. A limitação drástica da família institucionalizada no Japão reduz muito o número de pessoas às quais é devido esse gimu. Se um filho morre, é uma obrigação da devoção aos pais arcar com a responsabilidade de sustentar sua viúva e seus filhos. O mesmo também ocorre quando é necessário acolher uma filha viúva e sua família. Mas acolher uma sobrinha viúva não é um gimu. Quem o faz, está cumprindo uma obrigação muito diferente. Criar e educar seus próprios filhos é um gimu. Mas, se alguém educa um sobrinho, é costume adotá-lo legalmente como seu próprio filho. Caso retenha o *status* de sobrinho, não é um gimu.

A devoção aos pais não exige que uma pessoa dê essa assistência com deferência e ternura, mesmo aos seus parentes próximos nas gerações descendentes que estejam em necessidade. Jovens viúvas na família são chamadas "parentes do arroz frio", significando que elas comem arroz quando está frio, estão à disposição de cada membro da família nuclear e devem aceitar com profunda obediência quaisquer decisões sobre seus assuntos. Elas, assim como seus filhos, são os parentes pobres; quando, em casos particulares, recebem um tratamento melhor, não é porque o chefe da família lhes deva isso como um gimu. Os irmãos cumprirem suas obrigações mútuas com ternura também não é um gimu. Os homens muitas vezes são elogiados por terem cumprido completamente com as obrigações para com um irmão mais jovem quando é livremente admitido que os dois se odeiam como veneno.

O maior antagonismo é entre sogra e nora. A nora chega à casa da família como uma estranha. É seu dever aprender a fazer as coisas como sua sogra gosta que sejam feitas. Em muitos casos, a sogra assume muito explicitamente a posição de que a jovem esposa não é suficientemente boa para seu filho, e em outros casos pode ser inferido que ela tem um considerável ciúme. Mas, como diz o ditado japonês: "A nora odiada continua parindo netos amados", e o ko, portanto, está sempre presente. A jovem nora é, à primeira vista, interminavelmente submissa, mas, geração após geração, essas gentis e charmosas criaturas se convertem em sogras tão exigentes e tão críticas como suas próprias sogras foram antes delas. Elas não podem expressar suas agressões como jovens esposas, mas não se tornam, por isso, entes humanos genuinamente gentis. Na maturidade, elas dirigem, por assim dizer, um peso acumulado de ressentimento contra suas noras. Garotas japonesas de hoje falam abertamente sobre a grande vantagem de casar com um filho que não é um herdeiro, de modo que não terão de viver com uma sogra dominadora.

"Trabalhar pelo ko" não é necessariamente obter ternura da família. Em algumas culturas, essa é a cruz da lei moral na família estendida. Mas não no Japão. Como um escritor japonês diz: "Justamente por terem extrema consideração pela família, os japoneses não têm senão alto apreço pelos membros individuais ou por seus vínculos familiares"[14]. Isso nem sempre é verdadeiro, é claro, mas dá uma ideia. A ênfase recai sobre obrigações e em restituir a dívida, e os mais velhos assumem uma grande responsabilidade para si. Uma dessas responsabilidades é assegurar que aqueles abaixo deles façam os sacrifícios exigidos. Se se ressentem disso, faz pouca diferença. Devem obedecer às decisões de seus familiares mais velhos ou fracassaram no gimu.

Os ressentimentos acentuados entre membros da família – que são tão típicos da devoção aos pais no Japão – estão ausentes da outra grande obrigação que, como a devoção aos pais, é um gimu: a lealdade ao imperador. Os estadistas japoneses fizeram bem em isolar seu imperador como um chefe sagrado e em removê-lo do alvoroço da vida. Somente assim, no Japão, ele poderia servir para unificar todo o povo em um serviço inequívoco ao Estado. Não bastava torná-lo um pai para seu povo, pois o pai na casa da família, a despeito de todas as obrigações submetidas a ele, era uma figura da qual se pode ter "tudo menos uma alta estima". O imperador tinha de ser um Pai Sagrado removido de todas as considerações seculares. A lealdade a ele, *chu* – a suprema virtude – deve se tornar uma contemplação extática de um Pai Bom imaginado, não contaminado por contatos com o mundo. Os primeiros estadistas Meiji escreveram, após terem visitado as nações do Ocidente, que em todos esses países a história foi feita pelo conflito entre governante e povo, e que isso era indigno do espírito do Japão. Eles retornaram e escreveram na Constituição que o governante deveria ser "sagrado e inviolável", e considerado não responsável por quaisquer atos de seus ministros. Ele deveria servir como símbolo supremo da unidade japonesa, não como chefe responsável de um Estado. Como o imperador não havia servido como um governante executivo

14. NOHARA, K. *The true face of Japan*. Londres, 1936. p. 45.

por cerca de 7 séculos, era simples perpetuar seu papel nos bastidores. Os estadistas Meiji precisavam apenas vincular a ele, nas mentes de todos os japoneses, aquela virtude incondicional mais elevada, o chu. No Japão feudal, o chu havia sido a obrigação para com o Chefe Secular, o xogum, e sua longa história advertiu os estadistas Meiji do que era necessário fazer na nova distribuição para atingir seu objetivo, a unificação espiritual do Japão. Naqueles séculos, o xogum fora o generalíssimo e chefe administrador, e, a despeito do chu que lhe era devido, maquinações contra sua vida eram frequentes. A lealdade a ele muitas vezes entrava em conflito com obrigações de alguém para com o suserano feudal, e a lealdade superior frequentemente era menos coercitiva do que a inferior. A lealdade de alguém ao seu suserano era, afinal, baseada nos vínculos face a face, e a lealdade ao xogum poderia parecer bem fria em comparação. Vassalos também lutaram em tempos difíceis para depor o xogum e estabelecer seu próprio senhor feudal no lugar dele. Os profetas e líderes da Restauração Meiji lutaram por um século contra o Xogunato Tokugawa com o *slogan* de que o chu era devido ao imperador, isolado no pano de fundo obscuro; uma figura cujos lineamentos toda pessoa poderia traçar por si, de acordo com seus próprios desejos. A Restauração Meiji foi a vitória para esse grupo, e foi precisamente esse deslocamento do chu, do xogum para o imperador simbólico, que justificou o uso do termo "restauração" durante o ano de 1868. O imperador permaneceu isolado. Ele investia Suas Excelências de autoridade, mas ele próprio não dirigia o governo ou o exército, nem ditava pessoalmente políticas. O mesmo tipo de conselheiros, embora melhor escolhidos, continuou dirigindo o governo. A real sublevação foi no domínio espiritual, pois o chu se tornou a restituição de cada um ao Chefe Sagrado – o alto sacerdote e símbolo da unidade e perpetuidade do Japão.

A facilidade com que o chu foi transferido ao imperador foi auxiliada, é claro, pela crença popular de que a Casa Imperial descendia da Deusa do Sol. Mas essa pretensão tradicional à divindade não era tão crucial como os ocidentais pensavam. Certamente, os intelectuais japoneses, que rejeitavam inteiramente essas pretensões, não questionavam, portanto, o chu ao imperador. E mesmo a massa da população que aceitava o nascimento divino não tinha em mente, com isso, o mesmo que os ocidentais. *Kami*, a palavra traduzida por "deus", significa literalmente "cabeça", isto é, o pináculo da hierarquia. Diferentemente dos ocidentais, os japoneses não fixam um grande abismo entre atividades humanas e divinas, e qualquer pessoa japonesa se torna kami após a morte. O chu, nas eras feudais, era devido aos chefes da hierarquia que não tinham qualificações divinas. Na transferência do chu ao imperador, muito mais importante era a dinastia contínua de uma única casa imperial durante toda a história do Japão. É inútil os ocidentais reclamarem de que essa continuidade foi forjada, porque as regras de sucessão não se conformam às das famílias reais da Inglaterra e da Alemanha. As regras eram regras do Japão e, de acordo com elas, a sucessão fora contínua "desde tempos imemoriais". O Japão não era a China, com 36 diferentes dinastias na história documentada. Com todas as mudanças que adotou, ele jamais rompeu seu tecido social. Seu padrão permanecera inalterável. Foi esse argumento, e não a ancestralidade divina, que as forças anti-tokugawa exploraram durante os 100 anos antes da Restauração. Elas diziam que o chu, que era devido àquele que se encontrava no ápice da hierarquia, era devido somente ao imperador. Promoveram-no ao grande sacerdote da nação. E esse papel não significa, necessariamente, divindade. Era mais crucial do que descender de uma deusa.

No Japão moderno, foi feito o possível para personalizar o chu e para dirigi-lo especificamente à figura do imperador. O primeiro imperador após a Restauração foi um indivíduo sério e digno, e durante seu longo reinado se tornou, obviamente, um símbolo pessoal para seus súditos. Suas raras aparições públicas eram encenadas com todos os aparatos de culto. Nenhum murmúrio surgia das multidões reunidas enquanto faziam reverência a ele. As pessoas não levantavam os olhos para contemplá-lo. Janelas eram fechadas em todo lugar acima do 1º andar para que nenhuma pessoa pudesse olhar de uma altura acima do imperador. Seus contatos com seus altos conselheiros eram similarmente hierárquicos. Não se dizia que convocava seus administradores; algumas Excelências especialmente privilegiadas "tinham acesso" a ele. Rescritos sobre questões políticas controversas não eram emitidos; versavam sobre ética ou austeridade, ou eram concebidos como uma referência para indicar um assunto encerrado e, com isso, tranquilizar seu povo. Quando estava em seu leito de morte, todo o Japão se tornou um templo no qual devotos se dedicavam a orar por ele.

De todas essas formas, o imperador era transformado em um símbolo que se colocava além de todo alcance da controvérsia nacional. Assim como a lealdade à bandeira americana está acima e além de todos os partidos políticos, o imperador era "inviolável". Cercamos nosso manuseio da bandeira com um grau de ritual que consideramos completamente inapropriado a qualquer ente humano. Os japoneses, contudo, tiraram o maior proveito possível da humanidade do seu símbolo supremo. Eles poderiam amar e ele poderia corresponder. O fato de que "dirigia seus pensamentos ao povo" era motivo de êxtase. Dedicavam suas vidas a "apaziguar seu coração". Em uma cultura baseada tão completamente em vínculos pessoais como a do Japão, o imperador era um símbolo de lealdade muito superior a uma bandeira. Professores em formação eram reprovados caso expressassem como dever mais elevado das pessoas o amor ao país; tinham de expressá-lo como restituição da dívida à pessoa do imperador.

O chu fornece um duplo sistema de relação súdito-imperador. O súdito olha para cima diretamente ao imperador sem intermediários. Ele, pessoalmente, "apazigua seu coração" por meio de suas ações. O súdito, que recebe os comandos do imperador, contudo, ouve essas ordens transmitidas por todos os intermediários que se encontram entre ambos. "Ele fala pelo imperador" é uma frase que invoca o chu, e é provavelmente uma sanção mais poderosa do que qualquer outro Estado moderno pode invocar. Lory descreve um incidente de manobras militares em tempos de paz, quando um oficial japonês destacou um regimento com ordens para não beberem de seus cantis sem sua permissão. O treinamento militar japonês colocava grande ênfase na habilidade de marchar 50 ou 60 milhas sem intervalo, sob condições difíceis. Nesse dia, 20 homens caíram pelo caminho, de sede e exaustão. 5 morreram. Quando seus cantis foram examinados, constataram que não haviam sido tocados. "O oficial havia dado o comando. Ele falou pelo imperador"[15].

Na administração civil, o chu sanciona tudo, de morte a impostos. Os coletores de impostos, os policiais, os funcionários de recrutamento local são instrumentos através dos quais um súdito cumpre o chu. O ponto de vista japonês é que obedecer à lei é uma restituição de sua dívida mais elevada, seu ko-on. O contraste com os costumes nos Estados Unidos não poderia ser mais acentuado. Para os americanos, quaisquer novas leis, de semáforos de rua a imposto de renda, são ressentidas em todo o país como interferências na liberdade individual dos assuntos de cada um. Regulações federais são duplamente suspeitas, pois interferem também na liberdade do Estado individual de fazer suas próprias leis. Elas são vistas como imposições de burocratas de Washington, e muitos cidadãos consideram que o mais ruidoso protesto contra essas leis é pouco em relação ao que é justamente devido ao seu autorrespeito. Os japoneses julgam, portanto, que somos um povo sem lei. Nós os julgamos um povo submisso, sem ideias sobre democracia. Seria mais verdadeiro dizer que o autorrespeito dos cidadãos, nos dois países, está vinculado a diferentes atitudes: em nosso país, depende de que cada um cuide dos seus assuntos, e, no Japão, depende de que cada um restitua o que deve aos benfeitores oficiais. Ambos os arranjos têm suas próprias dificuldades: a nossa é que é difícil obter regulações aceitas, mesmo quando são para o benefício do país inteiro; e a deles é que é difícil estar em dívida a tal ponto que a vida inteira de uma pessoa seja acompanhada por ela. Provavelmente, cada um dos japoneses, em algum momento, inventou modos de viver de acordo com a lei e, mesmo assim, evitar o que lhe é exigido. Eles também admiram certas formas de violência, de ação direta e de vingança privada que nós, americanos, reprovamos. Mas essas atitudes, e quaisquer outras que possam ser estimuladas, ainda não colocam em questão a influência que o chu possui sobre os japoneses.

15. LORY, H. *Japan's military masters*, 1943, p. 40.

Quando o Japão capitulou em 14 de agosto de 1945, o mundo teve uma quase inacreditável demonstração de seu funcionamento. Muitos ocidentais com experiência e conhecimento sobre o Japão haviam sustentado que para ele seria impossível se render. Seria ingênuo imaginar, eles insistiam, que seus exércitos dispersos ao longo da Ásia e das ilhas do Pacífico entregariam pacificamente suas armas. Grande parte das forças armadas do Japão não havia sofrido derrota local, e estava convencida da retidão de sua causa. As ilhas natais estavam também cheias de resistentes, e um exército de ocupação, com sua guarda avançada necessariamente pequena, correria o risco de ser massacrado, caso se movesse além do alcance de sua artilharia naval. Durante a guerra, nada detinha os japoneses; são um povo guerreiro. Esses analistas americanos não levaram em conta o chu. O imperador falou e a guerra cessou. Antes que sua voz fosse transmitida pelo rádio, oponentes ressentidos haviam formado um cordão em torno do palácio tentando impedir a proclamação. Mas, uma vez lida, foi aceita. Nenhum comandante de campo, na Manchúria ou em Java, nem Tojo, no Japão, colocou-se em oposição. Nossos soldados pousaram em campos de pouso e foram saudados com cortesia. Correspondentes estrangeiros, como um deles escreveu, podiam aterrissar de manhã, manuseando suas armas leves, mas ao meio-dia já as haviam posto de lado e à noite estavam comprando bugigangas. Ao seguirem as vias da paz, os japoneses estavam, agora, "apaziguando o coração do imperador". Uma semana antes também estariam ao se dedicarem a expulsar os bárbaros, mesmo que com lanças de bambu.

Não havia mistério sobre isso, exceto para aqueles ocidentais que não podiam reconhecer quão variadas são as emoções que controlam a conduta humana. Alguns haviam proclamado que não havia alternativa para o extermínio prático. Outros haviam proclamado que o Japão só poderia se salvar se os liberais tomassem o poder e depusessem o governo. Ambas as análises fazem sentido em termos de uma nação ocidental lutando uma guerra total e popularmente apoiada. Contudo, estavam errados, porque atribuíam ao Japão cursos de ação que são essencialmente ocidentais. Alguns profetas ocidentais ainda pensavam, após meses de ocupação pacífica, que tudo estava perdido, porque nenhuma revolução de tipo ocidental havia ocorrido, ou porque "os japoneses não sabiam que haviam sido derrotados". Isso é boa filosofia social ocidental, baseada em padrões ocidentais sobre o que é correto e devido. Mas o Japão não é o Ocidente. Ele não usou essa última força das nações ocidentais: a revolução. Tampouco usou sabotagem ressentida contra o exército de ocupação do inimigo. Usou seu ponto forte: a habilidade de exigir de si, como chu, o enorme custo da rendição incondicional antes que sua força de combate fosse destruída. Contudo, aos seus olhos, isso comprara algo que valorizavam supremamente: o direito de dizerem que foi o imperador que havia dado a ordem, mesmo que essa ordem fosse a capitulação. Mesmo na derrota, a lei suprema ainda era o chu.

7
A restituição "mais difícil de suportar"

O "giri", como diz o provérbio japonês, é "o mais difícil de suportar". Assim como o gimu, o giri também deve ser restituído, mas consiste em uma série de obrigações distintas. Não há equivalente inglês possível e, de todas as estranhas categorias de obrigações morais que os antropólogos encontram na cultura do mundo, é uma das mais curiosas. É especificamente japonesa. O Japão partilha com a China tanto o chu como o ko, e, a despeito das mudanças que fez nesses conceitos, eles possuem uma semelhança familiar com imperativos morais familiares nas outras nações do Oriente. Porém, o giri, o Japão não deve ao confucionismo chinês nem ao budismo oriental. É uma categoria japonesa, e não é possível compreender os cursos de ação dos japoneses sem levá-lo em conta. Nenhuma pessoa japonesa pode falar sobre motivações ou boa reputação, ou sobre os dilemas que confrontam homens e mulheres em seu país natal, sem constantemente falar sobre o giri.

Para um ocidental, o giri inclui uma lista muito heterogênea de obrigações (cf. "Tabela esquemática de obrigações japonesas e suas contrapartidas"), indo desde gratidão por uma antiga gentileza até o dever de vingança. Não admira que os japoneses não tenham tentado explicar o giri para os ocidentais; seus dicionários dificilmente conseguem defini-lo. Um desses o descreve – eu traduzo: "modo correto; a via que os entes humanos devem seguir; algo que fazemos involuntariamente para evitar ter de pedir desculpas ao mundo". Isso não dá ao ocidental muita noção dele, mas a palavra "involuntariamente" acentua um contraste com o gimu. O gimu, independentemente de quantas exigências difíceis faça a uma pessoa, é, ao menos, um grupo de deveres que ela deve cumprir dentro do círculo imediato de sua família íntima e ao governante, que se coloca como um símbolo para seu país, seu modo de vida e seu patriotismo. Ele é um dever para com as pessoas em virtude dos fortes vínculos que vêm desde seu nascimento. Independentemente de quão involuntários atos específicos de obediência possam ser, o gimu nunca é definido como "involuntário". No entanto, "restituir o giri" é cheio de mal-estar. São enormes as dificuldades impostas pelo "círculo do giri" à pessoa devedora.

O giri possui duas divisões muito distintas. O que chamarei "giri para com o mundo" – literalmente "restituir o giri" – é a obrigação de uma pessoa em restituir o *on* a seus iguais, e o que chamarei "giri para com o próprio nome" é o dever da pessoa de manter seu nome e reputação intocados por qualquer imputação, algo aos moldes da "honra" alemã. O giri para com o mundo pode ser descrito, em termos gerais, como o cumprimento de relações contratuais – em contraste com o gimu, que é considerado o cumprimento de obrigações íntimas, que nascem com a pessoa. Assim, o giri inclui todos os deveres para com a família do cônjuge; o gimu, os deveres para com a família imediata. O termo para sogro é pai-em-giri; sogra é mãe-em-giri; cunhado e cunhada são irmão e irmã-em-giri. Essa terminologia é usada seja para os irmãos do cônjuge, seja para o cônjuge dos irmãos. O casamento no Japão é, claramente, um contrato entre famílias. E realizar essas obrigações contratuais ao longo da vida, para a família oposta, é "trabalhar pelo giri". É especialmente pesado para a geração que estipulou o contrato – os pais –, e mais pesado ainda para a jovem esposa em relação à sua sogra, porque, como dizem os japoneses, a noiva foi viver em uma casa onde não nasceu. As obrigações do esposo para com seus sogros são diferentes, mas também são temidas, pois ele pode ter de lhes emprestar dinheiro, caso estejam em dificuldades, e deve cumprir com outras responsabilidades contratuais. Como um japonês disse: "Se um filho adulto faz coisas para sua mãe, é porque ele a ama e, portanto, não poderia ser giri. A pessoa não trabalha pelo giri quando age de coração". Contudo, cumprirá cuidadosamente seus deveres para com seus sogros, porque deve evitar, a qualquer preço, a temida condenação: "ser uma pessoa que não conhece o giri".

O modo como se sentem sobre esse dever em relação à família do cônjuge é vividamente claro no caso do "esposo adotado", o homem que é casado aos moldes de uma mulher. Quando uma família tem apenas filhas, os pais escolhem um esposo para uma delas, a fim de levar adiante o nome da família. O nome dele é apagado do registro de sua família, e ele assume o nome de seu sogro. Ele entra na casa de sua esposa, está sujeito "em giri" aos seus sogros e, quando morre, é enterrado no cemitério deles. Em todos esses atos, ele segue o padrão exato da mulher no casamento usual. A razão para adotar um esposo para uma filha pode não ser simplesmente a ausência de um filho na família. Muitas vezes é uma transação com a qual ambos os lados esperam ganhar. Esses são chamados "casamentos políticos". Pode ser que a família da garota seja pobre, mas de bom nome, e o rapaz entre com algum capital e, em troca, ascenda socialmente. Ou, talvez, a família da garota seja rica e capaz de educar o esposo, que, em troca desse benefício, abandona sua própria família. Ou, ainda, o pai da garota pode, assim, propor ao esposo uma futura sociedade em sua firma. De qualquer modo, o giri de um esposo adotado é especialmente pesado – como deve ser, porque o ato de mudar o nome de um homem para o registro de outra família é drástico no Japão. No Japão feudal, ele tinha de demonstrar sua capacidade em sua nova família, assumindo o lado de seu pai adotado na batalha, mesmo que isso significasse matar seu próprio pai. No Japão moderno, os "casamentos políticos" que envolvem esposos adotados evocam essa forte sanção de giri para vincular o jovem ao negócio ou ao destino da família de seu sogro, com as obrigações mais pesadas que os japoneses podem estipular. Especialmente nos tempos Meiji, isso às vezes era vantajoso para ambas as partes. Mas o ressentimento de ser um esposo adotado é usualmente violento, e um provérbio popular japonês diz: "Se você tiver 3 *go* de arroz (cerca de 500g), nunca seja um esposo adotado". Os japoneses dizem que esse ressentimento é "por causa do giri". Eles não dizem, como os americanos provavelmente diríamos, caso tivéssemos um costume semelhante, "porque o impede de desempenhar o papel de um homem". De qualquer modo, o giri é difícil e involuntário o bastante; assim, "por causa do giri" parece aos japoneses uma afirmação suficiente sobre o fardo da relação.

Não apenas os deveres para com os sogros são giri; deveres para com tios e tias e para com sobrinhos e sobrinhas estão também na mesma categoria. O fato de que, no Japão, mesmo os deveres para com esses parentes relativamente próximos não se classifiquem como devoção aos pais (ko) é uma das grandes diferenças nas relações familiares entre Japão e China. Na China, muitos parentes assim, e outros muito distantes, partilhariam recursos, mas no Japão eles são giri ou parentes "contratuais". Os japoneses destacam que muitas vezes ocorre de essas pessoas nunca terem feito pessoalmente um favor (*on*) para a pessoa que é solicitada a vir em seu auxílio. Ao ajudá-las, ela está restituindo o *on* aos seus ancestrais comuns. Essa é também a sanção por trás do cuidado que a pessoa dispensa aos seus próprios filhos – o que, claro, é um gimu. Mas, mesmo que a sanção seja a mesma, a assistência a esses parentes mais distantes se classifica como giri. Quando uma pessoa tem de ajudá-los, como quando ajuda seus sogros, diz: "Estou enredado com o giri".

A relação giri tradicional mais importante – sobre a qual muitos japoneses pensam, mesmo antes da relação com os sogros – é a de um vassalo para com o seu senhor feudal e para com seus companheiros de armas. É a lealdade que um homem de honra deve a seu superior e a seus pares de sua própria classe. Essa obrigação de giri é celebrada em uma vasta literatura tradicional. É identificada como a virtude do samurai. No Japão antigo, antes da unificação do país efetuada pelos Tokugawa, era muitas vezes considerada uma virtude maior e mais estimada inclusive que o chu, que, naquela época, era a obrigação para com o xogum. No século XII, quando um xogum minamoto exigiu de um dos daimiôs a rendição de um senhor inimigo que ele estava abrigando, o daimiô lhe escreveu uma carta que ainda é preservada. Ele estava profundamente ressentido pela imputação sobre seu giri e se recusava a transgredi-lo, mesmo em nome do chu. "Assuntos públicos", ele escreveu: "(são uma coisa) sobre a qual tenho pouco controle pessoal, mas o giri entre homens de honra é uma verdade eterna", que transcendia a autoridade do xogum. Ele se recusou a "cometer um ato desleal contra seus amigos honrados"[16]. Essa virtude samurai transcendente do Japão antigo permeia um grande número de relatos históricos que são conhecidos hoje em todo Japão e desenvolvidos em dramas *nô*, teatro *kabuki* e danças *kagura*.

Um dos relatos mais conhecidos é o que fala sobre o grande invencível *ronin* (um samurai sem senhor que vive de sua astúcia), o herói Benkei do século XII. Completamente sem recursos, mas dotado de uma força miraculosa, ele aterrorizava os monges quando se abrigava nos monastérios, abatendo cada samurai que passava para se apoderar de suas espadas para comprar o necessário para se equipar ao modo feudal. Finalmente, ele desafia o que lhe parece ser um mero rapaz, um frágil e afetado senhor. Mas, nele, encontra um oponente à sua altura, e descobre que o jovem é o descendente dos Minamoto, que está planejando recuperar o Xogunato para sua família. Ele é, na verdade, aquele querido herói japonês, Yoshitsune Minamoto. Benkei lhe dá, então, seu fervoroso giri, e realiza uma centena de façanhas em sua causa. Ao final, contudo, eles têm de escapar com seus seguidores de uma força inimiga avassaladora. Disfarçam-se de peregrinos monásticos viajando pelo Japão para coletar subscrições para um templo; para escapar da detecção, Yoshitsune se veste como um membro da tropa, enquanto Benkei assume sua liderança. Eles se deparam com uma guarda que o inimigo colocara ao longo de seu caminho, e Benkei inventa para eles uma longa lista de "assinantes" para o templo, que finge ler de seu pergaminho. O inimigo quase os deixa passar. No último momento, contudo, suas suspeitas são levantadas pela graça aristocrática de Yoshitsune, que não pôde ocultar, mesmo em seu disfarce como um subalterno. Eles chamam de volta a tropa. Benkei imediatamente faz algo que tira completamente as suspeitas que pairam sobre Yoshitsune: ele o repreende sobre um problema trivial, e bate em seu rosto. O inimigo se convence. É impensável que, se esse peregrino fosse Yoshitsune, um de seus vassalos levantasse a mão contra ele. Seria uma violação inimaginável do giri. O ímpio ato de Benkei salva as vidas do pequeno bando. Tão logo se encontram em território seguro, Benkei se atira aos pés de Yoshitsune, e lhe pede que o mate. Seu senhor graciosamente oferece-lhe perdão.

Essas histórias antigas, de tempos em que o giri vinha do coração e não tinha a mácula do ressentimento, são devaneios do Japão moderno sobre uma era de ouro. Naqueles dias, as histórias lhes dizem, não havia "relutância" no giri. Se houvesse conflito com o chu, a pessoa poderia honradamente se manter fiel ao giri. O giri, portanto, era uma relação face a face estimada, revestida de todos os adornos feudais. "Conhecer o giri" significava ser leal por toda a vida a um

16. Apud ASAKAWA, K. *Documents of Iriki*, 1929.

senhor que, em troca, cuidava de seus vassalos. "Restituir o giri" significava oferecer inclusive a vida ao senhor, a quem tudo se devia.

Isso, claro, é uma fantasia. A história feudal no Japão fala de inúmeros vassalos cuja lealdade era comprada pelo daimiô do lado oposto da batalha. Ainda mais importante, como veremos no próximo capítulo, qualquer calúnia que o senhor lançasse sobre seu vassalo poderia, devida e tradicionalmente, fazer com que o vassalo abandonasse seu serviço, e inclusive entrasse em negociações com o inimigo. O Japão celebra o tema da vingança com tanto deleite quanto o da lealdade até a morte. E ambos são giri: a lealdade era giri de uma pessoa para com o seu senhor, e a vingança por um insulto era giri para com seu nome. No Japão, são dois lados do mesmo escudo.

Contudo, hoje, as antigas histórias sobre lealdade são devaneios agradáveis para os japoneses, pois, agora, "restituir o giri" não é mais a lealdade de uma pessoa ao seu senhor legítimo, mas é o cumprimento de todo o tipo de obrigações a todo tipo de pessoas. As frases constantemente usadas de hoje são cheias de ressentimento e de ênfase sobre a pressão da opinião pública que compele uma pessoa a realizar o giri contra seus desejos. Eles dizem: "Estou arranjando esse casamento meramente por giri"; "meramente por causa do giri fui forçada a lhe dar o trabalho"; "devo vê-lo meramente por giri". Eles constantemente falam sobre estar "enredado com o giri"; uma frase que o dicionário traduz como "Sou obrigado a isso". Eles dizem: "Ela me forçou com o giri", "ela me encurralou com o giri", e esses, como os outros usos, significam que uma pessoa persuadiu o interlocutor a um ato que não desejava ou intencionava realizar, abordando um assunto sobre uma restituição devida por um *on*. Em aldeias de camponeses, em transações em pequenas lojas, em altos círculos do Zaibatsu e no Gabinete do Japão, as pessoas são "forçadas pelo giri" e "encurraladas pelo giri". Um pretendente pode fazer isso impondo ao seu futuro sogro alguma relação ou transação antiga entre as duas famílias; ou um homem pode usar essa mesma arma para obter a terra de um camponês. A pessoa que está sendo "encurralada" sente que deve se submeter; ela diz: "Se eu não segurar o ombro de minha pessoa-*on* (aquela de quem recebo o *on*), meu giri ficará malreputado". Todos esses usos envolvem a implicação de relutância e de obediência por "consideração à mera decência", como os dicionários japoneses expressam.

As regras do giri são, estritamente, regras de restituição obrigatória; não são um conjunto de regras morais como os Dez Mandamentos. Quando uma pessoa é forçada pelo giri, assume-se que pode ter de desconsiderar seu senso de justiça, e muitas vezes se diz: "Não pude fazer o certo (*gi*) por causa do giri". Tampouco as regras do giri têm qualquer coisa a ver com amar seu próximo como a você mesmo. Elas não ditam que uma pessoa deva agir generosamente pela espontaneidade de seu coração. Uma pessoa deve fazer o giri, eles dizem, porque, "se não fizer, as pessoas a chamarão "uma pessoa que não conhece o giri", e ela se envergonhará diante do mundo". O que as pessoas dirão é o que torna tão necessário obedecer. Na verdade, "o giri para com o mundo" muitas vezes aparece na tradução inglesa como "conformidade à opinião pública" (*conformity to public opinion*), e o dicionário traduz "Não pode ser evitado porque é giri para com o mundo" (*It can't be helped because it is giri to the world*), como "As pessoas não aceitarão qualquer outro curso de ação" (*People will not accept any other course of action*).

É nesse "círculo de giri" que o paralelo com as sanções americanas sobre pagar o dinheiro que alguém tomou emprestado nos ajuda a compreender mais a atitude japonesa. Não consideramos que uma pessoa tenha de retribuir o favor de uma carta recebida, de um presente recebido, ou de uma palavra dita oportunamente, com a severidade que é necessária na manutenção dos seus pagamentos de juros e da sua restituição de um empréstimo bancário. Nessas negociações financeiras, a falência é a penalidade para o fracasso – uma pesada penalidade. Os japoneses, contudo, consideram uma pessoa falida quando fracassa em restituir o giri, e em cada contato na vida provavelmente incorrerá em giri de um modo ou de outro. Isso significa manter um registro de pequenas palavras e atos que os americanos sequer consideramos que possam acarretar obrigações. Significa caminhar cautelosamente em um mundo complicado.

Existe outro paralelo entre as ideias japonesas sobre giri para com o mundo e as ideias americanas sobre restituir dinheiro. A restituição do giri é considerada a restituição de um equivalente exato. Nisso, o giri é muito diferente do gimu, que nunca pode ser sequer aproximadamente satisfeito, independentemente do que a pessoa faça. Mas o giri não é ilimitado. Aos olhos americanos, as retribuições são fantasticamente fora de proporção em relação ao favor original, mas esse não é o modo de os japoneses verem. Também consideramos fantástico seu ato de presentear quando, duas vezes ao ano, cada família embrulha cerimoniosamente algo para retribuir um presente recebido 6 meses antes, ou quando a família de uma criada leva presentes à família para a qual ela trabalha, todos os anos, como retribuição ao favor de a terem contratado. Mas os japoneses proíbem retribuir presentes com presentes maiores. Não faz parte da honra de uma pessoa retribuir com "veludo puro". Uma das coisas mais pejorativas que alguém pode dizer de um presente é que aquele que presenteia "retribuiu um peixinho com um peixão". O mesmo ocorre na restituição do giri.

Sempre que possível, registros escritos são mantidos sobre a rede de trocas, sejam elas de trabalho ou de bens. Nas aldeias, alguns desses registros são mantidos pelo chefe, outros por alguém do grupo de trabalho, outros ainda são registros familiares e pessoais. Para um funeral, é costume trazer "dinheiro incenso". Parentes podem também trazer tecido colorido para bandeiras funerais. Os vizinhos vêm ajudar, as mulheres na cozinha e os homens na escavação da sepultura e na fabricação do caixão. Na aldeia de Suye Mura, o chefe elaborava o livro no qual essas coisas eram registradas. Era um registro valorizado na família do falecido, pois mostrava as homenagens de seus vizinhos. É também uma lista que mostra os nomes das pessoas às quais a família deve homenagens recíprocas, que serão honradas quando uma morte ocorrer em outras famílias. Essas são reciprocidades em longo prazo. Existem também trocas de curto prazo em qualquer funeral de aldeia, assim como em qualquer tipo de festividade. Os ajudantes que fazem o caixão são alimentados pela família enlutada e, por isso, trazem uma porção de arroz como parte da retribuição por sua comida. Esse arroz também ingressa no registro do chefe. Para muitas festividades, os convidados também trazem algum vinho de arroz em retribuição parcial pelas bebidas da festa. Seja a ocasião nascimento ou morte, uma transplantação de arroz, a construção de uma casa ou uma festa social, a troca de giri é cuidadosamente registrada para futura restituição.

Os japoneses têm outra convenção sobre o giri que se assemelha às convenções ocidentais sobre restituição de dinheiro. Se a restituição é atrasada além do prazo devido, ela aumenta como se acumulasse juros. Sobre isso, o Dr. Eckestein conta uma história sobre suas transações com um fabricante japonês que financiou sua viagem ao Japão para reunir material para sua biografia sobre Noguchi. O Dr. Eckstein retornou aos Estados Unidos para escrever o livro e, finalmente, enviou o manuscrito ao Japão. Ele não recebeu quaisquer agradecimentos nem cartas. Ficou naturalmente preocupado por temer que algo no volume pudesse ter ofendido os japoneses, mas suas cartas permaneceram sem resposta. Alguns anos mais tarde, o fabricante lhe telefonou. Ele estava nos Estados Unidos e, pouco depois, chegou à casa do Dr. Eckstein portando dúzias de cerejeiras japonesas. O presente era generoso. Exatamente por ter sido mantido em suspenso por tanto tempo, era apropriado que fosse admirável. "Claramente", seu benfeitor disse ao Dr. Eckstein: "Você não desejaria que eu lhe retribuísse *rapidamente*".

Uma pessoa que está "encurralada pelo giri" é muitas vezes forçada a restituições de dívidas que aumentaram com o tempo. Ela pode requerer auxílio de um pequeno comerciante por ser sobrinha de um professor que o comerciante teve quando era menino. Uma vez que o comerciante não tinha condições de restituir seu giri ao seu professor quando era um aluno jovem, a dívida foi acumulada durante os anos seguintes e, agora, ele tem de auxiliar essa pessoa "involuntariamente, para evitar ter de pedir desculpas ao mundo".

8
Limpando o próprio nome

O giri para com o próprio nome é o dever da pessoa de manter sua reputação ilibada. É uma série de virtudes – algumas das quais parecem ser opostas para um ocidental, mas que, para os japoneses, têm uma unidade suficiente, pois são aqueles deveres que não são restituições de benefícios recebidos; estão "fora do círculo do *on*". São aqueles atos que mantêm boa a reputação de alguém, sem referência a uma dívida prévia específica para com uma outra pessoa. Eles incluem, portanto, a manutenção das várias exigências de etiqueta da "devida posição", mostrar estoicismo na dor e defender a própria reputação na profissão ou ocupação. O giri para com o próprio nome também exige atos que removam uma calúnia ou um insulto. A calúnia obscurece o bom nome da pessoa e deveria ser eliminada. Pode ser necessário vingar-se da pessoa que cometeu a injúria, ou pode ser necessário cometer suicídio. Entre esses dois extremos, existem todos os tipos de cursos possíveis de ação. Mas uma pessoa não ignora facilmente algo que é comprometedor.

Os japoneses não têm um termo separado para o que chamo aqui "giri para com o próprio nome". Eles o descrevem simplesmente como giri fora do círculo do *on*. Essa é a base de classificação, e não o fato de que o giri para com o mundo seja uma obrigação de retribuir bondade e que o giri para com o próprio nome inclua proeminentemente vingança. O fato de as línguas ocidentais separarem os dois em categorias tão opostas como gratidão e vingança não impressiona os japoneses. Por que uma virtude não deveria cobrir o comportamento de uma pessoa quando reage à benevolência de outra e quando reage ao seu escárnio ou malevolência?

No Japão, ela cobre. Uma pessoa boa reage aos insultos do mesmo modo que aos benefícios que recebeu. Em ambos os casos, é virtuoso retribuir. A pessoa não separa os dois, como nós, chamando um de agressão e o outro de não agressão. Para ela, a agressão começa somente fora "do círculo do giri". Enquanto a pessoa estiver mantendo o giri e limpando seu nome de calúnias, não é culpada de agressão. A pessoa está acertando as contas. "O mundo se desequilibra", eles dizem, enquanto um insulto ou calúnia não for revidado ou eliminado. Uma pessoa boa deve tentar equilibrar o mundo novamente. É uma virtude humana, não um vício demasiado humano. O giri para com o próprio nome, e mesmo o modo de ser linguisticamente combinado com gratidão e lealdade, foi, no Japão, uma virtude ocidental em certos períodos da história europeia. Floresceu vigorosamente na Renascença, especialmente na Itália, e tem muito em comum com *el valor español*, na Espanha clássica, e com *die Ehre*, na Alemanha.

Algo muito semelhante a ela subjazia aos duelos na Europa, há 100 anos. Sempre que predominava essa virtude de eliminar manchas na honra de alguém, no Japão ou nas nações ocidentais, sua essência sempre fora transcender o ganho em qualquer sentido material. Uma pessoa era virtuosa na medida em que se sacrificava pela "honra" das suas posses, da sua família e da sua vida. Isso é uma parte da sua própria definição, e é a base da afirmação de que esses países sempre a afirmavam como um valor "espiritual". Ela certamente os envolve em grandes perdas materiais e dificilmente pode ser justificada com base em perdas e ganhos. Nela repousa o grande contraste entre essa versão de honra e a competição implacável aliada à franca hostilidade que ocorrem na vida nos Estados Unidos. Na América, pode ser que nenhuma restrição seja imposta a uma negociação política ou financeira, mas é uma guerra obter ou manter alguma vantagem material. É somente em casos excepcionais – como, por exemplo, nas rixas das montanhas do Kentucky – que predominam códigos de honra que caem na categoria de giri para com o próprio nome.

Contudo, o giri para com o próprio nome e toda hostilidade e espera vigilante que o acompanham em qualquer cultura não é uma virtude característica do continente asiático. Não é, como diz a expressão, oriental. Os chineses não a têm, nem os siameses, nem os indianos. Os chineses consideram toda essa sensibilidade a insultos e difamações um traço das pessoas "pequenas" – moralmente pequenas. Não é parte de seu ideal de nobreza, como é no Japão. A violência, que é errada quando uma pessoa a começa de repente, não se torna correta na ética chinesa quando uma pessoa se dedica a ela para revidar um insulto. Eles acham ridículo ser tão sensível. Tampouco reagem a uma calúnia decidindo, por tudo que é sagrado, provar que a difamação é sem fundamento. Os siameses não têm lugar algum para esse tipo de sensibilidade para com insultos. Como os chineses, consideram importante ridicularizar quem os insultou, mas não imaginam que sua honra tenha sido atacada. Eles dizem: "O melhor modo de mostrar que uma pessoa oponente é bruta é dar-lhe o braço a torcer".

Não podemos compreender a importância completa do giri para com o próprio nome, no Japão, sem situarmos, no contexto, todas as virtudes não agressivas contidas nele. A vingança é somente uma das virtudes que ele pode exigir, conforme a ocasião. Inclui também uma grande quantidade de comportamento tranquilo e temperado. O estoicismo, o autocontrole que é exigido de japoneses respeitáveis é parte de seu giri para com o próprio nome. Uma mulher não pode chorar ao dar à luz, e um homem deveria sobrepor-se à dor e ao perigo. Quando inundações varrem as aldeias japonesas, cada pessoa que se respeita reúne o que é indispensável levar consigo e busca um terreno mais elevado. Não há protestos, correria para lá e para cá, nem pânico. Quando os ventos e chuvas equinociais chegam com a força de um furacão, há um autocontrole similar. Esse comportamento é uma parte do respeito que uma pessoa tem por si no Japão, mesmo que possa não estar à altura. Eles pensam que o autorrespeito americano não requer autocontrole. Há *noblesse oblige* nesse autocontrole no Japão; nos tempos feudais, exigia-se mais dos samurais do que das pessoas comuns, mas a virtude, embora menos exigente, era uma regra de vida entre todas as classes. Exigia-se dos samurais que fossem a extremos na superação da dor corporal; as pessoas comuns tinham de ir a extremos na aceitação das agressões dos samurais armados.

As histórias de estoicismo samurai são famosas. Eles eram impedidos de se render à fome, mas isso era muito trivial para mencionar. Quando estavam com fome, eram obrigados a fingir que haviam acabado de comer: deviam palitar seus dentes. "Filhotes de pássaros", dizia a máxima, "choram por sua comida, mas um samurai coloca um palito entre seus dentes". Na guerra passada, essa se tornou uma máxima militar para o soldado alistado. Tampouco deviam se entregar para a dor. A atitude japonesa era como a resposta do menino soldado a Napoleão: "Ferido? Não, senhor, estou morto". Um samurai deveria suportar a dor sem esgar, e não deveria dar sinal de sofrimento até que caísse morto. Conta-se que o Conde Katsu (que morreu em 1899), quando era menino, teve seus testículos dilacerados por um cão. Vinha de uma família samurai que fora reduzida à condição de mendicância. Enquanto o médico o operava, seu pai manteve uma espada em direção ao seu nariz. "Se você emitir um soluço", disse-lhe, "vai morrer de um modo que ao menos não será vergonhoso".

O giri para com o próprio nome também requer viver de acordo com sua posição social. Se uma pessoa falha nesse giri, não possui direito algum a se respeitar. Nos tempos Tokugawa, isso significava que ela aceitava como parte de seu autorrespeito as leis suntuárias detalhadas que regulavam praticamente tudo que vestisse, tivesse ou usasse. Nós, americanos, ficamos profundamente chocados com leis que definem essas coisas pela posição de classe herdada. O autorrespeito na América está relacionado à melhoria do *status* da pessoa, e leis suntuárias fixadas são uma negação da própria base de nossa sociedade. Ficamos horrorizados com as leis Tokugawa que declaravam que um agricultor de uma classe poderia comprar uma boneca tal e tal para seus filhos e o agricultor de outra classe poderia comprar uma boneca diferente. Na América, contudo, chegamos aos mesmos resultados invocando uma sanção diferente. Aceitamos, sem crítica, o fato de que os filhos do dono da fábrica tenham um trem elétrico, enquanto os filhos do agricultor se contentam com uma boneca de sabugo de milho. Aceitamos diferenças de renda e as justificamos. Ganhar um bom salário é uma parte de nosso sistema de autorrespeito. Se bonecas são reguladas pela renda, isso não é uma violação de nossas ideias morais. A pessoa que ficou rica compra bonecas melhores para seus filhos. No Japão, ficar rico é considerado suspeito, mas, manter a devida posição, não. Mesmo hoje, tanto os pobres como os ricos dedicam seu autorrespeito à observação das convenções da hierarquia. É uma virtude estranha na América, e o francês (Tocqueville) mostrava isso em seu livro da década de 1830, já citado. Nascido na França do século XVIII, conhecia e gostava do modo de vida aristocrático, a despeito de seus comentários generosos sobre o igualitarismo americano. A América, dizia, a despeito de suas virtudes, carecia de dignidade verdadeira. "A verdadeira dignidade de uma pessoa consiste em ela sempre assumir sua devida posição, nem muito alta nem muito baixa. E isso está ao alcance tanto do camponês quanto do príncipe." Tocqueville teria compreendido a atitude japonesa segundo a qual as diferenças de classe não são em si humilhantes.

No estudo objetivo atual das culturas, "a verdadeira dignidade" é reconhecida como algo que diferentes povos podem definir diferentemente, assim como sempre definiram por si o que é humilhante. Americanos, que hoje proclamam que não se pode considerar o Japão respeitável até impormos nosso igualitarismo, são culpados de etnocentrismo. Se o que esses americanos desejam é, como dizem, um Japão respeitável, terão de reconhecer suas bases para o autorrespeito. Podemos reconhecer, como fez Tocqueville, que essa "verdadeira dignidade" aristocrática está desaparecendo do mundo moderno, e que uma dignidade diferente e, acreditamos, mais nobre está assumindo seu lugar. Isso sem dúvida também acontecerá no Japão. Enquanto isso, ele terá de reconstruir seu autorrespeito hoje em suas próprias bases, não nas nossas. E terá de purificá-lo do seu próprio modo.

O giri para com o próprio nome corresponde a muitos tipos de compromissos além daqueles da devida posição. Quando uma pessoa faz um empréstimo, pode empenhar o giri para com seu nome. Há uma geração, era comum expressar isso como: "Eu concordo em ser publicamente ridicularizada se falhar em restituir essa soma". Se falhasse, não se tornava literalmente alvo de riso; não havia pelourinhos públicos no Japão. Mas, quando o Ano-novo se aproximava, a data na qual as dívidas devem ser saldadas, a pessoa endividada e insolvente poderia cometer suicídio para "limpar seu nome". A noite do Ano-novo ainda possui sua leva de suicídios daqueles que adotaram esse meio para redimir suas reputações.

Todos os tipos de compromissos profissionais envolvem giri para com o próprio nome. As exigências japonesas são muitas vezes fantásticas quando circunstâncias particulares levam uma pessoa ao olhar público, e a crítica pode ser geral. Existe, por exemplo, a longa lista de diretores de escola que cometeram suicídio porque incêndios em suas escolas – com os quais eles nada tiveram a ver – ameaçaram a foto do imperador que nela estava pendurada. Professores também morreram queimados ao correrem em direção às escolas em chamas para regatar essas fotos. Por suas mortes, mostraram o quanto valorizavam o giri para com seu nome e seu chu para com o imperador. Existem também histórias famosas de pessoas que foram acusadas de um lapso verbal em cerimônias de leitura pública de um dos Rescritos Imperiais – fosse aquele sobre Educação ou aquele para Soldados e Marinheiros – e que limparam seus nomes cometendo suicídio. Dentro do reino do imperador atual [sic], um homem que havia inadvertidamente nomeado seu filho Hirohito – o nome próprio do imperador jamais era proferido no Japão – matou-se e a seu filho.

O giri para com o próprio nome profissional é muito exigente no Japão, mas não necessita ser mantido pelo que nós, americanos, entendemos como altos padrões profissionais. Professores dizem: "Não posso, por giri para com meu nome como professora, admitir ignorar isso", querendo dizer que, se não sabe a que espécie um sapo pertence, deve fingir que sabe. Se ensinam inglês com base em apenas alguns anos de instrução escolar, não podem admitir que alguém possa ser capaz de corrigi-los. É especificamente a esse tipo de atitude defensiva que "o giri para com o nome como professora" se refere. Os empresários também, por giri para com seu nome como empresários, não podem deixar ninguém saber que suas posses estão seriamente reduzidas, ou que os planos que tinham para sua organização falharam. E os diplomatas não podem, por giri, admitir o fracasso de sua política. Em todos esses usos do giri há extrema identificação de uma pessoa com seu trabalho, e qualquer crítica em relação aos seus atos ou à sua competência se torna automaticamente uma crítica a ela.

As reações japonesas a imputações de falha ou inadequação podem ser duplicadas repetidamente nos Estados Unidos. Todos conhecemos pessoas que ficam enlouquecidas pela difamação. Mas raramente somos tão defensivos quanto os japoneses. Se os professores não sabem a que espécie um sapo pertence, pensarão ser melhor dizer que não sabem do que alegar que sabem, mesmo que possam sucumbir à tentação de ocultar sua ignorância. Se empresários estão insatisfeitos com uma política que promoveram, acreditam que podem produzir uma diretiva nova e diferente. Não consideram que seu autorrespeito esteja condicionado à insistência de que estavam certos o tempo inteiro e que, se admitirem que estavam errados, deveriam se demitir ou se aposentar. No Japão, contudo, essa atitude defensiva tem raízes muito profundas, e é parte da sabedoria de cada um – assim como uma etiqueta universal – não dizer direta e francamente a uma pessoa que ela cometeu um erro profissional.

Essa sensibilidade é especialmente conspícua em situações em que uma pessoa perdeu para outra. Pode ser somente o caso de outra pessoa ter sido preferida para um posto de trabalho, ou que a pessoa interessada tenha reprovado em um concurso. A pessoa que perde "assume uma vergonha" por essas falhas; embora essa vergonha seja, em alguns casos, um forte incentivo para esforços maiores, em muitos outros é um perigoso depressivo. Ela perde a confiança e se torna melancólica ou irada, ou ambas as coisas. Seus esforços são frustrados. É especialmente importante para nós, americanos, reconhecermos que a competição no Japão, portanto, não possui o mesmo grau de efeitos socialmente desejáveis que possui em nosso esquema de vida. Acreditamos fortemente que a competição seja uma "coisa boa". Testes psicológicos mostram que a competição nos estimula a fazer o nosso melhor. O desempenho aumenta sob esse estímulo. Quando recebemos algo para fazer sozinhos, não alcançamos o desempenho que obtemos quando há competidores presentes. No Japão, contudo, seus testes mostram exatamente o oposto. Isso é especialmente evidente após o término da infância, pois as crianças japonesas são mais brincalhonas com relação à competição, e não tão preocupadas com ela. Com homens jovens e adultos, contudo, o desempenho se deteriorou com a competição. Os sujeitos que fizeram um bom progresso reduziram seus erros e ganharam velocidade quando estavam trabalhando sozinhos. Quando outra pessoa foi introduzida na competição, começaram a cometer erros, e ficaram muito mais lentos. Eles tiveram um melhor desempenho quando o comparavam com seu próprio resultado, não quando se comparavam a outros. Os experimentadores japoneses analisaram corretamente a razão para esse resultado pobre em situações competitivas. Seus sujeitos, diziam, quando o projeto se tornou competitivo, tornaram-se interessados principalmente no perigo de que pudessem ser derrotados, e o trabalho sofreu. Eles reagiram à competição como à agressão, tanto que voltaram sua atenção à sua relação com o agressor em vez de se concentrarem no trabalho em questão[17].

Os alunos examinados nesses testes tenderam a ser influenciados principalmente pela possível vergonha de fracassar. Como professores ou empresários, que agem de acordo com o giri para com seu nome profissional, eles são impelidos pelo giri para com seu nome como alunos. Os grupos de alunos que foram vencidos em jogos competitivos também se entregaram a essa vergonha de fracassar. Tripulações podem se jogar ao fundo de seus botes ao lado de seus remos a chorar e se lamentar. Times de beisebol derrotados podem se abraçar em círculo e chorar em voz alta. Nos Estados Unidos, diríamos que foram maus perdedores. Temos uma etiqueta que espera que digam que o melhor time venceu. É apropriado aos

17. Para um sumário, cf. *The Japanese: Character and morale* [mimeo.]. Preparado por Ladislas Farago para o Committee for National Morale, 9 East 89th Street. Nova York.

derrotados apertarem as mãos dos vitoriosos. Não importa o quanto odiemos ser vencidos, desprezamos as pessoas que fazem disso uma crise emocional.

Os japoneses sempre foram inventivos em conceber modos de evitar a competição direta. Suas escolas elementares a minimizam além do que nós, americanos, consideraríamos possível. Seus professores são instruídos para que cada criança seja ensinada a melhorar seu próprio desempenho, e para não lhes dar oportunidades de se compararem com outras. Em suas escolas primárias, eles sequer retêm alunos para repetir uma série, e todas as crianças que entram juntas realizam juntas toda a sua educação elementar. Nas escolas primárias, os boletins avaliam as crianças pela sua conduta, não por seu trabalho escolar: quando situações realmente competitivas são inevitáveis, como em exames de ingresso nas escolas de ensino intermediário, a tensão é compreensivelmente grande. Cada um dos professores tem histórias sobre os meninos que cometem suicídio ao saberem que reprovaram.

Essa minimização da competição direta perpassa a vida japonesa. Uma ética baseada no *on* tem pouco espaço para competição, enquanto o imperativo categórico americano diz respeito a nos sairmos bem em competições com nossos companheiros. Seu sistema de hierarquia, com todas as suas regras detalhadas de classe, minimiza a competição direta. O sistema familiar também a minimiza, pois o pai e o filho não estão institucionalmente em competição, como na América: é possível que se rejeitem, mas não que compitam entre si. Os japoneses falam, com surpresa, sobre a família americana, na qual o pai e o filho competem pelo uso do carro da família e pela atenção da mãe-esposa.

A ubíqua instituição dos intermediários é um dos modos mais conspícuos pelos quais os japoneses impedem o confronto direto de duas pessoas que estão em competição entre si. Intermediários são requeridos em qualquer situação em que uma pessoa possa sentir vergonha se fracassar e, consequentemente, servem a um grande número de ocasiões – para negociar casamentos, para oferecer os serviços de alguém, para se demitir e para lidar com inúmeros assuntos cotidianos. Esses intermediários se comunicam com ambas as partes ou, no caso de uma importante transação como um casamento, cada parte emprega seus próprios intermediários, que negociam os detalhes entre si antes de se comunicarem com quem os contratou. Ao lidarem desse modo intermediado, os protagonistas não precisam conhecer as alegações e as acusações pelas quais se ressentiriam pelo giri para com seus nomes, caso estivessem em comunicação direta. Os intermediários também ganham prestígio ao agirem nessa função oficial, e ganham o respeito da comunidade por sua manipulação bem-sucedida. As chances de um arranjo pacífico são grandes, porque os intermediários se esforçam por negociações tranquilas. Eles agem do mesmo modo ao sondarem empregadores sobre um trabalho para seus clientes, ou ao transmitirem aos empregadores a decisão de empregados de se demitirem.

Todo tipo de etiqueta é organizado para obviar situações vergonhosas que possam colocar em questão o giri de alguém para com seu nome. Essas situações que são assim minimizadas vão muito além da competição direta. Para os japoneses, os anfitriões deveriam saudar seus visitantes com certos rituais de boas-vindas e vestidos com suas melhores roupas. Portanto, qualquer pessoa que encontre agricultores vestidos com suas roupas de trabalho em casa pode ter de esperar um pouco. Os agricultores não dão qualquer sinal de reconhecimento até que tenham vestido roupas adequadas e organizado as cortesias apropriadas. Não faz diferença, inclusive, se os anfitriões tiverem de mudar de roupa na sala em que os visitantes estejam esperando. Os anfitriões simplesmente não estão presentes até que se apresentem da maneira apropriada. Nas áreas rurais, também, os rapazes podem visitar as garotas à noite, após a família ter adormecido, e a garota estar na cama. Elas podem aceitar ou rejeitar seus avanços, mas o rapaz usa uma toalha envolta em sua face, de modo que, caso seja rejeitado, não necessite sentir-se envergonhado no próximo dia. O disfarce não impede a garota de reconhecê-lo. É puramente uma técnica de avestruz para que não tenha que admitir que se envergonhou como indivíduo. A etiqueta requer também que se tenha o menor conhecimento possível de qualquer projeto, até que seu sucesso esteja assegurado. É parte dos deveres dos intermediários que estão arranjando um casamento reunir os futuros noivo e noiva antes que o contrato seja finalizado. Tudo é feito para que esse seja um encontro casual, pois, se o propósito da introdução fosse manifestado nesse estágio, qualquer rompimento das negociações ameaçaria a honra de uma família ou de ambas. Como o jovem casal deve ser acompanhado por um ou ambos de seus respectivos pais, e como os intermediários devem ser os anfitriões, a ocasião é mais propriamente arranjada quando todos "se deparam uns com os outros" casualmente na exibição anual de crisântemos, em uma visita às cerejeiras em flor, ou em um parque ou lugar de recreação conhecido.

De todas essas formas, e de muitas mais, os japoneses evitam ocasiões nas quais o fracasso possa ser vergonhoso. Embora coloquem muita ênfase no dever de uma pessoa de limpar seu nome, na prática efetiva isso os leva a ordenar os eventos de modo que o insulto seja sentido o mais raramente possível. Isso difere consideravelmente de muitas tribos das ilhas do Pacífico, onde a prática de limpar o próprio nome ocupa quase o mesmo lugar preeminente que ocupa no Japão.

Entre esses povos jardineiros da Nova Guiné e Melanésia, o motivo principal da ação tribal, ou pessoal, é a necessidade de o insulto ser ressentido. Eles não podem ter uma celebração tribal sem que alguém da aldeia inicie o processo dizendo que a outra aldeia é tão pobre que não pode alimentar 10 convidados, é tão mesquinha que esconde seu inhame (*taro*) e seus cocos, e seus líderes são tão estúpidos que não poderiam organizar uma celebração, mesmo que tentassem. Então, a aldeia desafiada limpa seu nome, impressionando a todos com sua abundante exibição de hospitalidade. Arranjos de casamentos e transações financeiras são conduzidos do mesmo modo. Quando vão combater, os dois lados também encetam uma tremenda troca de insultos antes de colocarem suas flechas em seus arcos. Eles lidam com o menor problema como se fosse uma ocasião que exigisse um combate mortal. É um grande incentivo para a ação, e essas tribos muitas vezes possuem muita vitalidade. Mas ninguém jamais as descreveu como corteses.

Os japoneses, ao contrário, são paragões de polidez. E essa polidez preeminente é uma medida da limitação das situações em que é necessário que a pessoa limpe seu nome. Eles retêm as ocasiões de insulto por ressentimento como um estímulo incomparável para as conquistas, mas limitam as situações em que é requerido. Ele deveria ocorrer somente em situações especificadas ou quando os arranjos tradicionais para eliminá-lo falhassem sob pressão. Inquestionavelmente, o uso desse estímulo no Japão contribuiu para a posição dominante que conseguiu obter no Extremo Oriente e para sua política de guerra anglo-americana na última década. Muitas discussões ocidentais sobre a sensibilidade do Japão ao insulto e sobre sua avidez por se vingar, contudo, seriam mais apropriadas às tribos da Nova Guiné, que utilizam o insulto, do que ao Japão. E muitas previsões de ocidentais sobre como o Japão se comportaria após a derrota nessa guerra estavam equivocadas porque não reconheceram as limitações especiais japonesas sobre o giri de uma pessoa para com o próprio nome.

A polidez dos japoneses não deveria levar os americanos a minimizarmos nossa sensibilidade em relação às calúnias. Nós, americanos, trocamos observações pessoais muito facilmente; é um tipo de jogo. Para nós, é difícil perceber a enorme seriedade vinculada a observações triviais no Japão. Em sua autobiografia escrita em inglês e publicada na América, um artista japonês, Yoshio Markino, descreveu com nitidez uma reação japonesa perfeitamente apropriada ao que ele interpretou como um escárnio. Quando escreveu o livro, havia vivido a maior parte de sua vida adulta nos Estados Unidos e na Europa, mas sentia como se ainda estivesse vivendo em sua cidade natal, na região rural de Aichi. Ele era o filho mais jovem de um proprietário de terras de boa reputação, e havia recebido uma criação muito amorosa em uma casa encantadora. Próximo ao fim de sua infância, sua mãe morre e, logo em seguida, seu pai vai à falência e vende sua propriedade para saldar as dívidas. A família estava quebrada, e Markino não tinha sequer um sen para lhe ajudar a realizar suas ambições. Uma delas era aprender inglês. Ele se associou a uma escola missionária próxima e passou a fazer o trabalho de zelador, a fim de aprender a língua. Aos 18 anos, nunca havia estado fora do entorno de algumas cidades provinciais, mas havia decidido partir para a América.

> Visitei um dos missionários no qual mais confiava. Contei-lhe minha intenção de ir para a América, na esperança de que pudesse me dar alguma informação útil. Para meu grande desapontamento, ele exclamou: "O quê? *Você* está pensando em ir para a América?" Sua esposa estava na

> mesma sala, e ambos *escarneceram* de mim! No momento, senti como se todo sangue em minha cabeça tivesse descido para meus pés! Mantive-me na mesma posição por alguns segundos, em silêncio, então, voltei para meu quarto sem "me despedir". Disse para mim mesmo: "Está tudo acabado".
> Na manhã seguinte fugi. Agora, desejo escrever a razão. Sempre acreditei que a *insinceridade* é o maior crime neste mundo, e nada poderia ser mais insincero do que escarnecer!
> Sempre perdoei a raiva alheia, porque é da natureza humana se enraivecer. Geralmente, perdoo se alguém me diz uma mentira, porque a natureza humana é muito fraca e, muitas vezes, não podemos ter uma mente firme para enfrentar a dificuldade e dizer toda a verdade. Também perdoo se alguém faz algum rumor ou intriga sem fundamento contra mim, porque é uma tentação muito fácil quando outros nos persuadem desse modo.
> Mesmo criminosos posso perdoar, de acordo com sua condição. Mas, com relação ao escárnio, não há desculpa. Porque ninguém escarnece de pessoas inocentes sem uma insinceridade intencional.
> Permita-me lhe dar minha definição de duas palavras. Assassino: aquele que assassina a *carne* humana. Escarnecedor: aquele que assassina a ALMA e o *coração* dos outros.
> Alma e coração são muito mais caros do que a carne, portanto, escarnecer é o pior crime. Na verdade, esse missionário e sua esposa tentaram assassinar minha *alma* e meu *coração*, e tive um grande sofrimento em meu coração, que exclamou: "Por que vocês?"[18]

Na manhã seguinte, ele partiu com todos os seus pertences amarrados em um lenço.

Ele sentia que havia sido "assassinado" pela incredulidade do missionário em relação à ida de um garoto provincial sem dinheiro para os Estados Unidos para se tornar um artista. Seu nome estava manchado até que o limpasse realizando seu propósito. E, após o "escárnio" do missionário, ele não tinha alternativa senão abandonar o lugar e provar sua habilidade de chegar à América. Curiosamente, em inglês, parece que ele acusa o missionário de "insinceridade" (*insincerity*), apesar de a exclamação do americano nos parecer muito "sincera", em nosso sentido da palavra. Mas ele está usando a palavra em seu sentido japonês, e eles geralmente negam sinceridade a uma pessoa que deprecia outra que não deseja provocar agressão. Um escárnio assim é ultrajante e mostra "insinceridade".

"Mesmo assassinos eu posso perdoar de acordo com sua condição. Mas em relação ao escárnio não há desculpas." Como não é apropriado "perdoar", uma reação possível a uma calúnia é a vingança. Markino limpa seu nome ao chegar à

18. MARKINO, Y. *When I was a child*, 1912, p. 159-160; it. no original.

América, mas na tradição japonesa a vingança ocupa um lugar elevado como uma "coisa boa" em casos de insulto ou derrota. Os japoneses que escrevem livros para os leitores ocidentais por vezes usam figuras vívidas de linguagem para descrever as atitudes japonesas em relação à vingança. Inazo Nitobe, uma das pessoas mais benevolentes do Japão, escrevendo em 1900, diz: "Na vingança, há algo que satisfaz o senso de justiça da pessoa. Nosso senso de vingança é tão exato quanto nossa faculdade matemática e, até que ambos os termos da equação sejam satisfeitos, não podemos superar a sensação de haver deixado algo por fazer"[19]. Yoshisaburo Okakura, no livro *The life and thought of Japan* (*A vida e o pensamento do Japão*), usa um costume particularmente japonês como um paralelo:

> Muitas das assim chamadas peculiaridades mentais dos japoneses devem sua origem ao amor pela pureza e seu ódio complementar pela mácula. Mas como poderia ser diferente, treinados como somos, de fato, a considerar insultos infligidos – seja à honra de nossa família, seja ao orgulho nacional – como máculas e ferimentos que não podem ser limpos nem curados senão através de uma limpeza completa por meio da vingança? Você pode considerar os casos de vendeta frequentemente vistos na vida pública e privada do Japão meramente como um tipo de banho matinal de uma pessoa para quem o apreço pela limpeza se tornou uma paixão[20].

E ele prossegue, dizendo que os japoneses "vivem vidas limpas, imaculadas, que parecem tão serenas e belas quanto uma cerejeira em pleno florescimento". Esse "banho matinal", em outras palavras, lava a sujeira que outras pessoas jogaram em nós, e não podemos ser virtuosos enquanto algo dela permanecer em nós. Os japoneses não possuem uma ética que ensina que uma pessoa não pode ser insultada a menos que pense que é; e que é somente "o que provém de uma pessoa" que a macula, não o que é dito ou feito contra ela.

A tradição japonesa mantém constantemente diante do público esse ideal de um "banho matinal" de vendeta. Todos conhecem incontáveis incidentes e histórias de heróis – das quais a mais popular é a histórica *Tale of the forty-seven ronin* (*A lenda dos 47 ronins*). São lidas em seus livros escolares e representadas no teatro, encenadas em filmes contemporâneos e impressas em publicações populares. São uma parte da cultura viva do Japão de hoje.

Muitos desses relatos são sobre a sensibilidade a falhas casuais. Por exemplo, um daimiô pediu a três de seus vassalos para que dissessem o nome do criador de determinada espada muito bem-feita. Eles discordaram entre si, e, após especialistas terem sido consultados, verificou-se que Nagoya Sanza havia sido o único

---

19. NITOBE, I. *Bushido, the soul of Japan*, 1900, p. 83.

20. OKAKURA, Y. *The life and thought of Japan*, 1913, p. 17.

vassalo que a identificara corretamente como uma lâmina Muramasa. Aqueles que erraram tomaram isso como um insulto e decidiram matar Sanza. Um deles o encontrou dormindo e o golpeou com a própria espada de Sanza. Mas Sanza sobreviveu ao ataque, e seu agressor dali em diante se dedicou à sua vingança. No fim, conseguiu matá-lo, e seu giri foi satisfeito.

Outros relatos narram a necessidade de alguém de se vingar de seu senhor. Na ética japonesa, o giri significava, igualmente, tanto a lealdade do vassalo ao seu senhor até a morte quanto sua transformação completa em inimizade excessiva quando se sentisse insultado. Um bom exemplo é o das histórias sobre Ieyasu, o primeiro xogum Tokugawa. Contaram a um de seus vassalos que Ieyasu dissera sobre ele: "É o tipo de homem que morrerá engasgado com uma espinha de peixe". O vassalo, não podendo suportar a imputação de que morreria de um modo indigno, jurou que jamais esqueceria isso. Na época, Ieyasu estava unificando o país a partir da nova capital Yedo (Tóquio), e não estava seguro ainda. O vassalo fez, então, propostas aos senhores inimigos, oferecendo-se para entrar em Yedo, incendiá-la e devastá-la. Assim, seu giri seria satisfeito e se vingaria de Ieyasu. Muitas discussões ocidentais sobre a lealdade japonesa são completamente irrealistas, porque não reconhecem que esse giri não é meramente lealdade; é também uma virtude que, sob certas circunstâncias, exige traição. Como dizem: "Quem é espancado se torna um rebelde", assim como uma pessoa que é insultada.

Esses dois temas oriundos dos relatos históricos – uma pessoa que está errada e que se vinga de outra que está certa; e uma pessoa que se vinga de uma calúnia, mesmo que seja de seu próprio senhor – são lugares-comuns na literatura mais famosa do Japão, e possuem muitas variações. Quando examinamos histórias de vida, romances e eventos contemporâneos, fica claro que, independentemente do quanto os japoneses apreciem a vingança em suas tradições, histórias de vingança certamente são, hoje, tão raras quanto nas nações ocidentais, talvez mais raras. Isso não significa que as obsessões das pessoas sobre sua honra tenham diminuído, mas que a reação a falhas e calúnias esteja, cada vez mais, defensiva em vez de ofensiva. As pessoas levam a vergonha tão a sério como antes, mas ela cada vez mais paralisa suas energias em vez de iniciar um conflito. Nos tempos sem-lei do Período Pré-Meiji, a possibilidade do ataque direto de vingança era maior. Na Era Moderna, a ordem pública e as dificuldades de administrar uma economia mais independente ocultaram a vingança ou a dirigiram contra a própria pessoa. Uma pessoa pode se vingar de um inimigo pregando-lhe uma peça sem jamais a confessar – algo semelhante à velha história do anfitrião que serviu ao seu inimigo uma comida deliciosa com excremento, que não podia ser detectado. Bastou-lhe saber que havia feito isso. O convidado nunca soube. Mas mesmo esse tipo de agressão secreta é raro hoje, uma vez que as pessoas tendem mais a voltá-la contra si. Antes, uma pessoa tinha apenas duas escolhas: usá-la como um estímulo para se dirigir ao "impossível" ou deixá-la consumir seu coração.

A vulnerabilidade dos japoneses a falhas, calúnias e rejeições os torna muito mais propensos a se atormentarem do que a atormentarem outros. Seus romances descrevem repetidamente o beco sem saída de melancolia alternada com ataques de fúria no qual japoneses instruídos tão frequentemente se perderam nas últimas décadas. Os protagonistas dessas histórias estão entediados – entediados com o entorno da vida, com suas famílias, com a cidade, com o país. Mas não é o tédio de tentar alcançar as estrelas, onde todo esforço parece trivial, comparado ao grande objetivo visualizado em sua imaginação. Não é um tédio nascido do contraste entre a realidade e o ideal. Quando os japoneses vislumbram uma grande missão, abandonam seu tédio. Eles o abandonam completa e absolutamente, independentemente de quão distante seja o objetivo. Seu tipo particular de apatia é a doença de um povo demasiado vulnerável. Eles voltam contra si seu medo de rejeição e são frustrados. A figura do tédio no romance japonês é um estado de espírito muito diferente daquele com o qual estamos familiarizados no romance russo, no qual o contraste entre o mundo real e o ideal é básico em todo tédio que seus heróis experienciam. Sir George Sansom disse que os japoneses carecem desse sentido de um contraste entre o real e o ideal. Ele não está falando de como isso subjaz seu tédio, mas de como formula sua filosofia e sua atitude geral diante da vida. Certamente, esse contraste com noções ocidentais básicas vai muito além do caso particular indicado aqui, mas tem relevância especial para suas depressões crônicas. O Japão e a Rússia se encontram na mesma categoria como nações propensas a descreverem o tédio em seus romances, e o contraste com os Estados Unidos é marcante. Os romances americanos não abordam muito o tema. Nossos romancistas remontam a miséria de seus personagens a uma deficiência de caráter ou aos golpes de um mundo cruel; muito raramente descrevem a pura e simples apatia. O desajuste pessoal deve ter uma causa, um desenvolvimento, e desperta a condenação moral pelos leitores de alguma falha no herói ou heroína, ou de algum mal na ordem social. O Japão também tem seus romances proletários que denunciam as condições econômicas desesperadas nas cidades e os terríveis eventos em barcos de pesca comerciais, mas seus romances de personagens desvelam um mundo no qual as emoções das pessoas muitas vezes chegam a elas, como um autor diz, como uma nuvem de gás cloro. Nem os personagens nem os autores pensam ser necessário analisar as circunstâncias ou a história de vida dos heróis para explicar a nuvem. Ela vai e vem. As pessoas são vulneráveis. Elas introjetaram a agressão que seus antigos heróis costumavam afligir aos seus inimigos, e sua depressão não lhes parece ter causas explícitas. Eles podem se aproveitar de algum incidente como sua fonte, mas este deixa uma curiosa impressão de ser dificilmente mais que um símbolo.

A ação agressiva mais extrema que os japoneses modernos executam contra si é o suicídio. O suicídio devidamente realizado de acordo com seus princípios limpará o nome da pessoa e restaurará sua memória. A condenação americana do suicídio torna a autodestruição somente uma submissão desesperada ao desespero, mas o respeito japonês por esse ato o torna honrável e significativo. Em certas situações, é o caminho mais honrável a seguir por giri para com o próprio nome. O devedor inadimplente no Dia de Ano-novo, o funcionário que se mata para reconhecer que assume a responsabilidade por alguma ocorrência desafortunada, os enamorados que selam seu amor sem esperança em um duplo suicídio, o patriota que protesta contra o adiamento da guerra com a China estão todos – como o menino que reprova em um exame ou o soldado que evita a captura – dirigindo contra si a violência final. Algumas autoridades japonesas dizem que essa tendência ao suicídio é nova no Japão. Não é fácil julgar, e estatísticas mostram que observadores em anos recentes muitas vezes sobre-estimaram sua frequência. Proporcionalmente, houve mais suicídios na Dinamarca no último século e mais na Alemanha pré-nazista do que jamais houve no Japão. Mas uma coisa é certa: os japoneses gostam do tema. Eles chamam a atenção para o suicídio assim como nós, americanos, chamamos a atenção para o crime, e têm o mesmo prazer vicário com isso. Escolhem se deter em eventos de autodestruição em vez de em eventos sobre destruição de outros. Fazem desse, na formulação de Bacon, seu "caso flagrante" preferido. Ele satisfaz certas necessidades que não podem ser satisfeitas ao se deterem em outros atos.

O suicídio parece também mais masoquista no Japão moderno do que nas lendas históricas dos tempos feudais. Naquelas histórias, um samurai cometia suicídio a mando do governo para evitar uma execução desonrosa, como o soldado inimigo ocidental que se daria um tiro em vez de ser enforcado ou adotaria esse procedimento para evitar a tortura que lhe esperava caso caísse nas mãos do inimigo. Um guerreiro poderia cometer *haraquiri* assim como um oficial prussiano em desgraça poderia às vezes se dar um tiro quando estivesse só. Aqueles no comando deixavam uma garrafa de uísque e uma pistola sobre uma mesa em seu quarto após saberem que não tinham esperança de salvar sua honra de outro modo. Para o samurai japonês, tirar a própria vida sob essas circunstâncias era somente uma escolha de meios; a morte era certa. Em tempos modernos, o suicídio é uma opção pela morte. Muitas vezes, uma pessoa volta a violência contra si em vez de assassinar outra pessoa. O ato do suicídio, que nos tempos feudais era a declaração final da coragem e resolução de um homem, tornou-se hoje uma autodestruição escolhida. Ao longo das duas últimas gerações, quando japoneses sentiam que "o mundo se desequilibrava", que "ambos os termos da equação" não eram equivalentes, que necessitavam de um "banho matinal" para apagar máculas, cada vez mais escolheram destruir a si em vez de outros.

Embora ocorra tanto nos tempos feudais como nos tempos modernos, mesmo o suicídio como um argumento final de uma pessoa para obter a vitória para sua causa mudou na mesma direção. Uma famosa história da época Tokugawa fala sobre o antigo tutor que ocupava uma posição importante no conselho do Xogunato; ele se desnudou e colocou sua espada em prontidão para executar imediatamente um haraquiri na presença do conselho e do regente do Xogunato. A ameaça de suicídio triunfou e, com isso, ele assegurou a sucessão de seu candidato à posição de xogum. Conseguiu o que queria e não houve suicídio. Na terminologia ocidental, o tutor chantageou a oposição. Nos tempos modernos, contudo, esse suicídio de protesto é o ato de um mártir, não de um negociador. É realizado após a pessoa ter fracassado ou se posicionado publicamente contra um acordo já assinado, como o Ato de Paridade Naval. O ato é executado de modo que somente o ato realizado, e não a ameaça de suicídio, possa influenciar a opinião pública.

Essa tendência crescente de atacar a si quando o giri para com o próprio nome é ameaçado não precisa envolver medidas extremas como o suicídio. Agressões dirigidas para dentro podem meramente produzir depressão, lassidão e aquele tédio tipicamente japonês, que era tão prevalente na classe instruída. Existem boas razões sociológicas para a difusão desse estado de espírito nessa classe particular, pois a *intelligentsia* era numerosa e ocupava uma posição muito insegura na hierarquia. Somente uma pequena porção dela poderia satisfazer suas ambições. Na década de 1930, ela também esteve duplamente vulnerável, porque as autoridades temiam que estivesse pensando "coisas perigosas" e a colocou sob suspeita. Os intelectuais japoneses usualmente justificam sua frustração com reclamações sobre as confusões da ocidentalização. Mas a explicação não vai longe o bastante. O temperamento japonês típico vai da dedicação intensa ao tédio intenso, e a ruína psíquica que muitos intelectuais sofreram foi ao modo tradicional japonês. Na metade da década de 1930, muitos deles se salvaram dela também de um modo tradicional: adotaram os objetivos nacionalistas e dirigiram o ataque para fora, novamente, para longe de si. Na agressão totalitarista contra as nações estrangeiras, eles poderiam "se encontrar" novamente. Salvaram-se de uma má disposição de espírito e sentiram em si uma força grande e nova. Não poderiam fazer isso nas relações pessoais, mas acreditavam que poderiam fazê-lo como uma nação conquistadora.

Agora que o resultado da guerra provou que essa confiança era equivocada, a lassidão é novamente uma grande ameaça psíquica no Japão. Eles não conseguem lidar facilmente com ela, independentemente das suas intenções. Ela é profunda. "Não há mais bombas", um japonês disse em Tóquio; "o alívio é maravilhoso. Mas não estamos lutando mais, e não há razão de ser. Todos estão atônitos, não se importando muito com o modo de fazer as coisas. Estou assim, minha esposa está assim, e as pessoas no hospital. Fazemos tudo muito devagar, atônitos. As pessoas reclamam, agora, que o governo é lento na limpeza e no auxílio do pós-guerra, mas acho que a razão é que todos os funcionários do governo sentem o mesmo que sentimos". Essa indiferença no Japão é o mesmo tipo de perigo que encontramos na França após a liberação. Na Alemanha, nos primeiros 6 ou 8 meses após a rendição, isso não era um problema. No Japão, é. Nós, americanos, podemos compreender essa reação muito bem, mas nos parece quase inacreditável que prossigam com essa afabilidade para com o conquistador. Quase imediatamente, ficou claro que o povo japonês aceitava a derrota e todas as suas consequências com extrema boa vontade. Os soldados americanos foram saudados com reverências e sorrisos, com acenos e gritos de saudação. Essas pessoas não estavam ressentidas nem com raiva. Elas haviam – na frase que o imperador usou ao anunciar a rendição – "aceitado o impossível". Por que, então, essas pessoas não puseram sua pátria em ordem? Sob os termos da ocupação, receberam a oportunidade de fazê-lo; não houve ocupação estrangeira de aldeia por aldeia, e a administração dos assuntos estava em suas mãos. A nação inteira parecia sorrir e acenar em vez de tratar de seus assuntos. Todavia, essa foi a mesma nação que realizou milagres de reabilitação nos primeiros dias da Dinastia Meiji, que se preparara para a conquista militar com tanta energia na década de 1930, e cujos soldados lutaram com tanto desprendimento, ilha por ilha, ao longo do Pacífico.

Eles são, de fato, o mesmo povo. Estavam reagindo de modo natural. A variação de temperamento que lhes é natural está entre o esforço intenso e a lassidão da marcha sem sair do lugar. Os japoneses, no presente momento, estão especialmente conscientes de defender seu bom nome na derrota e sentem que podem fazer isso sendo amistosos. Como um corolário, muitos sentem que podem fazê-lo com mais segurança sendo dependentes. E é fácil concluírem que o esforço é suspeito, e que é melhor marcar passo. A lassidão se espalha.

Todavia, os japoneses não gostam da apatia. "Tirar alguém da lassidão", "tirar outros da lassidão" é um apelo importante para a vida melhor no Japão, e foi muitas vezes defendido por seus locutores, mesmo durante o período de guerra. Eles lutavam do seu modo contra sua passividade. Seus jornais na primavera de 1946 continuam falando que, "com os olhos do mundo inteiro sobre nós", não terem limpado a desordem dos bombardeios e não terem posto certas utilidades públicas em ação é uma mancha na honra do Japão. Eles reclamam da lassidão das famílias sem-teto que se reúnem para dormir à noite nas estações de trem, onde os americanos as veem em sua miséria. Os japoneses compreendem esses apelos ao seu bom nome. Esperam também que, como uma nação, sejam capazes de esforços maiores no futuro para aspirar a um lugar respeitado na Organização das Nações Unidas. Isso seria aspirar por honra novamente, mas em uma nova direção. Se houver paz entre as Grandes Potências no futuro, o Japão poderia adotar esse caminho para o autorrespeito.

No Japão, o objetivo constante é a honra. É necessário exigir respeito. Os meios que uma pessoa utiliza para esse fim são ferramentas que recolhe e põe de lado conforme dita a circunstância. Quando as situações mudam, os japoneses podem mudar sua orientação e se colocar em um novo curso. A mudança não lhes parece a questão moral que se apresenta para os ocidentais. Nós nos interessamos por "princípios", por convicções sobre questões ideológicas. Quando perdemos, continuamos com a mesma opinião. Europeus derrotados em toda parte se juntam em movimentos subversivos. Já os japoneses, exceto por alguns extremistas, não necessitam organizar movimentos de resistência e oposição subversiva contra as forças de ocupação do exército americano. Não sentem qualquer necessidade moral de se manter na posição anterior. Desde os primeiros meses, americanos solteiros viajaram com segurança em trens abarrotados para cantos remotos do país, e eram saudados com cortesia por funcionários outrora nacionalistas. Não houve vendetas. Quando nossos jipes trafegam através das aldeias, as estradas estão repletas de crianças gritando "Olá" e "Adeus", e a mãe acena a mão do seu bebê ao soldado americano, quando é muito pequeno para fazê-lo sozinho.

Nós, americanos, não conseguimos acreditar nessa virada de 180º dos japoneses na derrota. Não é algo que poderíamos fazer. Mais difícil ainda é compreendermos a mudança de atitude em seus prisioneiros de guerra em nossos campos de internamento. Os prisioneiros se consideram mortos para o Japão, e julgamos que realmente não sabíamos do que homens "mortos" poderiam ser capazes. Poucos daqueles ocidentais que conheciam o Japão previram que a mesma mudança da característica da frente de batalha dos prisioneiros de guerra também pudesse ser encontrada, no Japão, após a derrota. Muitos deles acreditavam que o Japão "conhecesse apenas vitória ou derrota", e que a derrota seria, aos seus olhos, um insulto a ser vingado por violência desesperada contínua. Alguns acreditavam que as características nacionais dos japoneses proibissem sua aceitação de quaisquer termos de paz. Esses estudiosos do Japão não haviam compreendido o giri. Haviam escolhido, dentre todos os procedimentos alternativos que davam a uma pessoa um nome honrado, a única técnica tradicional conspícua da vingança e agressão. Não levaram em conta o hábito japonês de tomar outra direção. Confundiram a ética japonesa de agressão com as formas europeias, de acordo com as quais qualquer pessoa ou nação que luta tem primeiro de estar convencida da retidão eterna da sua causa e extrair força das reservas de ódio ou de indignação moral.

Os japoneses fazem sua agressão de um modo diferente. Eles necessitam muito ser respeitados no mundo. Eles viram que, para grandes nações, o exército podia angariar respeito, e embarcaram em um curso para se igualar a elas. Tiveram de ser extremamente cruéis, porque seus recursos eram escassos e, sua tecnologia, primitiva. Quando fracassaram em seu grande esforço, isso significou para eles que a agressão não era, afinal, o caminho para a honra. O giri sempre significou igualmente o uso da agressão ou da observância de relações de respeito e, na derrota, os japoneses se moveram de um para a outra, aparentemente sem qualquer sentido de violência psíquica contra si. O objetivo é ainda seu bom nome.

O Japão se comportou de um modo similar em outras ocasiões em sua história, e sempre confundiu os ocidentais. A cortina mal havia levantado após o longo isolamento feudal do Japão quando, em 1862, um inglês chamado Richardson foi assassinado em Satsuma. O feudo de Satsuma era um ninho de agitação contra os brancos bárbaros, e o samurai Satsuma era conhecido como o mais arrogante e beligerante de todo o Japão. Os britânicos enviaram uma expedição punitiva e bombardearam Kagoshima, um porto importante de Satsuma. Os japoneses fabricaram armas de fogo durante todo o Período Tokugawa, mas foram copiadas de antigas armas portuguesas, e Kagoshima não era, certamente, páreo para os navios britânicos. As consequências desse bombardeio, contudo, foram surpreendentes. Satsuma, em vez de jurar vingança eterna contra os britânicos, buscou sua amizade. Eles viram a grandeza de seus oponentes e buscaram aprender com eles. Entraram em relações de comércio entre si, e no ano seguinte estabeleceram um colégio em Satsuma no qual, como um japonês contemporâneo escreveu: "Os mistérios da ciência e conhecimento ocidentais eram ensinados [...]. A amizade que havia surgido do Caso Namamuga continuou a crescer"[21]. O Caso Namamuga foi a expedição punitiva contra eles e o bombardeio de seu porto.

Esse não foi um caso isolado. O outro feudo que competia com o de Satsuma, como os inimigos mais beligerantes e virulentos dos estrangeiros, era Choshu. Ambos os feudos foram líderes na fomentação da restauração do imperador. A corte do imperador, oficialmente sem poder, emitiu um rescrito imperial, designando a data de 11 de maio de 1863, na qual ordenava que o xogum expulsasse todos os bárbaros do solo do Japão. O Xogunato ignorou a ordem, mas não Choshu. Ele abriu fogo a partir de seus fortes contra os navios mercantes ocidentais que passavam por sua costa através do Estreito de Shimonoseki. As armas e munição japonesas eram muito primitivas para provocar dano nos navios, mas, para dar uma lição em Choshu, um esquadrão de guerra ocidental internacional prontamente demoliu os fortes. As mesmas consequências estranhas do bombardeio seguiram como em Satsuma, e isso a despeito do fato de que as forças ocidentais exigiram uma indenização de 3 milhões de dólares. Como Norman diz sobre os incidentes de Satsuma e de Choshu: "Independentemente da complexidade do motivo por trás da completa mudança de posição desses

21. NORMAN, E.H. Op. cit., p. 44-45 e n. 85.

importantes clãs antiestrangeiros, ninguém poderia senão respeitar o realismo e equanimidade que essa ação evidencia"[22].

Esse tipo de realismo situacional é a força luminosa do giri japonês para com o próprio nome. Como a Lua, o giri possui sua face luminosa e sua face escura. Foi seu aspecto escuro que fez com que o Japão assumisse os eventos como o Ato de Exclusão Americano e o Tratado de Paridade Naval como insultos nacionais tão extravagantes, e que o estimularam ao seu desastroso programa de guerra. É seu aspecto luminoso que tornou possível a boa vontade com que aceitou as consequências da rendição em 1945. O Japão ainda está agindo de modo natural.

Escritores e publicistas japoneses modernos fizeram uma seleção, dentre as obrigações de giri, e as apresentaram aos ocidentais como o culto de *bushido*, literalmente, O Caminho do Samurai. Isso tem sido malcompreendido por várias razões. Bushido é um termo oficial moderno que não possui o profundo sentimento popular por trás daquele que as expressões "encurralado pelo giri", "meramente por giri", "trabalhando fortemente por giri" têm no Japão. Tampouco cobre as complexidades e as ambivalências do giri. É uma inspiração publicista. Além disso, tornou-se um *slogan* dos nacionalistas e militaristas, e o conceito é desacreditado com o descrédito daqueles líderes. Isso de modo algum significará que os japoneses não vão mais "conhecer o giri". É mais importante do que nunca que os ocidentais entendam o que o giri significa no Japão. A identificação do bushido com o samurai foi também uma fonte de mal-entendido. Giri é uma virtude comum a todas as classes. Como todas as outras obrigações e disciplinas no Japão, o giri é "mais pesado" à medida que uma pessoa ascende na escala social, mas é requerido em todos os níveis da sociedade. Ao menos no pensamento japonês, é mais pesado para o samurai. Um observador não japonês tende igualmente a achar que o giri exige mais das pessoas comuns porque pensa que as recompensas para a conformidade são pequenas. Para os japoneses, é recompensa suficiente serem respeitados em seu mundo, e "uma pessoa que não conhece o giri" é ainda uma "pobre miserável". É desdenhada e excluída por seus pares.

22. Op. cit., p. 45.

9
O círculo dos sentimentos humanos

Um código de ética como o do Japão, que requer uma restituição tão severa de obrigações e renúncias, poderia consistentemente ter estigmatizado o desejo pessoal como um mal a ser extirpado da alma humana. Essa é a clássica doutrina budista, e é, portanto, duplamente surpreendente que o código japonês seja tão hospitaleiro para com os prazeres dos 5 sentidos. A despeito do fato de o Japão ser uma das grandes nações budistas do mundo, sua ética, nesse ponto, contrasta nitidamente com os ensinamentos de Gautama Buddha e dos livros sagrados do budismo. Os japoneses não condenam a autossatisfação. Não são puritanos. Buscam e valorizam os prazeres físicos, considerando-os bons e dignos de serem cultivados, desde que mantidos em seu lugar. Não devem interferir nos assuntos sérios da vida.

Um código assim mantém a vida numa tensão particularmente alta. Um hindu acha muito mais fácil ver essas consequências da aceitação japonesa dos prazeres dos sentidos do que um americano. Nós, americanos, não acreditamos que os prazeres tenham de ser aprendidos. Uma pessoa pode se recusar a se entregar aos prazeres sensuais, mas está resistindo a uma tentação conhecida. Os prazeres, contudo, são aprendidos assim como os deveres. Em muitas culturas, os prazeres não são ensinados e, portanto, fica particularmente fácil para as pessoas se dedicarem ao dever autossacrificante. Mesmo a atração física entre homens e mulheres foi por vezes minimizada até que dificilmente ameaçasse o curso sereno da vida familiar, que nesses países é baseada em considerações diferentes. Os japoneses tornam a vida difícil para si ao cultivarem os prazeres físicos e, depois, estabelecerem um código no qual esses prazeres não podem ser cultivados em um modo sério de vida. Eles cultivam os prazeres da carne como uma arte refinada e, depois, quando completamente desfrutadas, sacrificam-nas ao dever.

Um dos pequenos prazeres corporais mais apreciados no Japão é o banho quente. Para o mais pobre cultivador de arroz e para o mais simples criado, assim como para o rico aristocrata, a imersão diária em água superlativamente quente é uma parte da rotina de cada final de tarde. A banheira mais comum é um barril de madeira com um fogo de carvão sob ela para manter a água aquecida a, pelo menos, 43°C. As pessoas se lavam e se enxaguam antes de entrarem na banheira e, então, se entregam ao prazer do calor e do relaxamento da imersão. Sentam-se na banheira com seus joelhos aproximados em posição fetal, com a água até seus queixos. Como os americanos, eles valorizam o banho diário para a limpeza, mas adicionam a esse valor uma arte refinada da complacência passiva, que é difícil de duplicar nos hábitos de banho do resto do mundo. Quanto mais amadurecemos, eles dizem, mais o apreciamos.

Existem vários modos de minimizar o custo e o transtorno de providenciar esses banhos. Mas eles têm se banhar. Nas cidades, existem grandes banhos públicos, como piscinas, aos quais as pessoas podem ir para se banhar e conversar na água com um conhecido. Nas aldeias agrícolas, várias mulheres se revezarão no preparo da banheira no pátio – não é parte da modéstia japonesa evitar o olhar público durante o banho – e suas famílias a utilizarão em turnos. Sempre, mesmo nos lares elegantes, qualquer família vai para a banheira familiar em sucessão estrita: o convidado, o avô, o pai, o filho mais velho e assim sucessivamente, até o criado mais inferior da família. Eles saem da água avermelhados, e a família se reúne para desfrutar da hora mais relaxada do dia antes da refeição da noite.

Da mesma forma que o banho quente é um prazer tão intensamente apreciado, a "autofortificação" inclui, tradicionalmente, a rotina mais excessiva de duchas frias. Essa rotina é muitas vezes chamada "exercícios de inverno" ou "a austeridade fria", e ainda é praticada, mas não da antiga forma tradicional – que exigia sair antes do amanhecer para sentar sob cascatas de águas frias das montanhas. Mesmo o hábito de despejar água gelada sobre si em noites de inverno em casas sem aquecimento é bastante austero, e Percival Lowell descreve o costume como existia na década de 1890. Aqueles que aspiravam a poderes especiais de cura ou profecia – mas que não tivessem se tornado sacerdotes – praticavam a austeridade fria antes de ir para a cama, e se levantavam novamente às 2h da manhã para repetir o ato na hora em que "os deuses estavam se banhando". Eles o repetiam, quando se levantavam de manhã, e novamente ao meio-dia e ao anoitecer[23]. Essa prática, antes do amanhecer, era particularmente popular entre as pessoas que haviam se decidido seriamente a aprender a tocar um instrumento musical ou a se preparar para alguma outra carreira secular. Para se fortificar, uma pessoa pode se expor a qualquer frio. E crianças que estão praticando caligrafia e terminam seus períodos práticos com seus dedos dormentes e inchados são consideradas particularmente virtuosas. Escolas elementares modernas não têm aquecimento, e disso provém a virtude de fortificar as crianças para dificuldades posteriores da vida. Os ocidentais ficaram muito impressionados com os frios constantes e os narizes ranhentos que o costume certamente nada faz para impedir.

---

23. LOWELL, P. *Occult Japan*, 1895, p. 106-121.

Dormir é outra complacência popular. É uma das artes mais consumadas dos japoneses. Eles dormem completamente relaxados, em qualquer posição, e sob circunstâncias que consideramos impossíveis. Isso surpreendeu muitos estudiosos ocidentais dos japoneses. Nós, americanos, fazemos da insônia quase um sinônimo para tensão psíquica; de acordo com nossos padrões, há muitas tensões no caráter japonês. Mas eles fazem o bom sono parecer brincadeira de criança. Vão dormir cedo, também, e é difícil encontrar outra nação oriental que faça isso. Os aldeões – que vão dormir logo após o anoitecer – não estão seguindo nossa máxima de acumular energia para o próximo dia, pois não possuem esse tipo de cálculo. Um ocidental que os conhecia bem escreveu: "Quando vamos ao Japão, devemos deixar de acreditar que é um dever obrigatório nos prepararmos para o trabalho de amanhã dormindo e descansando de noite. Devemos considerar o sono como algo separado de questões de recuperação, repouso e recreação". É algo que, tal como uma proposta de trabalho, deveria "valer por si, sem referência a qualquer fato conhecido da vida ou da morte"[24]. Nós, americanos, estamos acostumados a considerar o sono como algo que fazemos para manter nossas forças, e o primeiro pensamento da maioria de nós, quando acordamos de manhã, é calcular quantas horas dormimos naquela noite. A extensão do nosso repouso nos diz quanta energia e eficiência teremos naquele dia. Os japoneses dormem por outras razões. Eles gostam de dormir, e, quando não há empecilhos, vão dormir com satisfação.

Do mesmo modo, são impiedosos em sacrificar o sono. Alunos que se preparam para exames trabalham noite e dia, impassíveis a qualquer noção de que o sono os equiparia melhor para os testes. No treinamento militar, dormir é simplesmente algo a sacrificar pela disciplina. O Coronel Harold Doud, vinculado ao exército japonês de 1934 a 1935, fala sobre sua conversa com um capitão chamado Teshima. Durante manobras em tempos de paz, os soldados "por duas vezes, passaram 2 dias e 2 noites sem dormir, exceto o que conseguissem durante pausas de 10 minutos e em breves intervalos dos procedimentos. Por vezes, os homens dormiam enquanto caminhavam. Nosso tenente júnior provocou muito riso, marchando diretamente na direção de uma pilha de madeira ao lado da estrada enquanto dormia profundamente". Quando finalmente chegaram ao campo, ninguém sequer teve uma chance para dormir; foram todos designados para atividades de campo e patrulhamento. "Mas por que não deixar alguns deles dormir?", perguntei. "Oh, não!", ele disse. "Isso não é necessário. Eles já sabem dormir. Necessitam treinar para permanecerem acordados"[25]. Isso expressa, sucintamente, a visão japonesa.

---

24. WATSON, W.P. *The future of Japan*, 1907.

25. *How the Jap Army fights*, artigos do *Infantry Journal*, publicados como Penguin Books, 1942, p. 54-55.

Comer, como se aquecer e dormir, é tanto uma descontração livremente desfrutada quanto uma disciplina imposta para fortificação. Como um ritual de lazer, os japoneses se entregam a refeições intermináveis, nas quais cada colher pequena de comida é desfrutada, e o alimento é celebrado tanto pela aparência como pelo sabor. Mas, por outro lado, a disciplina é enfatizada. "Comer rápido, defecar rápido, juntos, formam uma das mais elevadas virtudes japonesas". Eckstein menciona um aldeão japonês dizendo[26]: "Comer não é considerado um ato de qualquer importância. [...] Comer é necessário para sustentar a vida, *portanto*, deveria ser algo tão breve quanto possível. As crianças, especialmente os meninos, não são, como na Europa, instadas a comer lentamente, mas são encorajadas a comer tão rápido quanto possível" (itálico meu)[27]. Nos monastérios budistas, onde os sacerdotes estão sob disciplina, eles pedem, em sua oração antes das refeições, para que possam lembrar que o alimento é apenas um medicamento. A ideia é que aqueles que estão se fortificando deveriam ignorar a comida como um prazer e considerá-la apenas uma necessidade.

De acordo com ideias japonesas, a privação voluntária de alimento é um bom teste do quão "fortificado" alguém está. Do mesmo modo que renunciar aquecimento e sono, ficar sem alimento é uma chance de uma pessoa demonstrar que pode "aguentar" e, como o samurai, "colocar um palito entre seus dentes". Se uma pessoa satisfaz essa exigência quando fica sem comida, sua força é elevada por sua vitória do espírito, não diminuída pela falta de calorias e vitaminas. Os japoneses não reconhecem a correspondência biunívoca que nós, americanos, postulamos entre nutrição corpórea e força corpórea. Por isso, a Rádio Tóquio podia dizer às pessoas, em abrigos contra bombas durante a guerra, que a ginástica as tornaria fortes e vigorosas novamente.

O amor romântico é outro "sentimento humano" que os japoneses cultivam. Está completamente em casa no Japão, não importando o quanto vá contra suas formas de casamento e suas obrigações para com a família. Seus romances estão repletos dele e, como na literatura francesa, os protagonistas já são casados. Duplos suicídios por amor são temas favoritos na leitura e na conversação. *Tale of Genji* (*A lenda de Genji*), do século X, é um romance de amor romântico tão elaborado quanto qualquer grande romance que qualquer outro país no mundo jamais produziu. E histórias dos amores de senhores e de samurais do período feudal são desse mesmo tipo romântico. É um tema muito importante dos seus romances contemporâneos. O contraste com a literatura chinesa é muito grande. Os chineses se poupam de uma grande quantidade de problemas ao minimiza-

---

26. ECKSTEIN, G. *In peace Japan breeds war*, 1943, p. 153.

27. NOHARA, K. *The true face of Japan*. Londres, 1936. p. 140.

rem a importância do amor romântico e dos prazeres eróticos, e sua vida familiar tem consequentemente uma notável regularidade.

Nós, americanos, podemos, é claro, compreender os japoneses melhor do que os chineses nesse sentido, mas essa compreensão não vai muito longe. Temos muitos tabus em relação aos prazeres eróticos que os japoneses não têm. É uma área sobre a qual não são moralistas como nós. Eles consideram o sexo – como qualquer outra forma de "sentimento humano" – completamente bom em seu lugar menor na vida. Nada há de mal sobre "sentimentos humanos" e, portanto, não há necessidade de ser moralista em relação aos prazeres sexuais. Eles comentam ainda o fato de que os americanos e britânicos consideram pornográficos alguns de seus estimados livros de figuras, e que veem o Yoshiwara – o distrito das gueixas e prostitutas – sob uma ótica negativa. Os japoneses, mesmo durante os primeiros anos de contato com o Ocidente, foram muito sensíveis com relação a essa crítica estrangeira, e aprovaram leis para tornar suas práticas mais conformes aos padrões ocidentais. Mas nenhuma regulação legal foi capaz de reconciliar as diferenças culturais.

Os japoneses instruídos são completamente conscientes de que ingleses e americanos veem imoralidade e obscenidade em questões nas quais eles não veem, mas não são tão conscientes assim do abismo entre nossas atitudes convencionais e seu princípio de que "sentimentos humanos" não deveriam interferir em assuntos sérios da vida. Contudo, é uma grande fonte de nossa dificuldade de compreender as atitudes japonesas com relação ao amor e ao prazer erótico. Eles estabelecem duas áreas distintas: uma que pertence à esposa e outra que pertence ao prazer erótico. Ambas são igualmente abertas e públicas. Não são separadas uma da outra, como na vida americana, pelo fato de uma ser o que um homem admite ao público e a outra ser sub-reptícia. Elas são separadas, porque uma está no círculo das principais obrigações de um homem e, a outra, no círculo de descontração secundária. Esse modo de ordenar a área em seu "devido lugar" torna as duas tão separadas para o pai ideal de uma família quanto para o homem mundano. Os japoneses não estabelecem ideal algum, como fazemos nos Estados Unidos, que retrate o amor e o casamento como sendo a mesma coisa. Aceitamos o amor como a base de nossa escolha de um cônjuge. "Estar apaixonado" é nossa razão mais aceita para casar. Após o casamento, a atração física de um esposo por outra mulher é humilhante para sua esposa, porque ele concede em outro lugar o que pertence justamente a ela. Os japoneses julgam diferentemente. Na escolha de uma esposa, o jovem deveria assentir cegamente à escolha dos seus pais. Ele deve observar grande formalidade em suas relações com sua esposa. Mesmo na reciprocidade da vida familiar, seus filhos não presenciam gestos eroticamente afetuosos entre eles. "O objetivo real do casamento neste país", como diz um japonês contemporâneo em uma revista, "é a procriação de crianças e, consequentemente, a garantia da continuidade da vida familiar. Qualquer outro propósito que não esse servirá apenas para perverter seu verdadeiro significado".

Mas isso não significa que um homem permaneça virtuoso ao se limitar a uma vida assim. Caso possa, manterá uma amante. Em forte contraste com a China, ele não agrega à sua família essa mulher que o seduziu. Caso o fizesse, confundiria as duas áreas da vida que deveriam ser mantidas separadas. A garota pode ser uma gueixa, altamente treinada em música, dança, massagem e nas artes de entretenimento, ou pode ser uma prostituta. Em qualquer caso, ele assina um contrato com a casa em que ela está empregada, e esse contrato protege a garota de abandono e lhe assegura um retorno financeiro. Ele a instala em um domicílio próprio. Somente em casos altamente excepcionais – quando a garota tem um filho que o homem deseja criar com os seus – ele a leva para sua casa. E, nesse caso, ela é designada como uma das criadas, não como uma concubina. A criança chama a esposa legal de "mãe", e os vínculos entre a mãe real e seu filho não são reconhecidos. Todo arranjo oriental de poligamia – que é um padrão tradicional tão pronunciado na China – é, portanto, não muito japonês. Os japoneses mantêm as obrigações familiares e os "sentimentos humanos" separados inclusive espacialmente.

Somente a classe alta pode se dar ao luxo de manter amantes, mas muitos homens por vezes visitam gueixas ou prostitutas. Essas visitas não são de modo algum sub-reptícias. A esposa de um homem pode vesti-lo e prepará-lo para sua noite de descontração. A casa que ele visita pode enviar a conta para sua esposa, e ela a paga como algo habitual. Pode não estar feliz com isso, mas isso é problema dela. Uma visita à casa da gueixa é mais cara do que uma visita a uma prostituta, mas o pagamento que um homem faz pelo privilégio de uma noite assim não inclui o direito de fazer dela uma parceira sexual. O que ele recebe é o prazer de ser entretido por garotas belamente vestidas e cuidadosamente amaneiradas, que foram meticulosamente treinadas para seu papel. Para obter acesso a uma gueixa particular, o homem teria de se tornar seu protetor e assinar um contrato pelo qual ela se tornaria sua amante, ou, então, teria de cativá-la por seu charme de modo a fazê-la se entregar por vontade própria. Uma noite com gueixas, contudo, não é uma transação assexual. Suas danças, conversas, canções e gestos são tradicionalmente sugestivos e cuidadosamente calculados para expressar tudo o que uma esposa da classe alta não pode. Elas estão "no círculo dos sentimentos humanos", e dão alívio ao "círculo do *ko*". Não há razão para não se comprazer, mas as duas esferas são separadas.

Prostitutas vivem em casas licenciadas e, após uma noite com uma gueixa, um homem pode visitar uma prostituta, caso deseje. O preço é baixo, e os homens com pouco dinheiro têm de se contentar com essa forma de descontração e abrir mão das gueixas. As fotos das garotas da casa são exibidas do lado de fora, e os homens comumente passam um longo tempo publicamente estudando as fotos e fazendo suas escolhas. Essas garotas possuem um baixo *status* e não são colocadas em um pedestal como as gueixas. São, em sua maioria, filhas dos pobres que foram vendidas ao estabelecimento por suas famílias quando estavam em dificuldades financeiras, e não são treinadas nas artes de entretenimento das gueixas. Antigamente, antes de o Japão perceber a desaprovação ocidental ao costume e terminá-lo, as próprias garotas costumavam sentar em público, mostrando suas faces impassíveis aos clientes, que escolhiam suas mercadorias humanas. Suas fotografias são uma substituição.

Uma dessas garotas pode ser escolhida por um homem, que se torna seu cliente exclusivo e a trata como amante após fazer um contrato com a casa. Essas garotas são protegidas pelos termos do acordo. Um homem, contudo, pode adotar uma criada ou vendedora como amante sem assinar um contrato, e essas "amantes voluntárias" são as mais indefesas. São precisamente as mais propensas a se apaixonar por seus parceiros, mas estão fora de todos os círculos reconhecidos de obrigações. Quando os japoneses leem nossas histórias e poemas sobre mulheres jovens lamentando "de joelhos com meu bebê", abandonadas por seus amantes, eles identificam essas mães de filhos ilegítimos com suas "amantes voluntárias".

Complacências homossexuais também fazem parte dos "sentimentos humanos" tradicionais. No Japão antigo, esses eram os prazeres sancionados de homens de elevado *status*, como os samurais e os sacerdotes. No Período Meiji, quando o Japão tornou muitos outros costumes ilegais, em seu esforço para obter aprovação dos ocidentais decidiu que esse costume deveria ser punível por lei. No entanto, ainda cai entre aqueles "sentimentos humanos" sobre os quais as atitudes moralistas são inapropriadas. Deve ser mantido em seu devido lugar, e não deve interferir na condução da família. Portanto, o perigo de um homem ou de uma mulher se "tornar" homossexual, como os ocidentais dizem, é dificilmente concebido, embora um homem possa escolher se tornar profissionalmente uma gueixa masculina. Os japoneses ficam especialmente chocados com adultos homossexuais passivos nos Estados Unidos. Homens adultos no Japão buscariam parceiros garotos, pois os adultos consideram o papel passivo abaixo de sua dignidade. Os japoneses traçam seus próprios limites a respeito do que um homem pode fazer, preservando seu autorrespeito, mas não são os mesmos que traçamos.

Os japoneses também não são moralistas sobre os prazeres autoeróticos. Nenhum povo jamais teve tamanha parafernália para esse propósito. Nesse campo, também, eles tentaram evitar a condenação estrangeira, eliminando parte da publicidade mais óbvia que esses objetos recebiam, mas não pensam que sejam instrumentos do mal. A forte atitude ocidental contra a masturbação, mais forte ainda em grande parte da Europa do que nos Estados Unidos, é profundamente gravada em nossa consciência antes de crescermos. Um menino ouve as palavras sussurradas de que isso deixa um homem louco ou careca. Sua mãe foi diligente quando era bebê, e talvez tenha dado demasiada importância a isso e o tenha punido fisicamente. Talvez, tenha amarrado suas mãos. Talvez, tenha dito a ele que Deus o puniria. Os bebês e as crianças japonesas não têm essas experiências; quando adultos, não podem, portanto, reproduzir nossas atitudes. O autoerotismo é um prazer sobre o qual não sentem culpa alguma e pensam ser suficientemente controlado ao lhe atribuírem um lugar menor em uma vida decorosa.

A embriaguez é outro dos "sentimentos humanos" permissíveis. Os japoneses consideram nossas promessas de abstinência total uma das excentricidades do Ocidente, assim como consideram cansativas nossas manifestações para banir a comercialização de álcool em nossas comunidades. Beber *saquê* é um prazer que ninguém em sã consciência recusaria. Mas o álcool pertence às descontrações menores, e ninguém, em sua sã consciência igualmente tornar-se-ia obcecado por isso. De acordo com seu modo de pensar, uma pessoa não teme se "tornar" beberrona mais do que se "tornar" homossexual, e é verdade que bebedores compulsivos não representam um problema social no Japão. O álcool é uma descontração agradável, e a família, e mesmo o público, não considera uma pessoa repulsiva quando está sob a influência do álcool. Ela não tende a ser violenta e, certamente, ninguém pensa que vai espancar seus filhos. Um ataque de choro é muito comum, e o relaxamento das regras estritas de postura e gestos japoneses é universal. Em festas de saquê urbanas, os homens gostam de sentar no colo uns dos outros.

Os japoneses convencionais separam estritamente o beber do comer. Quando provam o arroz em uma festa de aldeia, na qual é servido saquê, é sinal de que pararam de beber, passando para outro "círculo", e os mantendo separados. Em casa podem beber saquê após sua refeição, mas não comem e bebem ao mesmo tempo. Revezam-se entre um ou outro prazer.

Essas concepções japonesas sobre os "sentimentos humanos" têm várias consequências. Destroem a base de sustentação das duas forças da filosofia ocidental, a carne e o espírito, que lutam continuamente por supremacia em cada vida humana. Na filosofia japonesa, a carne não é má. Desfrutar de seus prazeres possíveis não é pecado. O espírito e o corpo não são forças opostas no universo, e os japoneses levam esse princípio a uma conclusão lógica: o mundo não é um campo de batalha entre o bem e o mal. Sir George Sansom escreve: "Ao longo de sua história, os japoneses parecem ter retido em alguma medida essa incapacidade de discernir, ou essa relutância em lidar com o problema do mal"[28]. Eles, de fato, constantemente a repudiavam como uma visão da vida. Acreditam que temos duas almas, mas não são nossos bons impulsos lutando contra nossos maus

---

28. SANSOM. Op. cit., 1931, p. 51.

impulsos. São a alma "gentil" e a alma "rude", e existem ocasiões na vida de cada um de nós – e de cada nação – em que deveríamos ser "gentis", e outras em que deveríamos ser "rudes". Uma alma não está destinada ao inferno e a outra ao céu. Ambas são necessárias e boas em diferentes ocasiões.

Mesmo seus deuses são conspicuamente bons-maus desse mesmo modo. Seu deus mais popular é Susanowo, "Sua Majestade Varonil Veloz Impetuoso", irmão da Deusa do Sol, cujo comportamento ultrajante para com sua irmã o identificaria na mitologia ocidental com um demônio. Sua irmã tenta tirá-lo de seu dormitório porque suspeita de seus motivos ao ir até ela. Ele se comporta lascivamente, espalhando excremento ao longo de sua sala de jantar, onde ela e seus seguidores estão celebrando a Cerimônia dos Primeiros Frutos. Ele derruba as divisões dos campos de arroz – uma ofensa terrível. Como a pior ofensa de todas – e mais enigmática para um ocidental –, ele atira em seu quarto, através de um buraco que faz no telhado, um cavalo malhado que "esfolara de trás para a frente". Susanowo, por todos esses ultrajes, é julgado pelos deuses, pesadamente penalizado e banido dos céus para a Terra das Trevas. Mas permanece um deus preferido do panteão japonês, e é devidamente cultuado. Esses personagens-deuses são comuns nas mitologias mundiais. Nas religiões éticas superiores, contudo, foram excluídos, porque uma filosofia de conflito cósmico entre o bem e o mal torna mais adequado separar entes sobrenaturais em grupos diferentes, como preto e branco.

Os japoneses sempre foram extremamente explícitos em negar que a virtude consiste em combater o mal. Como seus filósofos e professores religiosos constantemente disseram por séculos, um código moral assim é estranho ao Japão. Eles proclamam em alto e bom tom que isso prova a superioridade moral de seu povo. Os chineses, eles dizem, tinham de ter um código moral que elevasse o jen – o comportamento justo e benevolente – a um padrão absoluto, cuja falta de aplicação tornaria deficientes todas as pessoas e atos. "Um código moral era bom para os chineses, cujas naturezas inferiores requeriam tais meios artificiais de comedimento." Assim escreveu o grande xintoísta do século XVIII, Motoöri, e tanto professores budistas e líderes nacionalistas modernos escreveram e falaram sobre o mesmo tema. No Japão, a natureza humana, eles dizem, é naturalmente boa e confiável. Não necessita combater uma metade má de si. Necessita limpar as janelas de sua alma e agir com propriedade em cada ocasião diferente. Se ela se permitiu ficar "suja", as impurezas são prontamente removidas, e a bondade humana essencial volta a reluzir. A filosofia budista foi mais longe no Japão do que em qualquer outra nação no ensinamento de que cada um é um buda potencial, e que as regras de virtude não estão nos escritos sagrados, mas no que descobrimos em nossa própria alma iluminada e inocente. Por que deveríamos desconfiar do que encontramos nela? Nenhum mal é inerente à alma humana. Eles não têm qualquer teologia que clame como o salmista: "Veja, fui formado na iniquidade, e no pecado minha mãe me concebeu". Eles não professam doutrina alguma sobre a Queda. "Os sentimentos humanos" são bênçãos que uma pessoa não deveria condenar. Nem o filósofo nem o camponês os condenam.

Para ouvidos americanos, essas doutrinas parecem levar a uma filosofia de autocomplacência e licenciosidade. Contudo, os japoneses, como vimos, definem a tarefa suprema da vida como o cumprimento de nossas obrigações. Eles aceitam completamente o fato de que restituir o *on* significa sacrificar desejos e prazeres pessoais. A ideia de que a busca pela felicidade é um objetivo sério da vida é para eles uma doutrina surpreendente e imoral. A felicidade é uma descontração na qual nos comprazemos quando podemos, mas dignificá-la como algo pelo qual o Estado e a família devessem ser julgados é praticamente impensável. O fato de uma pessoa muitas vezes sofrer intensamente no cumprimento de suas obrigações de chu, ko e giri não é mais do que o esperado. É algo que torna sua vida difícil, mas ela está preparada para isso. As pessoas constantemente abrem mão de prazeres que não consideram de modo algum maus. Isso requer força de vontade. Mas essa força é a virtude mais admirada no Japão.

É consistente com essa posição japonesa que o "final feliz" seja tão raro em seus romances e peças. Audiências populares americanas anseiam por soluções. Elas desejam acreditar que as pessoas viverão felizes para sempre. Elas desejam saber que essas pessoas são recompensadas por sua virtude. Se choram no final de uma peça, é porque houve uma falha no caráter do herói ou porque foi vitimado por uma ordem social ruim. Mas é muito mais agradável quando tudo termina bem para o herói. As audiências populares japonesas sentam-se derramadas em pranto assistindo ao herói chegar ao seu fim trágico e à adorável heroína ser assassinada por encargo do destino. Essas tramas são os pontos altos de uma noite de entretenimento. Elas são o que as pessoas vão ao teatro para ver. Mesmo seus filmes modernos são baseados no tema dos sofrimentos do herói e da heroína. Eles estão apaixonados e abrem mão daqueles que amam. São casados e felizes, e um ou outro comete suicídio no devido cumprimento de seu dever. A esposa, que se dedicou a resgatar a carreira de seu esposo e a estimulá-lo a cultivar seus grandes talentos como ator, esconde-se na grande cidade, na véspera de seu sucesso, para libertá-lo para sua nova vida, e morre, resignadamente, na pobreza, no dia de seu grande triunfo. Não há necessidade de final feliz. Piedade e simpatia para com o herói e a heroína que se sacrificam têm completa prioridade. Seu sofrimento não é julgamento algum de Deus sobre eles. Mostra que cumpriram com seu dever a todo custo, e não permitiram que coisa alguma – abandono, doença ou morte – os desviasse do verdadeiro caminho.

Seus filmes de guerra modernos são da mesma tradição. Muitas vezes, americanos que assistem a esses filmes dizem que são a melhor propaganda pacifista que jamais viram. Essa é uma reação característica americana, porque os filmes tratam exclusivamente do sacrifício e do sofrimento da guerra. Não enfatizam paradas e bandas militares e exibições orgulhosas de manobras de frotas ou canhões. Quer lidem com a Guerra Russo-japonesa ou com o Incidente da China, acentuam a rotina monótona de lama e marcha, os sofrimentos do combate ordinário, a inconclusividade das campanhas. Suas cenas de abertura não são vitórias ou mesmo ataques banzai. São pausas noturnas em alguma indistinta cidade chinesa enterrada na lama. Ou mostram representantes de três gerações de uma família japonesa mutilados, mancos e cegos, sobreviventes das três guerras. Ou mostram a família em casa, após a morte do soldado, lamentando a perda do esposo, pai e provedor, e se reunindo para prosseguir sem ele. O comovente pano de fundo dos filmes de "Cavalgada" anglo-americanos está ausente. Eles sequer dramatizam o tema da reabilitação dos veteranos feridos. Nem mesmo os propósitos para os quais a guerra foi travada são mencionados. Basta para a audiência japonesa que todas as pessoas na tela tenham restituído o *on* com tudo que estava nelas. Portanto, esses filmes, no Japão, eram propaganda dos militaristas. Seus patrocinadores sabiam que as audiências japonesas não eram incitadas por eles ao pacifismo.

10
O dilema da virtude

A visão japonesa da vida é exatamente o que suas fórmulas de chu, ko, giri, jin e os sentimentos humanos dizem que é. Eles veem o "dever humano" como se estivesse parcelado em províncias separadas em um mapa. Em seu modo de expressar, a vida de uma pessoa consiste no "círculo do chu", no "círculo do ko", no "círculo do giri", no "círculo do jin" e no "círculo dos sentimentos humanos", e em muitos mais. Cada círculo possui seu código especial detalhado, e uma pessoa julga seus pares não atribuindo a eles personalidades integradas, mas dizendo sobre eles que "não conhecem o ko", ou que "não conhecem o giri". Em vez de acusar uma pessoa de ser injusta, como um americano faria, eles especificam o círculo de comportamento ao qual ela não correspondeu. Em vez de acusar uma pessoa de ser egoísta ou má, eles especificam a província particular dentro da qual ela violou o código. Eles não invocam um imperativo categórico ou uma regra de ouro. O comportamento aprovado é relativo ao círculo dentro do qual aparece. Quando uma pessoa age "por ko", está agindo de um modo; quando age "meramente por giri" ou "no círculo do jin", está agindo – como os ocidentais julgariam – em um papel diferente. Os códigos, mesmo para o "círculo" interior, são estabelecidos de um modo tal que, quando as condições mudam dentro dele, o comportamento mais diferente pode ser apropriadamente exigido. O giri para com o senhor exigia completa lealdade, até que o senhor insultasse seu vassalo; posteriormente, nenhuma traição foi demasiado grande. Até agosto de 1945, o chu exigia do povo japonês que combatesse o inimigo até o fim. Quando o imperador mudou as exigências do chu ao transmitir pelo rádio a capitulação do Japão, os japoneses se superaram ao expressarem sua cooperação aos visitantes.

Isso é desconcertante para os ocidentais. De acordo com nossa experiência, as pessoas agem "de modo natural". Separamos as ovelhas das cabras considerando se são leais ou traiçoeiras, se são cooperativas ou se são teimosas. Rotulamos as pessoas, e esperamos que seu próximo comportamento seja como seu anterior. Elas são generosas ou mesquinhas, dispostas ou desconfiadas, conservadoras ou liberais. Esperamos que acreditem em uma ideologia política particular e combatam consistentemente a ideologia oposta. Em nossa experiência de guerra na Europa, houve colaboracionistas e pessoas da resistência, e duvidamos, muito corretamente, que após o Dia da Vitória na Europa (*VE-Day*) os colaboracionistas mudassem suas posições. Em controvérsias nacionais, nos Estados Unidos, reconhecemos, por exemplo, partidários e opositores do New Deal, e julgamos que, à medida que novas situações surgem, esses dois campos continuarão a agir de modo habitual. Se os indivíduos se movem de um lado da cerca para o outro – como quando um descrente se torna católico, ou um "vermelho" se torna um conservador –, uma mudança assim tem de ser devidamente rotulada como uma conversão e uma nova personalidade deve ser construída para se adequar.

Com certeza, essa fé ocidental no comportamento integrado nem sempre é justificada, mas não é ilusão. Em muitas culturas, primitivas ou civilizadas, homens e mulheres se descrevem agindo como tipos particulares de pessoas. Se estão interessados no poder, reconhecem suas falhas e sucessos em termos da submissão de outros à sua vontade. Se estão interessados em ser amados, frustram-se em situações impessoais. Imaginam-se como severamente justos, como tendo um "temperamento artístico", ou como sendo muito caseiros. Geralmente, alcançam uma *gestalt* em seus papéis. Isso ordena a existência humana.

Os ocidentais não conseguem acreditar facilmente na habilidade dos japoneses de mudarem de um comportamento para outro sem um custo psíquico. Essas possibilidades extremas não estão incluídas em nossa experiência. Todavia, na vida japonesa, as contradições, como nos parecem, são baseadas tão profundamente em sua visão da vida quanto nossas uniformidades na nossa. É especialmente importante que os ocidentais reconheçam que os "círculos", nos quais os japoneses dividem a vida, não incluem algum "círculo do mal". Isso não quer dizer que os japoneses não reconheçam o mau comportamento, e sim que não veem a vida humana como um palco no qual forças do bem enfrentam forças do mal. Eles veem a existência como um drama que exige um equilíbrio cuidadoso entre as exigências de um "círculo" e as de outro, e entre as de um curso de ação e as de outro, sendo cada círculo e cada curso de ação bons em si. Se cada pessoa seguisse seus verdadeiros instintos, seria boa. Como vimos, eles consideram mesmo os preceitos morais chineses como uma prova de que necessitam desse tipo de coisa. Isso mostra a inferioridade dos chineses. Os japoneses, eles dizem, não necessitam de mandamentos éticos gerais. Na formulação de Sir George Sansom, que já citamos acima, eles não "lidam com o problema do mal". De acordo com a visão deles, eles explicam adequadamente o mau comportamento por meios menos cósmicos. Embora cada alma originalmente brilhe com virtude, como uma espada nova, se não for mantida polida ficará manchada. Essa "ferrugem no meu corpo", como eles dizem, é tão má quanto em uma espada. Uma pessoa deve dar a seu caráter o mesmo cuidado que daria a uma espada. Mas sua alma brilhante e resplandecente ainda está lá, sob a ferrugem, bastando apenas poli-la novamente.

Essa visão japonesa da vida faz suas lendas populares, romances e peças parecerem particularmente inconclusivas aos ocidentais – a menos que sejamos capazes, como muitas vezes ocorre, de remodelar a trama para adequá-la às nossas exigências de consistência de caráter e de conflito de bem e mal. Mas esse não é o modo de os japoneses olharem para essas tramas. Seu comentário é que o herói é pego em um conflito do "giri com sentimentos humanos", do "chu com o ko", do "giri com o gimu". Um herói fracassa porque está permitindo que seus sentimentos humanos obscureçam suas obrigações de giri, ou porque não pode desempenhar ambos: a dívida que tem como chu e a dívida que tem como ko. Ele não pode fazer direito (o gi) devido ao giri. Ele está encurralado pelo giri e sacrifica sua família. Os conflitos, assim retratados, são ainda entre obrigações em si inescapáveis. Ambas são "boas". A escolha entre elas é como a escolha enfrentada por uma pessoa que tem muitas dívidas. Ela deve pagar algumas e ignorar outras, por enquanto, mas o fato de quitar uma dívida não a libera das restantes.

Esse modo de ver a vida do herói contrasta muito com a visão ocidental. Nossos heróis são bons precisamente porque "escolheram a parte melhor", e são contrapostos a oponentes que são maus. "A virtude triunfa", como dizemos. Deve haver um final feliz. O bem deve ser recompensado. Os japoneses, contudo, têm um apetite insaciável pela história do "caso flagrante" do herói que finalmente salda dívidas incompatíveis para com o mundo e para com o próprio nome, escolhendo a morte como solução. Essas histórias, em muitas culturas, seriam histórias que ensinam resignação a um amargo destino. Mas, no Japão, isso é exatamente o que elas não são. São histórias de iniciativa e determinação implacável. Os heróis empregam todo o seu esforço para cumprir uma das obrigações que lhes cabem e, ao fazerem isso, deixam de cumprir outra obrigação. Mas, no fim, eles acertam as contas com o "círculo" que desconsideraram.

O verdadeiro épico nacional do Japão é *A lenda dos 47 ronins*. Não é uma lenda relevante na literatura mundial, mas a influência que possui sobre os japoneses é incomparável. Todo menino japonês conhece não apenas a história principal, mas as tramas subordinadas da lenda. Suas histórias são constantemente contadas e publicadas, e são recontadas em uma série de filmes populares modernos. Os túmulos dos 47 ronins foram, por gerações, um lugar favorito de peregrinação no qual milhares renderam homenagem, muitas vezes deixando branco o chão ao redor dos túmulos ao depositarem seus cartões de visita.

O tema dos *47 ronins* está centrado no giri de uma pessoa para com seu senhor. Na visão dos japoneses, a história retrata os conflitos do giri com o chu, do giri com a retidão – na qual o giri é, com certeza, virtuosamente triunfante – e do "meramente giri" com o giri ilimitado. É uma lenda histórica de 1703 – os grandes dias do feudalismo, quando os homens eram homens, de acordo com o devaneio japonês moderno, e não havia "relutância" no giri. Os 47 heróis ofertam tudo ao giri: suas reputações, seus pais, suas esposas, suas irmãs, sua retidão (gi). Finalmente, ofertam ao chu suas vidas, morrendo por suas próprias mãos.

O Sr. Asano foi apontado pelo Xogunato como um dos dois daimiôs responsáveis pela cerimônia na qual todos os daimiôs faziam sua obediência periódica ao xogum. Os dois mestres de cerimônias eram senhores provinciais e, portanto, tinham de solicitar instruções sobre a etiqueta exigida a um grande daimiô da corte, o Sr. Kira. Infelizmente, o vassalo mais sábio do Sr. Asano, Oishi – o herói da lenda –, que o teria aconselhado prudentemente, estava longe, na província natal, e Asano ingenuamente falhou em dar um "presente" satisfatório para seu importante instrutor. Os vassalos do outro daimiô, que estava sendo instruído por Kira, eram homens do mundo e o cobriram de ricos presentes. O Sr. Kira, então, instruiu o Sr. Asano de má vontade, e intencionalmente descreveu-lhe um costume inteiramente errado para vestir na cerimônia. O Sr. Asano apareceu, portanto, vestido no grande dia; quando se apercebeu do insulto que lhe haviam feito, sacou sua espada e feriu a testa de Kira antes que pudessem ser separados. Era sua virtude como um homem de honra – seu giri para com seu nome – vingar-se do insulto de Kira, mas era contra seu chu sacar sua espada no palácio do xogum. O Sr. Asano se conduzira virtuosamente por giri para com seu nome, mas só poderia se reconciliar com o chu se matando de acordo com as regras do seppuku. Ele se recolheu à sua casa e se vestiu para o ordálio, aguardando somente o retorno do seu vassalo mais sábio e leal, Oishi. Após trocarem um longo olhar de despedida, o Sr. Asano, tendo sentado do modo exigido, golpeou sua barriga com sua espada, e morreu por sua própria mão. Sem um parente disposto a ocupar o lugar do senhor morto, que violara o chu e incorrera no desprazer do Xogunato, o feudo de Asano foi confiscado e seus vassalos se tornaram ronins sem senhores.

De acordo com as obrigações do giri, os vassalos samurais de Asano deviam ao seu senhor falecido cometer seppuku como ele fizera. Se, por giri para com seu senhor, fizessem o que ele fizera em giri por seu nome, isso expressaria seu protesto contra o insulto de Kira ao seu senhor. Mas Oishi estava secretamente convencido de que o seppuku era um ato muito pequeno para expressarem seu giri. Eles deveriam completar a vingança que seu senhor fora incapaz de executar quando os vassalos o separaram de seu inimigo extremo. Eles deveriam matar o Sr. Kira. Mas isso só poderia ser realizado pela violação do chu. O Sr. Kira era muito próximo ao Xogunato para possibilitar que os ronins obtivessem permissão oficial do seu Estado para executar sua vingança. Em casos mais usuais, qualquer grupo que contemple a vingança registraria seu plano com o Xogunato, declarando a data final antes da qual completariam o ato ou abandonariam a iniciativa. Esse arranjo permitia que certas pessoas afortunadas reconciliassem o chu e o giri. Oishi sabia que essa via não estava aberta para ele e seus pares. Ele, portanto, reuniu os ronins, que eram samurais-vassalos de Asano, mas nada falou sobre seu plano de matar Kira. Havia mais de 300 desses ronins e, conforme a história ensinada nas escolas japonesas em 1940, todos eles concordaram em cometer seppuku. Oishi sabia, contudo, que nem todos eles possuíam giri ilimitado – na formulação japonesa, "giri mais sinceridade"; por isso, não era possível lhes confiar a perigosa façanha de uma vendeta contra Kira. Para separar aqueles que tinham "meramente" giri dos que tinham giri mais sinceridade, ele usou o teste de como deveriam dividir a renda pessoal do seu senhor. Aos olhos japoneses, isso era um teste tal como se não tivessem concordado em cometer suicídio. Suas famílias se beneficiariam. Houve uma discordância violenta entre os ronins sobre a base da divisão da propriedade. O despenseiro tinha o maior pagamento entre os vassalos; e ele comandou a facção que queria que a renda fosse dividida de acordo com o salário anterior. Oishi comandou a facção que a queria dividida igualmente entre todos. Tão logo ficou estabelecido quais dos ronins tinham "meramente" giri, Oishi concordou com o plano do despenseiro para partição da propriedade e permitiu que aqueles que tivessem ganho deixassem a companhia. O despenseiro partiu e, com isso, ganhou a fama de ser um "samurai-cão", um "homem que não conhece o giri" e um degenerado. Oishi considerou apenas 47 deles como sendo fortes o bastante em giri para compartilharem de seu plano de vendeta. Esses 47 se juntaram a ele, comprometidos com aquele ato de que nenhuma boa-fé, nenhuma afeição, nenhum gimu deveria ficar no caminho da consumação de seu juramento. O giri deveria ser a lei suprema. Os 47 cortaram seus dedos e se uniram em um pacto de sangue.

Sua primeira tarefa era despistar Kira. Eles se separaram e fingiram ter perdido toda a honra. Oishi frequentava as tabernas mais vulgares e se envolvia em brigas indignas. Disfarçado dessa vida dissipada, divorciou-se de sua esposa – um passo usual e totalmente justificado para qualquer japonês que estivesse por infringir a lei, uma vez que impedia que sua esposa e filhos fossem responsabilizados com ele no ato final. A esposa de Oishi se separou dele com grande tristeza, mas seu filho se juntou aos ronins.

Toda Tóquio estava especulando sobre a vendeta. Todos que respeitavam os ronins estavam, certamente, convencidos de que tentariam matar o Sr. Kira. Mas os 47 não denunciavam qualquer intenção nesse sentido. Fingiam ser homens que "não conheciam o giri". Seus sogros, ultrajados com essa conduta desonrosa, expulsaram-nos de suas casas e dissolveram seus matrimônios. Seus amigos os ridicularizavam. Um dia, um amigo próximo encontrou Oishi bêbado e celebrando com mulheres; mesmo para ele, Oishi negou seu giri ao seu senhor. "Vingança?", disse ele. "Tolice. Temos de aproveitar a vida. Nada é melhor do que beber e se divertir". Seu amigo não acreditou nele e desembainhou a espada de Oishi, esperando que seu brilho reluzente refutasse o que seu dono dissera. Mas a espada estava enferrujada. Ele foi forçado a acreditar nele e, na rua, chutou e cuspiu em Oishi bêbado.

Um dos ronins, que precisava de dinheiro para cobrir sua parte da vendeta, fez com que sua esposa se prostituísse. O irmão dela, também um dos ronins, descobriu que o conhecimento sobre a vendeta havia chegado a ela e propôs matá-la com sua espada, argumentando que, com essa prova de sua lealdade, Oishi o incluiria entre os vingadores. Outro ronin matou seu sogro. Outro ainda enviou sua irmã para servir como criada e concubina ao Sr. Kira, de modo que o ronin poderia receber orientação de dentro do palácio dizendo-lhe quando atacar. Esse ato tornou inevitável que ela cometesse suicídio tão logo a vingança fosse executada, pois, pela falta de ter parecido estar do lado do Sr. Kira, tinha de se purificar com a morte.

Em uma noite de nevada, 14 de dezembro, Kira organizou uma festa de saquê, e os guardas ficaram bêbados. Os ronins invadiram a fortaleza sujeitando os guardas, e foram direto ao quarto do Sr. Kira. Ele não estava lá, mas sua cama ainda estava quente. Os ronins sabiam que ele estava escondido em algum lugar no entorno. No fim, descobrem um homem agachado em um anexo a casa, utilizado para estocar carvão. Um dos ronins perfura uma parede da cabana com sua lança, mas, quando a retira, não há sangue nela. A lança atingira de fato Kira, mas, enquanto era retirada, ele limpou o sangue com a manga de seu quimono. Seu truque não foi útil. Os ronins o forçaram a sair. Ele alegou, contudo, que não era Kira, mas apenas o despenseiro. Nesse momento, 1 dos 47 se lembrou do ferimento que o Sr. Asano havia feito em Kira no palácio do xogum. Por essa cicatriz, eles o identificaram, e exigiram seu imediato seppuku. Ele se recusou – o que provava, é claro, que era um covarde. Com a espada que seu Sr. Asano havia usado em seu seppuku, eles o decapitaram, lavaram-na cerimonialmente, e, ao terminarem seu trabalho, partiram em procissão para levar a espada duplamente ensanguentada e a cabeça de Kira ao túmulo de Asano.

Toda Tóquio estava cheia de entusiasmo pelo feito dos ronins. Suas famílias e sogros, que haviam duvidado deles, correram para abraçá-los e lhes prestar reverência. Grandes senhores solicitavam que todos lhes fossem hospitaleiros ao longo do caminho. Eles prosseguiram em direção ao túmulo e colocaram lá não apenas a cabeça e a espada, mas um discurso escrito ao seu senhor que ainda está preservado.

> Viemos até aqui hoje para prestar homenagem. [...] Não ousaríamos nos apresentar diante de vós a menos que tivéssemos executado a vingança que iniciastes. Cada dia que esperamos nos parecia três outonos. [...] Escoltamos meu Sr. Kira até vosso túmulo. Esta espada, que tanto estimáveis ano passado e confiastes a nós, devolvemo-vos agora. Rogamo-vos que a tomeis e golpeeis a cabeça de vosso inimigo uma segunda

> vez, e dissipeis vosso ódio para sempre. Essa é a respeitosa manifestação dos 47 homens.

Seu giri fora restituído. Faltava-lhes ainda restituir seu chu. Somente com sua morte poderiam os dois coincidir. Eles haviam infringido a regra do Estado contra vendeta não declarada, mas não estavam em revolta contra o chu. O que quer que fosse exigido deles em nome do chu, realizariam. O Xogunato determinou que os 47 deveriam cometer seppuku. Como dizem os manuais para crianças japonesas de 5ª série:

> Como agiram para vingar seu senhor, seu inabalável giri tinha de ser considerado um exemplo para a eternidade. [...] Portanto, o Xogunato, após deliberação, ordenou o seppuku, um plano que matou 2 pássaros com uma só pedra.

Ou seja, ao se matarem, os ronins restituíram a suprema dívida tanto ao giri quanto ao gimu.

Esse épico nacional do Japão varia um pouco em diferentes versões. Na versão cinematográfica moderna, o tema do suborno do começo é trocado para um tema sexual: o Sr. Kira é descoberto assediando a esposa de Asano e, devido à sua atração por ela, humilha Asano dando-lhe falsas instruções. O suborno é, assim, eliminado. Mas todas as obrigações de giri são contadas em detalhes aterradores. "Por giri eles abandonaram suas esposas, separaram-se de seus filhos e perderam (assassinaram) seus pais."

O tema do conflito entre gimu e giri é a base de muitas outras lendas e filmes. Um dos melhores filmes históricos se dá na época do Terceiro Xogum Tokugawa. Esse xogum havia sido nomeado para seu escritório quando era jovem e inexperiente, e seus cortesãos estavam divididos com relação à sucessão, alguns deles apoiando um parente próximo da mesma idade. Um dos daimiôs derrotados nutriu esse "insulto" em seu íntimo, a despeito da administração competente do Terceiro Xogum. Ele aguardou. No fim, o xogum e seu séquito o notificaram de que visitariam alguns feudos. Era atribuição desse daimiô entreter o grupo, e ele aproveitou a oportunidade para se vingar e cumprir seu giri para com seu nome. Sua casa já era uma fortaleza, e ele a preparou para o evento anunciado de modo que toda saída fosse bloqueada e, a fortaleza, fechada. Então, providenciou meios pelos quais as paredes e tetos fossem derrubados sobre as cabeças do xogum e de seu grupo. Seu plano foi encenado em grande estilo. Seu entretenimento era meticuloso. Para divertimento do xogum, fez um de seus samurais dançar diante dele. Esse samurai tinha instruções de cravar sua espada no xogum no clímax da dança. Por giri ao seu daimiô, o samurai de modo algum poderia recusar a ordem de seu senhor. Seu chu, contudo, proibia que erguesse sua mão contra o xogum. A dança na tela retrata completamente o conflito. Ele deve e não deve. Ele quase ousa desferir o golpe, mas não consegue. A despeito do giri, o chu é muito forte. A dança degenera, e o grupo do xogum começa a suspeitar. Eles se levantam de seus assentos ao mesmo tempo em que o desesperado daimiô ordena a demolição da casa. Há o risco de que o xogum, embora tenha escapado da espada do dançarino, seja igualmente morto nas ruínas da fortaleza. Nesse momento, o dançarino da espada aparece e guia o grupo do xogum através de passagens subterrâneas para que escape em segurança. O chu conquistou o giri. O porta-voz do xogum, em gratidão, insiste que o guia vá com eles, honradamente, a Tóquio. O guia, contudo, olha para a casa caindo. "É impossível", ele diz. "Fico. É meu gimu e meu giri." Ele lhes dá as costas e morre nas ruínas. "Em sua morte, ele satisfez tanto o chu como o giri. Na morte, eles coincidem."

As lendas de tempos antigos não dão lugar central ao conflito entre obrigações e "sentimentos humanos". Em anos recentes, tornou-se um tema predominante. Romances modernos falam sobre o amor e a bondade humanos que têm de ser descartados por gimu ou giri. E esse tema é enfatizado, em vez de minimizado. Como seus filmes de guerra – que prontamente parecem aos ocidentais boa propaganda pacifista –, esses romances muitas vezes nos soam como um apelo por maior liberdade para viver de acordo com os ditames do coração. São, certamente, o testemunho desse impulso. Mas repetidamente os japoneses que discutem o enredo dos romances, ou filmes, veem um significado diferente. O mesmo herói com quem simpatizamos porque está apaixonado ou se dedica a alguma ambição pessoal, eles condenam como fraco, porque permitiu que esses sentimentos se pusessem entre ele e seu gimu ou seu giri. Os ocidentais tendem a sentir isso como um sinal de força para se rebelar contra convenções e conquistar a felicidade, apesar dos obstáculos. Mas os fortes, de acordo com o veredito japonês, são aqueles que desconsideram a felicidade pessoal e cumprem suas obrigações. Força de caráter, para eles, é mostrada em se conformar, não em se rebelar. Os enredos de seus romances e filmes consequentemente têm, muitas vezes, um significado bem diferente no Japão do que aquele que damos a eles quando os vemos pelos olhos ocidentais.

Os japoneses fazem o mesmo tipo de avaliação quando opinam sobre suas vidas ou sobre as vidas das pessoas que conhecem. Eles julgam que uma pessoa é fraca se presta atenção aos seus desejos pessoais, quando esses conflitam com o código de obrigações. Todos os tipos de situações são julgados desse modo, mas um que é muito oposto à ética ocidental diz respeito à atitude de um homem para com sua esposa. Ela é apenas tangencial ao "círculo do ko", enquanto os pais dele são centrais. Desse modo, seu dever é claro. Um homem de forte caráter moral obedece ao ko e aceita a decisão de sua mãe de se divorciar de sua esposa. O fato de ele amar sua esposa e de ela ter dado à luz um filho dele apenas torna o homem "mais forte". Na formulação japonesa, "o ko pode fazer com que você ponha sua esposa e filhos na categoria de estrangeiros". Assim, o tratamento que dispensa a eles pertence, na melhor das hipóteses, ao "círculo do jin". Na pior das hipóteses, eles se tornam pessoas que não têm direitos sobre você. Mesmo quando um casamento é feliz, uma esposa não é colocada centralmente nos círculos de obrigações. Um homem, portanto, não deveria exaltar sua relação com ela de modo a parecer estar no mesmo nível de seus sentimentos em relação aos seus pais ou ao seu país. Foi um escândalo popular na década de 1930 quando um proeminente liberal falou, publicamente, sobre quão feliz estava ao retornar ao Japão, e mencionou a reunião com sua esposa como uma das razões para sua alegria. Ele deveria ter falado de seus pais, de Fujiyama, de sua dedicação à missão nacional do Japão. Sua esposa não pertencia a esse nível.

Os próprios japoneses mostraram, na Era Moderna, não estarem satisfeitos em deixar seu código de costumes tão pesado com ênfase em manter diferentes níveis separados e diferentes "círculos" distintos. Uma grande parte da doutrinação japonesa foi dedicada a tornar o chu supremo. Assim como um estadista simplificava a hierarquia colocando o imperador no ápice e eliminando o xogum e os senhores feudais, no domínio moral, eles trabalhavam para simplificar o sistema de obrigações, colocando todas as virtudes inferiores na categoria do chu. Por esse meio, buscavam não apenas unificar o país sob o "culto ao imperador", mas diminuir o atomismo dos costumes japoneses. Eles tentavam ensinar que, no cumprimento do chu, uma pessoa está cumprindo todos os outros deveres. Tentavam torná-lo não um círculo em um mapa, mas em pedra angular de um arco moral.

A melhor e mais autêntica manifestação desse programa é o Rescrito Imperial aos Soldados e Marinheiros, feito pelo Imperador Meiji em 1882. Esse Rescrito e aquele sobre Educação são as verdadeiras Escrituras Sagradas do Japão. Nenhuma das religiões japonesas dá lugar para livros sagrados. O xintoísmo não os tem, e os cultos do budismo japonês ou fazem um dogma da desilusão com escrituras textuais ou as substituem pela repetição de frases como "Glória a Amida" ou "Glória ao Lótus do Livro". Os Rescritos Meiji de admonição, contudo, são a verdadeira Escritura Sagrada. Eles são lidos como rituais sagrados diante de audiências silentes, formalmente curvadas em reverência. São tratados como a Torá, retirados de um santuário para leitura e recolocados com reverência antes que a audiência seja dispensada. Homens designados para lê-los se mataram por terem lido errado uma sentença. O Rescrito aos Soldados e Marinheiros era, em primeiro lugar, para os homens em serviço. Eles eram aqueles que o aprendiam *verbatim* e meditavam sobre ele quietamente por 10 minutos a cada manhã. Ele era lido para eles, ritualmente, em feriados nacionais importantes, quando novos conscritos ingressavam no quartel, ou quando aqueles que haviam terminado seu período de treinamento partiam, e em ocasiões similares. Era ensinado também a todos os meninos em escolas de ensino intermediário e em escolas supletivas.

O Rescrito para Soldados e Marinheiros é um documento de várias páginas. É cuidadosamente ordenado por títulos, e é claro e específico. Contudo, para um ocidental, é um estranho enigma. Seus preceitos lhe parecem contraditórios. Bondade e virtude são apresentadas como objetivos verdadeiros e descritos de forma que os ocidentais possam apreciar. E, então, o Rescrito adverte seus ouvintes a não serem como heróis de antigamente, que morriam em desonra porque, "perdendo de vista o verdadeiro caminho do dever público, *mantiveram-se leais às relações privadas*". Essa é a tradução oficial e, embora não seja literal, representa bem as palavras do original. "Você deveria, então", continua o Rescrito, "levar a sério a advertência desses exemplos" de heróis de tempos antigos.

A "advertência" comunicada não é inteligível sem um conhecimento do mapa japonês de obrigações. O rescrito inteiro mostra uma tentativa oficial de minimizar o giri e elevar o chu. Em nenhum momento, em todo o texto, a palavra giri aparece no sentido costumeiro que tem no Japão. Em vez de nomear o giri, enfatiza que existe uma Lei Suprema, que é o chu, e uma Lei Inferior, que é "manter-se leal às relações privadas". A Lei Suprema – que o Rescrito se esforça para provar – é suficiente para validar todas as virtudes. A "retidão", diz, "é o cumprimento do gimu". Um soldado repleto de chu inevitavelmente tem "coragem verdadeira", que significa, "no trato diário, colocar a gentileza primeiro e visar conquistar o amor e a estima de outros". Esses preceitos, se seguidos, argumenta o Rescrito por implicação, serão suficientes sem invocar o giri. Obrigações diferentes do gimu são Lei Inferior, e uma pessoa não as deveria reconhecer sem a mais cuidadosa consideração.

> Se você quiser [...] manter sua palavra [nas relações privadas] e [também] cumprir seu gimu [...] você deve considerar cuidadosamente, no começo, se você pode cumpri-la ou não. Se você [...] se vincular a obrigações imprudentes, pode se encontrar em uma posição em que não possa ir adiante nem recuar. Se você estiver convencido de que possivelmente não conseguirá manter sua palavra e sua retidão [a qual o Rescrito recém-definiu como o cumprimento do gimu], será melhor abandonar seu compromisso [privado] imediatamente. Desde os tempos antigos, encontramos vários exemplos de grandes homens e heróis que, subjugados pelo infortúnio, pereceram, deixando um nome maculado para a posteridade, simplesmente porque, em seu esforço por serem leais em pequenos assuntos, fracassaram em discernir o certo e o errado com referência aos princípios fundamentais, ou porque, perdendo de vista o verdadeiro caminho do dever público, mantiveram-se leais às relações privadas.

Toda essa instrução sobre a superioridade do chu em relação ao giri foi escrita, como dissemos, sem mencionar o giri, mas todo japonês conhece a frase: "Eu não pude manter a retidão (gi) por causa do giri", e o Rescrito a parafraseia com as palavras "Se você estiver convencido de que não conseguirá manter sua palavra [suas obrigações pessoais] e sua retidão..." Com autoridade imperial, diz que em uma tal situação uma pessoa deveria abandonar o giri, lembrando que é uma Lei Inferior. A Lei Suprema, caso obedeça a seus preceitos, ainda a manterá virtuosa.

Essa Escritura Sagrada, que exalta o chu, é um documento básico no Japão. É difícil dizer, contudo, se sua detração oblíqua do giri enfraqueceu a influência dessa obrigação sobre o povo. Os japoneses citam com frequência outras partes do Rescrito – "A retidão é o cumprimento do gimu", "Se o coração ao menos for sincero, tudo pode ser realizado" – para explicar e justificar seus atos e os de outros. Mas, embora fossem muitas vezes apropriadas, as admoestações contra manter-se leal às relações privadas raramente parecem ser mencionadas. O giri permanece hoje uma virtude com grande autoridade, e dizer de uma pessoa que "ela não conhece o giri" é uma das mais drásticas condenações no Japão.

A ética japonesa não é facilmente simplificada pela introdução da Lei Suprema. Como muitas vezes alardearam, os japoneses não têm uma virtude generalizada disponível para usarem como uma pedra de toque do bom comportamento. Em muitas culturas as pessoas se respeitam à medida que conquistam alguma virtude, como boa vontade, boa gestão das finanças pessoais ou sucesso em suas iniciativas. Elas estabelecem como meta algum objetivo de vida, como a felicidade, o poder sobre outros, a liberdade ou a mobilidade social. Os japoneses seguem códigos mais particularistas. Mesmo quando falam sobre a Lei Suprema, *tai setsu* – seja nos tempos feudais ou no Rescrito para Soldados e Marinheiros –, é somente no sentido de que obrigações para com alguém mais elevado na hierarquia deveriam anular obrigações para com alguém numa posição inferior. Continuam sendo particularistas. Para eles, a Lei Suprema não é, como geralmente foi para os ocidentais, uma lealdade à lealdade, como oposta a uma lealdade a uma pessoa particular ou a uma causa particular.

Quando os japoneses modernos tentaram tornar uma virtude moral suprema em relação a todos os "círculos", eles usualmente selecionaram a "sinceridade". O Conde Okuma, ao discutir a ética japonesa, disse que a sinceridade (*makoto*) "é o preceito de todos os preceitos; a fundação dos ensinamentos morais pode ser implicada nessa única palavra. Nosso vocabulário antigo carece de termos éticos, exceto por uma única palavra, makoto"[29]. Romancistas modernos, que nos primeiros anos deste século celebravam o novo individualismo ocidental, também ficaram insatisfeitos com as fórmulas ocidentais e tentaram celebrar a sinceridade (usualmente *magokoro*) como sua única verdadeira "doutrina".

---

29. OKUMA, C.S. *Fifty years of new Japan*. Versão inglesa editada por Marcus B. Huish. Londres, 1909, 11, p. 37.

Essa ênfase moral na sinceridade tem o apoio do Rescrito para Soldados e Marinheiros. O Rescrito começa com um prólogo histórico, um equivalente japonês aos prólogos americanos que mencionam Washington, Jefferson e os Pais Fundadores dos Estados Unidos. No Japão, essa seção atinge um clímax ao invocar o *on* e o chu:

> Nós [o imperador] somos a cabeça e vocês são o corpo. Dependemos de vocês como nossos braços e pernas. Se seremos capazes de proteger nosso país e restituir o *on* de nossos ancestrais, depende de vocês cumprirem suas obrigações.

E, então, seguem os preceitos: (1) a suprema virtude é cumprir as obrigações do chu. Um soldado ou marinheiro, embora hábil, em quem o chu não é forte, é um mero fantoche; um corpo de soldados que carecem de chu é, na crise, uma mera multidão. "Portanto, nem ser desencaminhado pelas opiniões correntes *nem interferir na política*, mas com a simplicidade do chu, lembrar que o gi (retidão) é mais pesado que uma montanha, enquanto a morte é mais leve que uma pena." (2) A segunda injunção é observar a aparência externa e o comportamento, isto é, em referência ao ranque no exército. "Considere as ordens dos superiores como provindo diretamente de Nós", e trate os inferiores com consideração. (3) A terceira é a coragem. A verdadeira coragem é contrastada com "atos coléricos bárbaros", e é definida como "nunca desprezar um inferior ou temer um superior. Aqueles que, portanto, apreciam a verdadeira coragem deveriam, em seu trato diário, colocar a gentileza em primeiro lugar, e visar conquistar o amor e a estima de outros". (4) A quarta injunção é a advertência contra "manter-se leal às relações privadas", e (5) a quinta é uma exortação à frugalidade. "Se você não faz da simplicidade sua meta, tornar-se-á efeminado e frívolo, e se apegará a modos opulentos e extravagantes; terminará se tornando egoísta e sórdido, e afundará ao último grau da baixeza, de modo que nem lealdade nem coragem serão úteis para lhe poupar do desprezo do mundo. [...] Sendo atormentado pela ansiedade de que isso possa acontecer, Nós, por esse meio, reiteramos Nossa advertência."

O parágrafo final do Rescrito chama esses 5 preceitos de "o Grande Caminho do Céu e da Terra e a lei universal da humanidade". Eles são "a alma de Nossos soldados e marinheiros". E, por sua vez, "a alma" desses 5 preceitos "é a sinceridade. Se o coração não for sincero, palavras e feitos, embora bons, são todos mera exibição externa e de nada servem. Se o coração for sincero, qualquer coisa pode ser realizada". Os 5 preceitos serão, portanto, "fáceis de observar e praticar". É caracteristicamente japonês que a sinceridade seja anexada no final, após todas as virtudes e obrigações terem sido explicadas. Os japoneses não baseiam, como os chineses, todas as virtudes nos apelos do coração benevolente. Eles primeiro estabelecem o código de deveres e depois acrescentam, no final, a exigência de que sejam realizados com todo coração e alma, e com toda força e vontade.

A sinceridade possui o mesmo tipo de significado nos ensinamentos da grande seita budista de Zen. Em seu grande compêndio sobre o Zen, Suzuki relata um diálogo entre o pupilo e o Mestre:

> *Monge*: Compreendo que quando um leão se apodera de seu oponente, seja uma lebre ou um elefante, ele faz um uso exaustivo de seu poder; dize-me, por favor, que poder é esse?
>
> *Mestre*: O espírito de sinceridade (literalmente, o poder de não enganar).
>
> Sinceridade, ou seja, não enganar, significa "exercer-se em sua plenitude", tecnicamente conhecida como "o ser inteiro em ação"... no qual nada é mantido reservado, nada é expresso sob disfarce, nada é desperdiçado. Quando uma pessoa vive assim, é considerada um leão de pelo dourado; ele é o símbolo da virilidade, sinceridade, autenticidade; é divinamente humano.

Os significados japoneses especiais dessa palavra "sinceridade" já foram referidos de passagem. *Makoto* não tem o significado de sinceridade em inglês. Significa muito menos e muito mais. Os ocidentais foram sempre muito rápidos em ver que ela significa muito menos do que em sua língua, e muitas vezes disseram que, quando um japonês diz a alguma pessoa que ela é insincera, quer dizer somente que a outra pessoa não concorda com ele. Há uma certa verdade nisso, pois dizer que uma pessoa é "sincera", no Japão, não tem a ver com se ela está agindo "genuinamente" de acordo com o amor ou o ódio, a determinação ou a surpresa, que é predominante em sua alma. O tipo de aprovação que nós, americanos, expressamos ao dizer "Ela estava sinceramente feliz em me ver", "Ela estava sinceramente contente" é estranho no Japão. Eles têm uma série de expressões proverbiais zombando dessa "sinceridade". Eles dizem derrisoriamente: "Observe o sapo que, quando abre sua boca, exibe todo o seu interior"; "Como uma romã que, quando escancara sua boca, mostra tudo que está em seu coração"; é uma vergonha para qualquer pessoa "revelar seus sentimentos"; isso a "expõe". Essas associações com "sinceridade", que são também importantes nos Estados Unidos, não têm lugar no significado da palavra "sinceridade" no Japão. Quando o menino japonês acusou o missionário americano de insinceridade, nunca lhe ocorreu considerar se o americano "genuinamente" ficou surpreso com o plano do pobre rapaz de ir para a América com tão poucos recursos. Quando os estadistas japoneses na última década acusaram os Estados Unidos e a Inglaterra de insinceridade – como constantemente fizeram –, sequer pensaram se as nações ocidentais estavam agindo de uma forma que não sentiam realmente. Eles não estavam sequer as acusando de serem hipócritas – o que teria sido uma acusação menor. Similarmente, quando o Rescrito para Soldados e Marinheiros diz "sinceridade é a alma desses preceitos", não significa que a virtude que colocará todas as outras virtudes em efeito é uma genuinidade na alma que fará uma pessoa agir e falar em conformidade com seus apelos interiores. Certamente não significa que seja obrigada a ser genuína, independentemente do quanto suas convicções possam diferir das de outros.

Embora makoto tenha seus significados positivos no Japão, e como os japoneses enfatizam tão fortemente o papel ético desse conceito, é urgentemente necessário para os ocidentais compreenderem o sentido no qual o usam. O sentido japonês básico de makoto é bem ilustrado na *Lenda dos 47 ronins*. "Sinceridade", nessa história, é um sinal de "mais" acrescido ao giri. "Giri *mais* makoto" é contrastado com "meramente giri", e significa "giri como um exemplo para toda a eternidade". Na expressão contemporânea japonesa, "makoto é o que a faz valer". O "a" nessa frase se refere, de acordo com o contexto, a qualquer prescrição do código japonês ou a qualquer atitude estipulada no Espírito Japonês.

Nos Campos de Relocalização japoneses, durante a guerra seu uso era exatamente paralelo ao daquele em *A lenda dos 47 ronins*, e mostra claramente a quão longe a lógica é estendida, e quão oposto ao uso americano o significado pode se tornar. A acusação comum dos isseis (imigrantes americanos nascidos no Japão) pró-Japão contra os nisseis (segunda geração de imigrantes) pró-Estados Unidos era que eles careciam de makoto. O que os isseis estavam dizendo era que esses nisseis não tinham aquela qualidade da alma que fazia o Espírito japonês – como oficialmente definido no Japão durante a guerra – "valer". Os isseis não queriam dizer, de modo algum, que o pró-americanismo de seus filhos era hipócrita. Longe disso, pois suas acusações de insinceridade foram ainda mais convincentes quando os nisseis se voluntariaram ao exército dos Estados Unidos, e era evidente, a qualquer um, que seu apoio ao seu país adotado era estimulado por um entusiasmo genuíno.

Um significado básico de "sinceridade" conforme o uso japonês é que ela é o zelo para seguir a "estrada" mapeada pelo código e pelo Espírito japoneses. Quaisquer significados especiais que makoto tenha em contextos particulares sempre podem ser lidos como um elogio a alguns aspectos acordados do Espírito Japonês e como um guia bem aceito no mapa das virtudes. Uma vez aceito o fato de que "sinceridade" não possui o significado americano, ela se torna uma palavra muito útil a ser observada em todos os textos japoneses, pois, quase infalivelmente, identifica aquelas virtudes positivas que os japoneses de fato enfatizam. Makoto é constantemente usada para elogiar uma pessoa que não é egoísta. Esse é um reflexo da grande condenação da obtenção de lucro que a ética japonesa prega. O lucro – quando não é uma consequência natural da hierarquia – é considerado o resultado da exploração, e o intermediário que mudou de posição para lucrar com seu trabalho se torna o odiado prestamista. Sobre ele é sempre dito "carecer de sinceridade". Makoto é constantemente usado também como um termo de elogio para aquela pessoa livre de paixão, e isso espelha as ideias japonesas de autodisciplina. No Japão, uma pessoa digna de ser chamada sincera nunca corre o perigo de insultar uma pessoa que não pretende provocar agressão, e isso espelha seu dogma de que uma pessoa é tão responsável pelo seu ato como por suas consequências marginais. Finalmente, apenas quem é makoto pode "liderar seu povo", colocar suas capacidades para uso efetivo e ser livre de conflito psíquico. Esses três significados, e uma série de outros, expressam de um modo muito simples a homogeneidade da ética japonesa. Eles refletem o fato de que, no Japão, uma pessoa pode ser efetiva e pacífica somente quando estiver executando o código.

Como esses são significados do termo japonês "sinceridade", essa virtude, a despeito do Rescrito e do Conde Okuma, não simplifica a ética japonesa. Não põe uma "fundação" sob sua moralidade, nem dá a ela uma "alma". É um expoente que, propriamente situado após um número, eleva-o a uma potência maior. A^2 quadrará 9 ou 159, ou *b* ou *x*, muito indiferentemente. E, do mesmo modo, *makoto* eleva a um poder maior qualquer artigo no código japonês. Não é, por assim dizer, uma virtude separada, mas o entusiasmo do fanático por sua religião.

O que quer que seja que os japoneses tenham tentado fazer com seu código, ele permanece atomístico, e o princípio da virtude continua sendo equilibrar uma ação boa, em si boa, em relação à outra ação, que também é em si boa. É como se tivessem estabelecido sua ética como um jogo de *bridge*. Os bons jogadores são aqueles que aceitam as regras e jogam de acordo com elas. Distinguem-se dos maus jogadores pelo fato de serem disciplinados em seus cálculos e poderem seguir as pistas de outros jogadores com completo conhecimento do que elas significam sob as regras do jogo. Eles jogam, como dizemos, de acordo com Hoyle*, e existem intermináveis minúcias que devem levar em conta em cada movimento. Contingências que podem surgir estão cobertas pelas regras do jogo, e o escore é combinado de antemão. Boas intenções, no sentido americano, tornam-se irrelevâncias.

Em qualquer língua, os contextos em que as pessoas falam em perder ou ganhar autorrespeito elucidam sua visão da vida. No Japão, uma pessoa "se respeitar" é se mostrar sempre como uma jogadora cuidadosa. Isso não significa, como o uso na língua inglesa, conformar-se conscientemente a um padrão digno de conduta – não se submeter a outro, não mentir, não dar falso testemunho. No Japão, o autorrespeito (*jicho*) é, literalmente, "um self que é pesado", e seu oposto é "um *self* que é leve e flutuante". Quando uma pessoa diz "Você deve

---

* A frase se refere ao escritor britânico do século XVII, Edmond Hoyle (1672-1769), que escreveu extensamente sobre regras e movimentos dos jogos de cartas, e significa, de um modo geral, "jogar de acordo com padrões ou regras estabelecidos" [N.T.].

respeitar-se", isso significa "Você deve ser perspicaz em estimar todos os fatores envolvidos na situação e nada fazer que possa provocar críticas ou diminuir suas chances de sucesso". No Japão, "respeitar-se" muitas vezes implica o comportamento exatamente oposto àquele nos Estados Unidos. Uma pessoa empregada em uma empresa diz: "Devo respeitar a mim mesmo (jicho)", e isso significa não que ela deve fazer valer seus direitos, mas que nada deve dizer a seus empregadores que possa colocá-la em apuros. "Você deve respeitar-se" tinha esse mesmo significado também no uso político. Significava que uma "pessoa de peso" não poderia se respeitar, caso se entregasse a uma coisa tão temerária quanto "pensamentos perigosos". Não tinha a implicação, que teria nos Estados Unidos, de que, mesmo que pensamentos sejam perigosos, o autorrespeito de uma pessoa exige que ela pense de acordo com suas capacidades e com sua consciência.

"Você deve respeitar-se" é uma advertência constante dos pais aos seus filhos adolescentes, e se refere a observar regras de etiqueta e agir de acordo com as expectativas de outras pessoas. Uma menina é, portanto, admoestada a sentar-se sem se mover, com suas pernas devidamente posicionadas; um menino, a se preparar e aprender a "observar pistas dos outros", "porque, agora, esse é o momento em que decidirá seu futuro". Quando um dos pais diz a seus filhos: "Vocês não se comportaram como uma pessoa respeitável", significa que eles são acusados de um comportamento inapropriado em vez de uma falta de coragem para fazer valer seus direitos, em seu ponto de vista.

Um agricultor que não salda sua dívida com o prestamista diz para si: "Eu deveria ter tido autorrespeito", mas isso não significa que ele se acuse de preguiça ou de adular seu credor. Significa que ele deveria ter previsto a emergência e ter sido mais circunspecto. Um homem de posição na comunidade diz: "Meu autorrespeito exige isso", e ele não quer dizer que deve agir de acordo com certos princípios de honestidade e probidade, mas que deve manipular o caso com completa consideração pela posição de sua família. Ele deve colocar todo o peso de seu *status* no caso.

Uma empresária que diz sobre sua firma: "Devemos mostrar autorrespeito" quer dizer que a prudência e a vigilância devem ser redobradas. Uma pessoa que discute uma necessidade de se vingar fala de "vingar-se com autorrespeito", e isso não tem relação com amontoar brasas sobre a cabeça de seu inimigo ou com quaisquer regras morais que pretenda seguir; é equivalente a dizer "Infligirei uma vingança perfeita", isto é, meticulosamente planejada e que leve em conta cada fator na situação. A expressão mais forte de todas em japonês é "duplicar autorrespeito com autorrespeito", e isso significa ser circunspecto ao máximo. Significa nunca tirar uma conclusão precipitada. Significa considerar várias possibilidades, a fim de não utilizar mais nem menos esforço do que é estritamente necessário para atingir o objetivo.

Todos esses significados de autorrespeito se ajustam à visão japonesa de vida como um mundo no qual a pessoa se move com grande cuidado "de acordo com Hoyle". Esse modo de definir o autorrespeito não permite a uma pessoa alegar um álibi para seu fracasso com base em boas intenções. Cada movimento tem suas consequências, e uma pessoa não deveria agir sem estimá-las. É muito apropriado sermos generosos, mas devemos prever que aquela pessoa que recebe nossos favores sentirá que a fizemos "assumir um *on*". Devemos ser cautelosos. É permitido criticar outra pessoa, mas devemos fazê-lo somente caso pretendamos assumir todas as consequências do nosso ressentimento. Um escárnio como aquele de que foi acusado o missionário americano pelo jovem artista está fora de questão, precisamente porque as intenções do missionário eram boas; ele não levou em conta todo o significado de seu movimento no tabuleiro de xadrez. Na visão japonesa, ele foi completamente indisciplinado.

A forte identificação da circunspecção com o autorrespeito inclui, portanto, a vigilância de todas as pistas que se observa nos atos de outras pessoas, e um forte sentido de que outras pessoas estão fazendo julgamentos. "As pessoas cultivam o autorrespeito [elas devem jicho]", eles dizem, "por causa da sociedade." "Se não existisse sociedade, as pessoas não necessitariam respeitar-se [cultivar o jicho]." Essas são declarações extremas de uma sanção externa de autorrespeito. São declarações que não levam em conta sanções internas ao comportamento apropriado. Como os ditados populares de muitas nações, elas exageram o caso, pois os japoneses às vezes reagem como qualquer puritano a uma acumulação privada de culpa. Mas suas declarações extremas indicam corretamente em que cai a ênfase no Japão. Cai sobre a importância da vergonha em vez de sobre a importância da culpa.

Em estudos antropológicos sobre diferentes culturas, a distinção entre aquelas que se baseiam na vergonha e aquelas que se baseiam na culpa é importante. Uma sociedade que inculca padrões absolutos de moralidade e se baseia no desenvolvimento de uma consciência por parte das pessoas é uma cultura da culpa, por definição, mas, além disso, uma pessoa em uma sociedade como essa pode, como nos Estados Unidos, sofrer de vergonha quando se acusa de grosserias que de modo algum são pecados. Ela pode estar excessivamente constrangida por não estar vestida apropriadamente para a ocasião, ou por um lapso de linguagem. Em uma cultura na qual a vergonha é uma sanção maior, as pessoas ficam constrangidas por atos pelos quais esperamos que se sintam culpadas. Esse constrangimento pode ser muito intenso e não pode ser aliviado, como a culpa, por meio de confissão e penitência. Uma pessoa que tenha pecado pode obter alívio se confessando. Esse mecanismo de confissão é usado em nossa terapia secular e por muitos grupos religiosos que, fora isso, pouco têm em comum. Sabemos que isso traz alívio. Onde a vergonha é a maior sanção, uma pessoa não experiencia alívio quando torna pública sua falta, mesmo a um confessor. Enquanto seu mau comportamento não "se torna público", ela não precisa se preocupar, e a confissão lhe parece meramente um modo de cortejar o problema. As culturas da vergonha, portanto, não possibilitam confissão, nem mesmo aos deuses. Elas têm cerimônias para boa sorte em vez de cerimônias para expiação.

As verdadeiras culturas da vergonha se baseiam em sanções externas ao bom comportamento – não como as verdadeiras culturas da culpa fazem, em uma convicção internalizada do pecado. A vergonha é uma reação à crítica de outras pessoas. Uma pessoa fica envergonhada por ter sido abertamente ridicularizada e rejeitada, ou por imaginar que foi ridicularizada. Em ambos os casos é uma sanção potente. Mas ela requer uma audiência ou, ao menos, que a pessoa imagine essa audiência. A culpa não. Em uma nação na qual a honra significa agir de acordo com a imagem que a pessoa faz de si, uma pessoa pode sofrer de culpa, embora ninguém saiba de seu malfeito. E o sentimento de culpa de uma pessoa pode ser na verdade aliviado pela confissão de seu pecado.

Os primeiros puritanos que se estabeleceram nos Estados Unidos tentaram basear sua moralidade na culpa, e todos os psiquiatras sabem que problema os americanos contemporâneos temos com nossas consciências. Mas a vergonha é um fardo cada vez mais pesado nos Estados Unidos, e a culpa tem sido menos extremamente sentida do que em gerações anteriores. Nos Estados Unidos, isso é interpretado como um relaxamento dos costumes. Há muita verdade nisso, mas se deve ao fato de não esperarmos que a vergonha faça o trabalho pesado da moralidade. Não atrelamos o constrangimento pessoal severo que acompanha a vergonha ao nosso sistema fundamental de moralidade.

Os japoneses sim. Uma falha em seguir suas indicações explícitas de bom comportamento, uma falha em equilibrar obrigações ou em prever contingências é uma vergonha (*haji*). A vergonha, eles dizem, é a raiz da virtude. Uma pessoa sensível a ela executará todas as regras do bom comportamento. "Uma pessoa que conhece a vergonha" é por vezes traduzido por "pessoa virtuosa", por vezes, por "pessoa honrada". Na ética japonesa, a vergonha ocupa o mesmo lugar de autoridade que "uma clara consciência", "servir a Deus" e a "evitação do pecado" têm na ética ocidental. Logicamente, portanto, uma pessoa não será punida na vida após a morte. Os japoneses – exceto por sacerdotes que conhecem as sutras indianas – são pouco familiarizados com a ideia de reencarnação dependente do mérito da pessoa nesta vida, e – exceto por alguns convertidos cristãos bem instruídos – eles não reconhecem recompensa e punição pós-morte, nem um céu e um inferno.

A primazia da vergonha na vida japonesa significa – como em qualquer tribo ou nação nas quais a vergonha é profundamente sentida – que qualquer pessoa assiste ao julgamento do público sobre seus feitos. Ela precisa apenas imaginar como a julgarão, orientando seu comportamento na direção desse veredito. Quando todos estão jogando o jogo pelas mesmas regras e se apoiando mutuamente, os japoneses podem ser alegres e despreocupados. Eles podem jogar o jogo com fanatismo quando pensam que executam a "missão" do Japão. Eles são mais vulneráveis quanto tentam exportar suas virtudes para terras estrangeiras onde seus guias formais de bom comportamento não valem. Eles fracassaram em sua missão de "boa vontade" na Grande Ásia Oriental, e o ressentimento de muitos deles para com as atitudes dos chineses e filipinos em relação a eles foi muito genuíno.

Indivíduos japoneses que vieram aos Estados Unidos para estudo ou negócios e não haviam sido motivados por sentimentos nacionalistas muitas vezes sentiram profundamente o "fracasso" de sua educação cuidadosa quando tentaram viver em um mundo menos rigidamente mapeado. Suas virtudes, eles achavam, não se transpunham bem. A ideia que tentam propor não é aquela universal de que é difícil para qualquer pessoa mudar de cultura. Eles tentam dizer algo mais, e por vezes contrastam as dificuldades de sua adaptação à vida americana com as dificuldades menores que os chineses e siameses conheciam. O problema japonês específico, no seu ver, é que eles foram criados para confiar em uma segurança que depende do reconhecimento de outros das nuanças de sua observância de um código. Quando estrangeiros ignoram todas essas propriedades, os japoneses ficam perdidos. Eles olham em volta para encontrar propriedades meticulosas similares de acordo com as quais os ocidentais vivem e, quando não as encontram, alguns falam da raiva que sentem e outros de quão assustados ficam.

Ninguém descreveu melhor essas experiências em uma cultura menos exigente do que a Sra. Mishima em sua autobiografia, *My narrow isle* (*Minha estreita ilha*)[30]. Ela se empenhou em vir para uma faculdade americana e lutou contra a resistência de sua família em aceitar o *on* de uma bolsa de estudos americana. Ela foi para Wellesley. Os professores e as garotas, ela diz, eram maravilhosamente gentis, mas ela sentia que isso tornou as coisas ainda mais difíceis. "Meu orgulho pelo perfeito amaneiramento, uma característica universal dos japoneses, foi amargamente ferido. Fiquei com raiva de mim mesma por não saber como me comportar propriamente aqui e também nos arredores, o que parecia zombar de minha educação passada. Exceto por esse vago mas arraigado sentimento de raiva, nenhuma emoção havia restado em mim." Ela se sentia "um ente vindo de algum outro planeta, com sensações e sentimentos inúteis nesse outro mundo. Minha formação japonesa, que exige que cada movimento físico seja elegante e que cada palavra proferida esteja de acordo com a etiqueta, tornaram-me extremamente sensível e autoconsciente nesse ambiente no qual estava completamen-

---

30. MISHIMA, S.S. *My narrow isle*, 1941, p. 107.

te cega, socialmente falando". Somente 2 ou 3 anos depois ela relaxou e começou a aceitar a bondade oferecida a ela. Os americanos, ela decidiu, viviam com o que ela chama de "familiaridade refinada". Mas "a familiaridade havia sido morta em mim como atrevimento quando tinha 3 anos".

A Sra. Mishima contrasta as garotas japonesas que conheceu na América com as garotas chinesas, e seus comentários mostram o quão diferentemente os Estados Unidos as afetaram. As chinesas possuíam autocompostura e sociabilidade, ausentes na maioria das garotas japonesas. Essas chinesas de classe alta me pareciam as criaturas mais urbanas sobre a Terra, cada uma delas tendo um refinamento próximo à dignidade da realeza e a aparência de verdadeiras senhoras do mundo. Sua audácia e soberba autocompostura, de modo algum perturbadas, mesmo nesta grande civilização de maquinaria e velocidade, faziam um grande contraste com nossa timidez e exagerada sensibilidade de garotas japonesas, mostrando diferenças fundamentais de trajetória social.

A Sra. Mishima, como muitos outros japoneses, sentia-se como se fosse uma exímia jogadora de tênis introduzida em um torneio de *croquet*. Sua perícia simplesmente não contava. Ela achava que o que aprendera não se adequava ao novo ambiente. A disciplina à qual fora submetida era inútil. Os americanos podiam viver sem ela.

Uma vez que os japoneses aceitavam, mesmo que minimamente, as regras menos codificadas que governam o comportamento nos Estados Unidos, achavam difícil se imaginar capazes de lidar novamente com as restrições de sua antiga vida no Japão. Por vezes eles se referiam a ela como o paraíso perdido, por vezes como um "arreio", por vezes como uma "prisão", por vezes como um "pequeno pote" que contém uma árvore anã. Enquanto as raízes do pinheiro em miniatura fossem confinadas ao pote de flores, o resultado era um trabalho de arte que adornava um charmoso jardim. Mas, uma vez plantado em solo aberto, o pinheiro anão jamais poderia ser colocado de volta no pote. Eles sentem que não são mais ornamentos possíveis no jardim japonês. Não podiam satisfazer novamente as exigências. Experienciaram em sua forma mais severa o dilema japonês da virtude.

11
Autodisciplina

As autodisciplinas de uma cultura tendem sempre a parecer irrelevâncias a observadores de outro país. As técnicas disciplinares são claras o bastante. Mas por que se dar ao trabalho? Por que pessoas se penduram, voluntariamente, em ganchos, concentram-se em seus umbigos, ou jamais despendem seu capital? Por que se concentrar em uma dessas austeridades e não exigir controle algum sobre alguns impulsos que, para estrangeiros, são verdadeiramente importantes e precisam ser educados? Quando os observadores pertencem a um país que não ensina métodos técnicos de autodisciplina e se encontram num povo que põe muita confiança nesses métodos, a possibilidade de mal-entendido é muito elevada.

Nos Estados Unidos, métodos técnicos e tradicionais de autodisciplina são relativamente incipientes. A suposição americana é que uma pessoa, tendo avaliado o que é possível em sua vida pessoal, disciplinar-se-á, caso seja necessário, para atingir um objetivo escolhido. Se o atingirá ou não, depende de sua ambição, de sua consciência ou de seu "instinto de trabalho" (*instinct of workmanship*), como Veblen o chama. Ela pode aceitar um regime estoico a fim de jogar em um time de futebol americano, abrir mão de todas as descontrações para estudar e praticar música, ou tornar seu negócio bem-sucedido. Pode evitar o mal e a frivolidade graças à sua consciência. Mas, nos Estados Unidos, a autodisciplina, como um treinamento técnico, não é uma coisa a ser aprendida como a aritmética separada de sua aplicação a uma ocasião particular. Essas técnicas, quando ocorrem nos Estados Unidos, são ensinadas por certos líderes de cultos ou por swamis que ensinam invenções feitas na Índia. Mesmo as autodisciplinas religiosas de meditação e prece, conforme ensinadas e praticadas por Santa Teresa ou por São João da Cruz, mal sobreviveram nos Estados Unidos.

A suposição japonesa, contudo, é que um garoto realizando seus exames do ensino médio, um homem jogando esgrima ou uma pessoa meramente vivendo uma vida de aristocrata precisam de um autotreinamento separado do aprendizado de coisas específicas que serão exigidas deles quanto forem testados. Não importa que fatos o garoto tenha estudado para seu exame, quão exímios sejam os golpes de espada do homem, tampouco quão meticulosa a etiqueta daquela pessoa: todos necessitam pôr de lado seus livros, a espada e as aparências públicas e experienciar um tipo especial de treinamento. Nem todos os japoneses se submetem a treinamento esotérico, é claro, mas, mesmo para eles, a fraseologia e a prática da autodisciplina têm um lugar reconhecido em suas vidas. Japoneses de todas as classes se julgam, e aos outros, em termos de um conjunto de conceitos que dependem de sua noção geral de autocontrole e autonomia técnicos generalizados.

Seus conceitos de autodisciplina podem ser esquematicamente divididos entre aqueles que dão competência e aqueles que dão algo mais. Esse "algo mais" chamarei perícia. Ambos visam obter um resultado diferente na psique humana, têm uma lógica diferente e são reconhecidos por signos diferentes. Muitos casos do primeiro tipo – a competência autodisciplinar – já foram descritos. O oficial do exército que disse sobre seus soldados (aqueles que durante 60 horas participaram de manobras de tempos de paz com oportunidades de apenas 10 minutos para dormir): "eles sabem dormir; necessitam treinar para permanecerem acordados" visava somente o comportamento competente, a despeito de nos parecer uma exigência extrema. Ele estava afirmando um princípio muito aceito da economia psíquica japonesa, segundo o qual a vontade deveria ser suprema em relação ao corpo quase infinitamente ensinável, e que o corpo não possui leis de bem-estar que uma pessoa ignora por sua conta. A teoria japonesa dos "sentimentos humanos" repousa sobre essa suposição. Quando se trata dos assuntos realmente sérios da vida, as exigências do corpo – não importando quão essenciais à saúde, não importando quão aprovadas e cultivadas como coisas separadas – deveriam ser drasticamente subordinadas. Não importa a que preço de autodisciplina, uma pessoa deveria manifestar o Espírito Japonês.

Contudo, fere as suposições japonesas formular sua posição desse modo. Pois, "ao custo de qualquer autodisciplina" significa, no uso ordinário americano, quase a mesma coisa que "ao preço de qualquer autossacrifício". Muitas vezes também significa "ao preço de qualquer frustração pessoal". A teoria americana da disciplina – seja imposta de fora ou introjetada como uma consciência censora – é a de que, desde a infância, homens e mulheres têm de ser socializados pela disciplina, seja aceita livremente ou imposta pela autoridade. Isso é uma frustração. Os indivíduos se ressentem dessa restrição de seus desejos. Eles têm de se sacrificar, e emoções agressivas inevitáveis são despertadas neles. Essa visão não é somente a de muitos psicólogos profissionais na América, é também a filosofia segundo a qual cada geração é criada pelos pais em casa. E a análise dos psicólogos tem, portanto, uma grande dose de verdade em nossa sociedade. A criança "tem de" ser posta na cama em certa hora, e aprende, com a atitude dos seus pais, que ir para a cama é uma frustração. Em incontáveis lares, ela mostra seu ressentimento em uma enorme batalha noturna. A criança já é uma jovem americana doutrinada que considera dormir algo que uma pessoa "tem de" fazer, e o faz com relutância. Sua mãe ordena, também, que há certas coisas que ela "tem de" comer. Pode ser mingau de aveia, espinafre, pão ou suco de laranja, mas a criança americana aprende a protestar contra alimentos que ela "tem de" comer. Comida que é "boa para" ela, ela conclui que é comida que não tem gosto bom. Essa é uma convenção americana que é estranha ao Japão, e também a algumas nações ocidentais como a Grécia. Nos Estados Unidos, tornar-se adulto significa emancipação das frustrações com alimentos. Uma pessoa adulta pode comer o alimento que tem gosto bom, em vez do alimento que é bom para ela.

Essas ideias sobre sono e alimento, contudo, são pequenas em comparação com o conceito ocidental de autossacrifício. É uma doutrina ocidental tradicional que os pais façam grandes sacrifícios por seus filhos, que as esposas sacrifiquem suas carreiras por seus esposos, que esposos sacrifiquem sua liberdade para se tornarem provedores de suas famílias. É difícil para nós, americanos, concebermos que em algumas sociedades homens e mulheres não reconhecem a necessidade do autossacrifício. No entanto, é verdade. Nessas sociedades, as pessoas dizem que os pais acham seus filhos naturalmente agradáveis, que as mulheres preferem o casamento a qualquer outro caminho, e que um homem ganha o sustento de sua família praticando sua ocupação favorita, como um caçador ou um jardineiro. Por que falar em autossacrifício? Quando a sociedade enfatiza essas interpretações e permite às pessoas viverem de acordo com elas, a noção de autossacrifício dificilmente pode ser reconhecida.

Em outras culturas, todas aquelas coisas que uma pessoa faz para outras pessoas com esse "sacrifício", nos Estados Unidos são consideradas como trocas recíprocas. São investimentos que serão mais tarde restituídos, ou devoluções do valor já recebido. Nesses países, mesmo as relações entre pai e filho podem ser tratadas desse modo. E o que o pai faz para o filho durante o começo de sua vida o filho fará para ele, num momento posterior de sua vida e após sua morte. Toda relação de negócio também é um contrato pessoal que, embora muitas vezes assegure um acordo em espécie, obriga igualmente uma parte a proteger e a outra a servir. Se os benefícios de ambos os lados são considerados vantagens, nenhuma parte considera seus deveres um sacrifício.

A sanção por trás dos serviços a outros no Japão é, claro, a reciprocidade, tanto em espécie como no intercâmbio hierárquico de responsabilidades complementares. A posição moral do autossacrifício é, portanto, muito diferente daquela dos Estados Unidos. Os japoneses sempre objetaram especificamente os ensinamentos dos missionários cristãos sobre o sacrifício. Eles argumentam que uma pessoa boa não deveria considerar o que faz para outros como frustrante para si. "Quando fazemos as coisas que vocês chamam autossacrifício", disse-me uma japonesa, "é porque desejamos dar, ou porque é bom dar. Não nos lamentamos. Não importa de quantas coisas boas de fato renunciamos em favor de outros, não pensamos que essa renúncia nos eleva espiritualmente ou que deveríamos ser 'recompensados' por isso". Um povo que organizou suas vidas em torno dessas obrigações recíprocas elaboradas, como os japoneses, acha, naturalmente, o autossacrifício irrelevante. Eles se esforçam ao limite para cumprir obrigações extremas, mas a sanção tradicional de reciprocidade os impede de sentir a autopiedade e o sentimento de superioridade moral que surgem tão facilmente em países mais individualistas e competitivos.

Portanto, a fim de compreenderem as práticas ordinárias autodisciplinares no Japão, nós, americanos, temos de fazer um tipo de operação cirúrgica em nossa ideia de "autodisciplina". Temos de cortar os acréscimos de "autossacrifício" e "frustração" que se agruparam em torno do conceito em nossa cultura. No Japão, uma pessoa se disciplina a ser uma boa jogadora, e a atitude japonesa é a de que uma pessoa experiencia o treinamento com a mesma consciência do sacrifício que uma que joga *bridge*. É claro que o treinamento é estrito, mas isso é inerente à natureza das coisas. A criança nasce feliz, mas sem a capacidade de "saborear a vida". Somente por meio do treinamento mental (ou da autodisciplina; *shuyo*) uma pessoa pode conquistar o poder de viver completamente e "saborear" a vida. A frase é usualmente traduzida como "somente assim ela pode desfrutar a vida". A autodisciplina "constrói a barriga (o centro do controle)"; ela aumenta a vida.

No Japão, a autodisciplina "competente" tem essa lógica de que melhora a conduta da vida de uma pessoa. Enquanto é nova no treinamento, eles dizem que qualquer impaciência que possa sentir passará, pois terminará desfrutando – ou desistindo. Um aprendiz conduzirá devidamente seu ofício, um garoto aprenderá judô (*jiu-jitsu*), uma jovem esposa se ajustará às exigências de sua sogra. É bastante compreensível que, nos primeiros estágios de treinamento, homens ou mulheres não acostumados às novas exigências possam desejar se ver livres desse *shuyo*. Seus pais podem conversar com eles e lhes dizer: "O que você deseja? Algum treinamento é necessário para desfrutar a vida. Se você desistir disso e não se treinar de modo algum, será infeliz como uma consequência natural. E se essas consequências naturais ocorrerem, não estarei inclinado a proteger você da opinião pública". O shuyo, na expressão que usam tão frequentemente, elimina "a ferrugem do corpo". Torna uma pessoa uma espada afiada reluzente, que é, certamente, o que ela deseja ser.

Toda essa ênfase em como a autodisciplina leva à própria vantagem da pessoa não significa que os atos extremos – que o código japonês muitas vezes exige – não sejam frustrações verdadeiramente sérias, e que essas frustrações não levem a impulsos agressivos. Essa distinção é a mesma que nós, americanos, reconhecemos em jogos e esportes. Quem vence no *bridge* não reclama do autossacrifício que lhe foi exigido para aprender a jogar bem. A pessoa não rotula como "frustrações" as horas que tem de dedicar a fim de se tornar exímia. Todavia, os médicos dizem que, em alguns casos, a grande atenção necessária quando alguém está jogando, seja por uma alta aposta, seja por um campeonato, não está dissociada de úlceras estomacais e excessivas tensões corporais. A mesma coisa ocorre às pessoas no Japão. Mas a sanção da reciprocidade e a convicção japonesa de que a autodisciplina é em vantagem própria fazem com que muitos atos que lhes parecem fáceis sejam insuportáveis aos americanos. Eles prestam mais atenção em se comportar competentemente e se permitem menos álibis do que os americanos. Eles não projetam tão frequentemente suas insatisfações com a vida em bodes expiatórios, e não se comprazem com tanta frequência em autopiedade por, de uma forma ou de outra, não terem atingido o que nós, americanos, chamamos felicidade média. Eles foram treinados a prestar muito mais atenção à "ferrugem do corpo" do que é comum entre os americanos.

Além e acima da autodisciplina "competente" existe também o plano da "perícia". As técnicas japonesas desse último tipo não foram claramente descritas pelos autores japoneses; e os autores ocidentais que se especializaram nesse tema foram muitas vezes desdenhosos. Por vezes, as chamaram "excentricidades". Um estudioso francês escreve que todas elas estão "em oposição ao senso comum", e que a maior de todas as seitas disciplinares, o culto zen, é "um tecido de nonsense solene". Os propósitos que suas técnicas pretendem atingir, contudo, não são impenetráveis, e o tema lança uma luz considerável sobre a economia psíquica japonesa.

Uma longa série de palavras japonesas nomeia o estado de espírito que se espera que o perito em autodisciplina atinja. Alguns desses termos são usados por atores; outros, por devotos religiosos, esgrimistas, oradores, pintores, mestres da cerimônia do chá. Todos têm o mesmo significado geral, e usarei somente a palavra *muga*, que é usada no zen-budismo, o florescente culto da classe alta. A descrição desse estado de perícia é que ele denota aquelas experiências, sejam seculares ou religiosas, quando "não há sequer um vão, nem mesmo da espessura de um fio de cabelo", entre a vontade de uma pessoa e seu ato. Uma descarga elétrica passa diretamente do polo positivo ao negativo. Em pessoas que não alcançaram a perícia, há, por assim dizer, uma barreira não condutora entre a vontade e o ato. Eles chamam isso o "*self* observador", o "*self* interferente". E quando isso foi removido por tipos especiais de treinamento, o perito perde toda consciência de que "Eu estou fazendo isso". O circuito funciona livremente. O ato é sem esforço. É "focado". A ação reproduz completamente a figura que o agente havia traçado em sua mente.

As pessoas mais extraordinárias buscam esse tipo de "perícia" no Japão. Sir Charles Eliot, a maior autoridade inglesa sobre budismo, fala sobre uma aluna de escola que se apresentou

> a um famoso missionário em Tóquio, e disse que desejava se tornar cristã. Quando questionada sobre suas razões, ela respondeu que seu grande desejo era subir num avião. Ao lhe pedirem para explicar a conexão entre aviões e cristianismo, ela respondeu que haviam lhe dito que, antes de entrar em um avião, ela deveria ter uma mente muito calma e bem regulada, e que esse tipo de mente era obtido apenas pela formação religiosa. Ela pensava que, entre as religiões, o cristianismo era provavelmente a melhor, e por isso foi buscar ensinamento[31].

Os japoneses não conectam apenas cristianismo a aviões; conectam o treinamento para obter "uma mente calma e bem regulada" a um exame em pedagogia, a um discurso ou à carreira de um estadista. O treinamento técnico para o foco lhes parece uma vantagem inquestionável em quase qualquer iniciativa.

Muitas civilizações desenvolveram técnicas desse tipo, mas os objetivos e métodos japoneses têm um caráter marcante próprio. Isso é especialmente interessante, porque muitas das técnicas são derivadas da Índia, onde são conhecidas como ioga. As técnicas japonesas de auto-hipnotismo, concentração e controle dos sentidos ainda mostram relação com práticas indianas. Há uma ênfase similar no esvaziamento da mente, na imobilidade do corpo, em 10.000 repetições da mesma frase, na fixação da atenção a um símbolo escolhido. Mesmo a terminologia usada na Índia é ainda reconhecível. Exceto por esses elementos essenciais do culto, contudo, a versão japonesa tem pouco em comum com a hindu.

A ioga, na Índia, é um culto extremo de ascetismo. É um modo de obter libertação do círculo da reencarnação. Uma pessoa não tem salvação exceto por essa libertação, *nirvana*, e o obstáculo em seu caminho é o desejo humano. Esses desejos podem ser eliminados privando-a de alimento, insultando-a e apelando à autotortura. Através desses meios uma pessoa pode atingir a santidade e conquistar a espiritualidade e a união com o divino. A ioga é um modo de renunciar ao mundo da carne e de escapar à rotina da futilidade humana. É também um modo de se apossar dos poderes espirituais. A jornada de uma pessoa em direção ao seu objetivo é tão mais rápida quanto mais extremo é o ascetismo.

Essa filosofia é estranha ao Japão. Mesmo que seja uma grande nação budista, ideias de transmigração e de nirvana nunca foram parte da fé budista do povo. Essas doutrinas são pessoalmente aceitas por alguns sacerdotes budistas, mas nunca chegaram a influenciar os costumes ou o pensamento popular. As cerimônias funerais e os rituais de nascimento japoneses desconhecem quaisquer noções de um círculo de reencarnações. Assim, animais e insetos não são poupados por serem considerados almas humanas transmigradas. Além de a ideia de nirvana nada significar para o público geral, os sacerdotes a modificam a partir da existência. Estudiosos sacerdotais declaram que um homem que fora "iluminado" (*satori*) já

31. ELIOT. *Japanese Buddhism*, p. 286.

está no nirvana. O nirvana é aqui e agora em meio ao tempo, e uma pessoa "vê o nirvana" em um pinheiro e num pássaro selvagem. Os japoneses nunca se interessaram por fantasias de um mundo após a morte. Sua mitologia fala de deuses, mas não da vida dos mortos. Eles inclusive rejeitaram ideias budistas de recompensas e punições diferentes após a morte. Qualquer pessoa, mesmo a mais insignificante camponesa, torna-se um buda quando morre. A própria expressão para placas memoriais familiares no altar doméstico é "os budas". Nenhum outro país budista usa essa linguagem; quando uma nação fala tão ousadamente sobre seus mortos comuns, é compreensível que não conceba um objetivo difícil como o de atingir o nirvana. Uma pessoa que se torna um buda não precisa se prontificar a atingir o objetivo da cessação absoluta pela mortificação permanente da carne.

Igualmente estranha ao Japão é a doutrina de que a carne e o espírito são irreconciliáveis. A ioga é uma técnica para eliminar o desejo, e o desejo está assentado na carne. Mas os japoneses não têm esse dogma. Os "sentimentos humanos" não são o maligno, e é uma parte da sabedoria desfrutar dos prazeres dos sentidos. A única condição é que sejam sacrificados aos deveres sérios da vida. Esse princípio é levado ao seu extremo lógico no tratamento japonês do culto da ioga: além de eliminar todas as autotorturas, o culto no Japão sequer é de ascetismo. Mesmo os "iluminados", em seus retiros, embora fossem chamados eremitas, comumente se estabeleciam confortavelmente com suas esposas e filhos em lugares charmosos no interior. A companhia de suas esposas, e mesmo o nascimento de filhos subsequentes, eram considerados inteiramente compatíveis com sua santidade. Na mais popular de todas as seitas budistas, os sacerdotes se casam e constituem famílias. O Japão nunca achou fácil aceitar a teoria de que o espírito e a carne são incompatíveis. A santidade dos "iluminados" consistia em suas meditações autodisciplinares e em sua simplificação da vida. Não consistia em vestir roupas sujas ou fechar os olhos para as belezas da natureza, ou os ouvidos para a beleza de instrumentos de corda. Seus santos podem encher seus dias com a composição de versos elegantes, o ritual da cerimônia do chá e "contemplações" da Lua e das cerejeiras em flor. O culto zen inclusive orienta seus devotos a evitar "as três insuficiências: insuficiência de vestimenta, de alimento e de sono".

O princípio final da filosofia iogue é também estranho ao Japão: que as técnicas de misticismo que ensina transportam o praticante para a união extática com o Universo. Onde quer que as técnicas do misticismo fossem praticadas no mundo, quer por povos primitivos, por daroeses muçulmanos, por iogues indianos ou por cristãos medievais, aqueles que as praticavam concordavam, quase universalmente, independentemente de sua religião, que se tornavam "um com o divino", que experienciavam um êxtase "que não era deste mundo". Os japoneses têm técnicas de misticismo sem o misticismo. Isso não significa que não atinjam o êxtase. Atingem. Mas consideram mesmo o êxtase uma técnica que treina a pessoa em "focar". Eles não o descrevem como êxtase. O culto zen sequer diz, como místicos em outros países dizem, que os 5 sentidos estão em suspenso no transe. Eles dizem que os "6" sentidos são levados por essa técnica a uma condição de extraordinária acuidade. O sexto sentido está localizado na mente, e o treinamento o torna superior aos 5 sentidos físicos, mas paladar, tato, visão, olfato e audição recebem seu próprio treinamento especial durante o transe. Um dos exercícios do grupo zen é perceber passos inaudíveis e ser capaz de segui-los acuradamente enquanto passam de um lugar a outro, ou discriminar odores tentadores de alimentos – intencionalmente introduzidos – sem interromper o transe. Cheirar, ver, ouvir, tocar e provar "ajudam o sexto sentido", e a pessoa aprende, nesse estado, a tornar "cada sentido alerta".

Esse é um treinamento muito inusual em qualquer culto de experiência extrassensorial. Mesmo no êxtase, um praticante zen não tenta sair de si, mas, como na frase de Nietzsche sobre os gregos antigos, "permanecer o que é e manter seu nome cívico". Há muitas afirmações vívidas dessa visão sobre o tema entre os provérbios dos grandes mestres budistas japoneses. Uma das melhores é a de Dogen, o grande fundador do culto soto do zen no século XIII, que é ainda o maior e mais influente dos cultos zen. Falando de sua iluminação (satori), ele dizia: "Reconhecia somente que meus olhos estavam numa posição horizontal acima de meu nariz perpendicular. [...] Nada há de misterioso (na experiência zen). O tempo passa como é natural, o Sol nascendo no leste e a Lua se colocando no oeste"[32]. Tampouco os escritos zen permitem que a experiência de êxtase conceda outro poder que não o poder humano autodisciplinado. "A ioga afirma que vários poderes sobrenaturais podem ser adquiridos pela meditação", um budista japonês escreve, "mas o zen não faz essas afirmações absurdas"[33].

Os japoneses, portanto, eliminam as suposições nas quais se baseiam as práticas de ioga na Índia. Com um amor vital pela finitude, que recorda o dos gregos antigos, o Japão compreende as práticas técnicas da ioga como sendo um autotreinamento em perfeição, um meio pelo qual uma pessoa pode obter essa "perícia" na qual não há uma distância de um fio de cabelo entre uma pessoa e seu ato. É um treinamento em eficiência. É um treinamento em autoconfiança. Suas recompensas são aqui e agora, pois capacita uma pessoa a enfrentar qualquer situação com o dispêndio exato de esforço, nem demais nem de menos, e lhe dá controle sobre sua mente, por outro lado, instável, de tal modo que nem perigo físico externo nem paixão interna possam demovê-la.

Esse treinamento é, com certeza, tão valioso para um guerreiro quanto para um sacerdote, e foram precisamente os guerreiros do Japão que fizeram do zen

---

32. NUKARIYA, K. *The religion of the samurai*. Londres, 1913, p. 197.

33. Ibid., p. 194.

o seu culto. Dificilmente podemos encontrar em outro lugar, além do Japão, técnicas de misticismo buscadas, sem a recompensa da consumação da experiência mística, apropriadas por guerreiros para seu treinamento em combate corporal. Todavia, isso tem sido verdadeiro desde o primeiro período da influência zen no Japão. O grande livro do fundador japonês, Ei-sai, no século XII, era chamado *The protection of the state by the propagation of Zen* (*A proteção do Estado pela propagação do zen*), e o zen treinou guerreiros, estadistas, esgrimistas e estudantes universitários a atingirem objetivos mundanos. Como Sir Charles Eliot diz, nada na história do culto zen na China deu qualquer indicação do futuro que o esperava como uma disciplina militar no Japão. "O zen se tornou tão decididamente japonês quanto as cerimônias do chá ou as peças de teatro nô. Poderíamos supor que, em um período problemático como os séculos XII e XIII, essa doutrina contemplativa e mística que encontra a verdade não na escritura, mas na experiência imediata da mente humana, teria florescido em portos seguros monásticos, entre aqueles que haviam deixado as tormentas do mundo – não que tivesse sido aceita como a regra de vida favorita da classe militar. Todavia, foi isso que ocorreu"[34].

Muitas seitas japonesas, tanto budistas como xintoístas, davam grande ênfase a técnicas místicas de contemplação, auto-hipnotismo e êxtase. Algumas delas, contudo, alegam o resultado desse treinamento como evidência da graça de Deus, e baseiam sua filosofia no *tariki*, a "ajuda de outro", isto é, de um deus bondoso. Outras, porém, das quais o zen é o exemplo supremo, repousam sobre a "autoajuda", *jiriki*. A força potencial, elas ensinam, repousa somente na pessoa, e somente por seus esforços pode aumentá-la. Os samurais japoneses achavam isso inteiramente favorável e, fossem como monges, estadistas ou educadores – pois serviam em todos esses papéis –, usavam as técnicas zen para respaldar um individualismo severo. Os ensinamentos zen eram excessivamente explícitos. "O zen busca somente a luz que a pessoa pode encontrar em si. Não tolera obstáculos a essa busca. Elimine todo obstáculo de seu caminho. [...] Se, em seu caminho, encontrar Buda, mate-o! Se encontrar os Patriarcas, mate-os! Se encontrar os Santos, mate-os. Esse é o único modo de conquistar a salvação"[35].

A pessoa que busca a verdade não deve receber coisa alguma de segunda mão, ou seja, nenhum ensinamento do Buda, nenhuma escritura, nenhuma teologia. "Os 12 capítulos do cânone budista são um pedaço de papel." Uma pessoa pode, proveitosamente, estudá-los, mas nada tem a ver com o brilho luminoso em sua alma, que é tudo que dá iluminação. Em um livro zen de diálogos, um noviço pede a um sacerdote zen que comente o Sutra do Lótus da Boa Lei. O sacerdote lhe apresentou uma brilhante exposição, e o ouvinte disse, sarcastica-

---

34. ELIOT. *Japanese Buddhism*, p. 186.

35. Apud STEINILBER-OBERLIN, E. *The Buddhist sects of Japan*. Londres, 1938, p. 143.

mente: "Por quê? Eu pensei que os sacerdotes zen desprezassem textos, teorias e sistemas de explanações lógicas". "O zen", replicou o sacerdote, "não consiste em nada conhecer, mas na crença de que o *conhecer* está fora de todos os textos, de todos os documentos. Você não me disse que queria *conhecer*, mas somente que desejava uma explanação do texto"[36].

O treinamento tradicional dado por mestres zen tinha o propósito de ensinar os noviços a "conhecer". O treinamento pode ser físico ou mental, mas deve ser, finalmente, validado na consciência interna do aprendiz. O treinamento zen do esgrimista ilustra isso bem. O esgrimista, é claro, tem de aprender e constantemente praticar os golpes de espada adequados, mas sua proficiência neles pertence ao campo da mera "competência". Além disso, ele deve aprender a ser *muga*. Primeiro, faz-se com que fique no nível do chão, concentrando-se nas poucas polegadas de superfície que suportam seu corpo. Essa pequena superfície do espaço para ficar de pé é gradualmente aumentada até que tenha aprendido a se manter tão facilmente em um pilar de 4 pés de altura* como em um átrio. Quando está perfeitamente seguro nesse pilar, ele "conhece". Sua mente não o trairá mais com tontura e medo de cair.

Esse uso japonês do posicionar-se de pé sobre o pilar transforma a austeridade medieval ocidental familiar de São Simeão Estilita em uma autodisciplina com propósito. Todos os tipos de exercícios físicos no Japão, sejam do culto zen ou das práticas comuns das aldeias de camponeses, experienciam esse tipo de transformação. Em muitos lugares do mundo, mergulhar na água congelante e ficar sob cascatas de montanhas são austeridades típicas, algumas vezes para mortificar a carne, outras para obter piedade dos deuses, outras ainda para induzir o transe. A austeridade fria japonesa favorita era ficar de pé ou sentar-se em uma cascata fria como gelo antes do amanhecer ou, durante uma noite de inverno, encharcar-se três vezes com água gelada. O objetivo era treinar o *self* consciente da pessoa até que não sentisse mais o desconforto para continuar sua meditação sem interrupção. Quando nem o choque gelado da água nem o tremor do corpo no frio amanhecer influenciassem sua consciência, ela era "perita". Não havia outra recompensa.

O treinamento mental tinha de ser igualmente autoapropriado. Uma pessoa poderia se associar a um mestre, mas o mestre não poderia "ensinar" no sentido ocidental, porque nada que um noviço aprendesse de qualquer fonte fora de si seria de qualquer importância. O mestre poderia manter discussões com o noviço, mas não o levaria gentilmente a um novo domínio intelectual. O mestre era considerado mais útil quando era mais rude. Se, sem aviso, o mestre quebrasse a tigela de chá que o noviço estava colocando sobre seus lábios, ou o derrubasse,

---

36. Ibid., p. 175.

* Cerca de 1,20m [N.T.].

ou golpeasse seus dedos com uma vareta de bronze, o choque poderia provocar uma iluminação súbita. Irromperia sua complacência. Os livros monásticos estão repletos de incidentes desse tipo.

A técnica mais recomendada para induzir a tentativa desesperada do noviço em "conhecer" era a dos *koan*, literalmente, "os problemas". Considera-se que existam 1.700 desses problemas, e os livros de histórias avaliam como trivial um homem dedicar 7 anos à solução deles. Eles não são destinados a ter soluções racionais. Um é "Conceber o aplauso de uma mão". O outro é "Sentir saudades da mãe antes de ter sido concebido". Outros são "Quem está carregando seu próprio corpo sem vida?", "Quem é esse que caminha em minha direção?", "Todas as coisas regressam ao Um; aonde esse último regressa?" Problemas do zen como esses eram usados na China antes do século XII ou XIII, e o Japão adotou essas técnicas com o culto. No continente, contudo, elas não sobreviveram. No Japão, são uma parte muito importante do treinamento em "perícia". Manuais zen os tratam com extrema seriedade. "Os koan expressam os dilemas da vida." Uma pessoa que está ponderando um, eles dizem, chega a um impasse, como "um rato perseguido que entrou correndo em um túnel sem saída", como uma pessoa "com uma bola de ferro incandescente presa em sua garganta", "um mosquito tentando morder um pedaço de ferro". A pessoa está fora de si e redobra seus esforços. Finalmente, cai o véu de seu "*self* observador", situado entre sua mente e seu problema. Com a rapidez de uma centelha, os dois – mente e problema – chegam a um acordo. Ela "conhece".

Após essas descrições do tenso esforço mental, é um anticlímax examinar os livros de ocorrências em busca de grandes verdades conquistadas com todo esse dispêndio. Nangaku, por exemplo, passou 8 anos sobre o problema "Quem é esse que caminha em minha direção?" No final, ele compreendeu. Suas palavras foram: "Mesmo quando alguém afirma que há algo aqui, omite o todo". Todavia, há um padrão geral nas revelações. Ele é sugerido nas linhas finais do diálogo:

> *Noviço*: Como escaparei da Roda de Nascimento e Morte?
> *Mestre*: Quem lhe restringe? (I. é, sujeita-lhe a essa Roda.)

O que eles aprendem, eles dizem, é, na famosa frase chinesa, que "estavam procurando por um boi quando estavam montados sobre um". Aprendem que "O que é necessário não é a rede e a armadilha, mas o peixe ou o animal que esses instrumentos se destinavam a capturar". Na fraseologia ocidental, aprendem que ambos os chifres do dilema são irrelevantes. Aprendem que objetivos podem ser atingidos com meios presentes se os olhos do espírito estiverem abertos. Qualquer coisa é possível, e sem ajuda de ninguém senão de si.

A importância dos koan não repousa nas verdades – que são as verdades mundiais dos místicos – que esses buscadores da verdade descobrem. Repousa no modo como os japoneses concebem a busca pela verdade.

Os koan são chamados "tijolos com que se bate à porta". "A porta" está no muro construído em torno da natureza humana, ainda não iluminada, que se preocupa a respeito de os meios disponíveis serem suficientes e se imagina cercada de um grupo de testemunhas atentas que vão elogiá-la ou culpá-la. É a parede da *haji* (vergonha), tão real aos japoneses. Uma vez que o tijolo arrombou a porta e ela se abriu, a pessoa está ao ar livre e abandona o tijolo. Ela não continua resolvendo koan. A lição foi aprendida e o dilema japonês da virtude foi resolvido. Eles se jogaram com intensidade desesperada contra um impasse: "em prol do treinamento", tornaram-se "mosquitos mordendo um pedaço de ferro". No fim, aprenderam que não há impasse – nenhum impasse entre o gimu e o giri, nem entre o giri e os sentimentos humanos, nem ainda entre a retidão e o giri. Eles encontraram uma saída. Estão livres, e pela primeira vez podem "saborear" completamente a vida. Eles são muga. Seu treinamento em "perícia" foi concluído com sucesso.

Suzuki, a grande autoridade do zen-budismo, descreve o muga como "a êxtase sem a consciência de *eu estou fazendo isso*", de "falta de esforço"[37]. O "*self* observador" é eliminado; uma pessoa "se perde", ou seja, cessa de ser um espectador de seus atos. Suzuki diz: "Com o despertar da consciência, a vontade se parte em duas: [...] agente e observador. O conflito é inevitável, pois o (*self*) agente quer se libertar das limitações" do *self* observador. Assim, na Iluminação, os discípulos descobrem que não há *self* observador, "nenhuma entidade anímica como uma quantidade desconhecida ou incognoscível"[38]. Nada permanece, senão o objetivo e o ato que o realiza. Estudiosos do comportamento humano poderiam reformular essa afirmação para se referir mais particularmente à cultura japonesa. Como uma criança, uma pessoa é drasticamente treinada a observar seus atos e a julgá-los à luz do que as pessoas dirão; seu *self* observador é terrivelmente vulnerável. Para se entregar ao êxtase de sua alma, ela elimina esse *self* vulnerável. Cessa de sentir que "*ela* está fazendo isso". Sente-se, então, treinada em sua alma do mesmo modo que o noviço na esgrima sente-se treinado para ficar erguido no pilar de 4 pés de altura sem medo de cair.

Pintores, poetas, oradores e guerreiros usam similarmente esse treinamento no muga. Eles adquirem não a infinitude, mas uma percepção clara e imperturbada da beleza finita, ou do ajuste de meios e fins, de modo que possam usar apenas a quantidade certa de esforço, "nem mais nem menos", para atingir seu objetivo.

Mesmo uma pessoa que não tenha experienciado qualquer treinamento pode ter um tipo de experiência muga. Quando uma pessoa assistindo a peças nô ou cabúqui se perde completamente no espetáculo, diz-se que ela também perde seu *self* observador. As palmas de suas mãos ficam molhadas. Ela sente "o suor do muga".

---

37. SUZUKI, D.T. *Essays in Zen Buddhism*, vol. 3, p. 318 (Kyoto, 1927, 1933, 1934).

38. Apud ELIOT. *Japanese Buddhism*, p. 401.

Um piloto-bombardeiro que se aproxima de seu objetivo tem "o suor do muga" antes de jogar suas bombas. "*Ele* não está fazendo isso". Não há *self* observador em sua consciência. Similarmente, um atirador antiaéreo, alheio ao mundo ao seu redor, também tem "o suor do muga" e eliminou o *self* observador. A ideia é que em todos esses casos as pessoas nessa condição estão no auge de sua forma.

Esses conceitos são um testemunho eloquente do pesado fardo que os japoneses fazem da vigilância e da autovigilância. Eles são livres e eficientes, eles dizem, quando essas restrições se vão. Enquanto nós, americanos, identificamos nossos *selves* observadores com o princípio racional dentro de nós, e nos orgulhamos em crises de "nos mantermos atentos", os japoneses sentem que um peso enorme saiu de suas costas quando se entregam ao êxtase de suas almas e esquecem as restrições que a autovigilância impõe. Como vimos, sua cultura inculca a necessidade de circunspecção em suas almas, e eles reagiram, declarando que há um plano mais eficiente da consciência humana no qual esse peso desaparece.

A forma mais extrema na qual os japoneses afirmam esse princípio, ao menos aos olhos de um ocidental, é o modo de aprovarem inteiramente aqueles "que vivem como se já estivessem mortos". A tradução literal ocidental seria "o cadáver vivo" (*the living corpse*), e em todas as línguas ocidentais "o cadáver vivo" é uma expressão de horror. É a frase pela qual dizemos que o *self* de uma pessoa morreu e deixou seu corpo importunando a terra. Nenhum princípio vital ficou nele. Os japoneses usam "viver como se já tivesse morrido" para se referir a uma pessoa que vive no plano da "perícia". É usado em exortação diária comum. Para encorajar um garoto que está preocupado com seus exames finais no ensino intermediário, um adulto lhe diria: "Faça-os como se já tivesse morrido e você passará facilmente". Para encorajar alguém que está realizando uma negociação importante, um amigo dirá: "Haja como se já tivesse morrido". Quando uma pessoa atravessa uma grande crise espiritual e não consegue ver adiante, ela comumente emerge com a determinação de viver "como se já tivesse morrido". O grande líder cristão Kagawa, que desde o Dia V-J se tornara membro da Câmara dos Lordes, diz em sua autobiografia ficcionalizada: "Como uma pessoa enfeitiçada por um espírito mau, passava o dia inteiro em seu quarto chorando. Seus ataques de choro beiravam a histeria. Sua agonia durou 1,5 mês, mas a vida finalmente venceu. [...] Viveria abençoado pela força da morte. [...] Entraria no conflito como alguém já morto. [...] Decidiu tornar-se cristão"[39]. Durante a guerra, os soldados japoneses diziam: "Decidi viver como se já tivesse morrido e, assim, restituir o *ko-on* ao imperador", e se comportavam como se estivessem realizando seu próprio funeral, antes de embarcar, prometendo seu corpo "ao pó de Iwo Jima", e decidindo "cair com as flores de Burma".

---

39. KAGAWA, T. *Before de dawn*, p. 240.

A filosofia subjacente ao muga determina também "viver como se já tivesse morrido". Nesse estado, uma pessoa elimina toda a autovigilância e, assim, todo o medo e a circunspecção. Ela se torna como os mortos, que superaram a necessidade de pensar sobre o curso apropriado de ação. Os mortos não estão mais restituindo o *on*; estão livres. Portanto, dizer: "Viverei como se já tivesse morrido" significa uma libertação suprema do conflito. Significa: "Minha energia e atenção estão livres para passarem diretamente ao cumprimento do meu propósito. Meu *self* observador, com toda a sua carga de medos, não está mais entre mim e meu objetivo. Com ele, desapareceram a sensação de tensão e pressão e a tendência para a depressão que perturbavam meus esforços anteriores. Agora, todas as coisas me são possíveis".

Na fraseologia ocidental, os japoneses, na prática do muga e do "viver como se já tivessem morrido", eliminam a consciência. O que eles chamam "o *self* observador", "o *self* interferente", é um censor julgando os atos da pessoa. Isso enfatiza vividamente a diferença entre a psicologia ocidental e a oriental, pois, quando falamos sobre uma pessoa americana sem consciência, temos em mente alguém que não tem mais o senso de pecado que deveria acompanhar a má ação, mas, quando os japoneses usam a frase equivalente, têm em mente uma pessoa que não mais se tensiona nem se restringe. Nós, americanos, temos em mente uma pessoa má; os japoneses, uma pessoa boa, treinada, capaz de usar suas habilidades ao máximo. Têm em mente uma pessoa que pode realizar as ações mais difíceis e dedicadas de altruísmo. A grande sanção americana ao bom comportamento é a culpa. Uma pessoa que devido a uma consciência calejada não pode mais sentir isso se tornou antissocial. Os japoneses descrevem o problema de um modo diferente. De acordo com sua filosofia, uma pessoa, no fundo de sua alma, é boa. Se seu impulso puder ser diretamente incorporado em sua ação, ela age virtuosa e facilmente. Portanto, ela experiencia, na "perícia", o autotreinamento para eliminar a autocensura da vergonha (haji). Só então seu "sexto sentido" é libertado de obstáculos. É sua suprema libertação da autoconsciência e do conflito.

Essa filosofia japonesa da autodisciplina é uma fantasia apenas quando separada das experiências individuais de vida de uma pessoa na cultura japonesa. Já vimos o quanto essa vergonha (haji), que eles atribuem ao "*self* observador", pesa sobre os japoneses, mas, sem uma descrição da educação das crianças no Japão, o verdadeiro significado de sua filosofia, em sua economia psíquica, é ainda obscuro. Em qualquer cultura tradicional, sanções morais são transmitidas a cada nova geração, não meramente em palavras, mas em todas as atitudes dos mais velhos em relação aos seus filhos. E uma pessoa de fora dificilmente pode compreender as principais coisas em jogo na vida de uma nação sem estudar o modo de as crianças serem educadas nesse lugar. A educação das crianças no Japão torna mais claras muitas de suas suposições nacionais sobre a vida, que até agora descrevemos somente no nível dos adultos.

12

A criança aprende

Os bebês japoneses não são criados do modo como um ocidental sensato poderia supor. Os pais americanos, que educam seus filhos para uma vida muito menos circunspecta e estoica do que a vida no Japão, contudo, começam imediatamente a mostrar ao bebê que seus pequenos desejos não são supremos neste mundo. Nós o colocamos imediatamente num esquema de alimentação e sono, e não importa o quanto se agite antes da hora da mamadeira ou de dormir, tem de esperar. Um pouco mais tarde, sua mãe bate em sua mão para fazê-lo tirar seu dedo de sua boca ou de outras partes de seu corpo. Sua mãe está frequentemente fora do alcance da visão e, quando ela sai, ele tem de ficar para trás. Ele tem de ser desmamado antes de optar por outros alimentos ou, caso se alimente com mamadeira, tem de abandoná-la. Existem certos alimentos que são bons para ele e deve comê-los. É punido quando não faz o que é correto. Para os americanos, é natural supormos que essas disciplinas são redobradas para o pequeno bebê japonês que, quando for um produto acabado, deverá subordinar seus desejos e ser um observador cuidadoso e consciente desse código exigente?

Contudo, os japoneses não seguem esse curso. O arco da vida no Japão é organizado de um modo oposto ao dos Estados Unidos. É uma grande curva-U rasa com máxima liberdade e complacência permitida aos bebês e aos idosos. As restrições são lentamente acrescidas após a primeira infância, até que a vontade própria atinja um ponto baixo, pouco antes e depois do casamento. Essa linha baixa prossegue por muitos anos durante a vida adulta, mas o arco gradualmente ascende de novo até após os 60 anos, quando homens e mulheres são quase tão liberados da vergonha quanto as crianças. Nos Estados Unidos, posicionamos essa curva de cabeça para baixo. A firme disciplina imposta à criança é gradualmente relaxada à medida que cresce, até que se torne adulta e dirija sua vida, conquistando um emprego para se manter e constituindo sua família. A maturidade, para nós, é o ponto mais elevado de liberdade e iniciativa. As restrições começam a aparecer à medida que os adultos perdem sua compreensão ou sua energia, ou se tornam dependentes. É difícil para os americanos sequer imaginarmos uma vida organizada conforme o padrão japonês. Parece-nos se opor à realidade.

Contudo, o arranjo do arco da vida, tanto americano como japonês, na verdade assegurou em cada país a participação vigorosa dos indivíduos em sua cultura durante a maturidade. Para garantir esse fim, nos Estados Unidos dependemos do aumento dessa liberdade de escolha durante esse período. Os japoneses dependem da maximização das restrições sobre eles. O fato de que uma pessoa esteja nesse momento da vida no auge de sua força física e de seu poder de ganho não a torna dona da sua vida. Eles acreditam muito que o comedimento é um bom treinamento mental (*shuyo*) e produz resultados não obtidos pela liberdade. Mas o aumento de restrições aos adultos no Japão, durante seus períodos mais ativos de produção, de modo algum indica que essas restrições cubram o todo da vida. A infância e a velhice são "áreas livres".

Um povo tão verdadeiramente permissivo com suas crianças tende muito a desejar filhos. Os japoneses desejam. Desejam-nos, primeiro de tudo, como os pais nos Estados Unidos, porque é um prazer amar uma criança. Mas os desejam, também, por razões que têm um peso muito menor na América. Os pais japoneses necessitam dos filhos não apenas para satisfação emocional, mas porque fracassam na vida caso não levem adiante a linha familiar. Cada homem japonês deve ter um filho; precisa dele para, diariamente, após sua morte, prestar tributo à sua memória no santuário da sala de estar diante da lápide em miniatura. Ele necessita dele para perpetuar a linha familiar ao longo das gerações e para preservar a honra e as posses familiares. Por razões sociais tradicionais, o pai necessita do seu filho quase tanto quanto o filho jovem necessita do seu pai. O filho assumirá o lugar do seu pai no futuro, e isso não é sentido como suplantando, mas como assegurando o pai. Por alguns anos o pai é o curador da "casa". Mais tarde será seu filho. Se o pai não pudesse passar a curadoria para seu filho, seu papel teria sido desempenhado em vão. Esse profundo senso de continuidade impede que a dependência do filho adulto em relação ao seu pai – mesmo quando mantida por muito mais tempo do que nos Estados Unidos – tenha a aura da vergonha e humilhação que geralmente tem em nações ocidentais.

Uma mulher também deseja filhos não apenas por sua satisfação emocional, mas porque é somente como mãe que conquista *status*. Uma esposa sem filhos possui uma posição muito insegura na família, e mesmo que não seja descartada nunca pode almejar ser uma sogra e exercer autoridade sobre o casamento do seu filho e sobre sua esposa. Seu esposo adotará um filho para levar adiante sua linha, mas, de acordo com as ideias japonesas, a mulher sem filhos é ainda a perdedora. Espera-se que as mulheres japonesas sejam boas grávidas. A média anual de nascimentos durante a primeira metade da década de 1930 era de 31,7 por 1.000, o que é alto, mesmo quando comparada a países prolíficos do Leste Europeu. Nos Estados Unidos, em 1940, a taxa era de 17,6 por 1.000. As mães japonesas começam sua gestação cedo, e garotas de 19 anos têm mais filhos do que mulheres de qualquer outra idade.

O nascimento, no Japão, é tão privado quanto o intercurso sexual, e as mulheres não podem gritar durante o parto, porque isso o tornaria público. Um pequeno berço é preparado para o bebê com seu novo colchão e cobertor. Seria um mau presságio para a criança não ter uma cama nova para ela, mesmo que a família possa apenas limpar e renovar as capas das cobertas e o enchimento para torná-los "novos". A pequena coberta da cama não é tão grossa quanto a dos adultos, e é mais leve. Diz-se, portanto, que o bebê fica mais confortável em sua própria cama, mas a razão mais profunda para essa cama separada parece residir ainda em um tipo de simpatia: um novo ente humano deve ter uma cama nova para si. O berço do bebê é trazido para perto da cama da mãe, mas não dorme com ela até que seja grande o bastante para mostrar iniciativa. Ao redor de 1 ano de idade, dizem que o bebê estica seus braços e expressa sua exigência. Então, ele dorme nos braços de sua mãe sob suas cobertas.

Durante 3 dias após seu nascimento, o bebê não é alimentado, pois os japoneses esperam até que o leite verdadeiro chegue. Após isso, o bebê pode ter o seio a qualquer momento, seja para alimento, seja para conforto. A mãe também desfruta da amamentação. Os japoneses estão convencidos de que a amamentação é um dos maiores prazeres fisiológicos da mulher, e o bebê aprende facilmente a partilhar de seu prazer. O seio não é somente nutrição: é deleite e conforto. Por um mês, o bebê fica em sua pequena cama ou nos braços de sua mãe. É somente após ter sido levado ao santuário local, e lá apresentado, com cerca de 30 dias, que sua vida é considerada estar firmemente ancorada em seu corpo, de modo que é seguro levá-lo livremente a toda parte em público. Após 1 mês de vida, ele é carregado nas costas de sua mãe. Uma faixa dupla o segura sob seus braços e suas nádegas e é passada em torno dos ombros da mãe e amarrada à frente, em sua cintura. No clima frio, o casaco acolchoado da mãe é vestido sobre o bebê. As crianças maiores da família, meninos e meninas, também carregam o bebê, mesmo enquanto brincam de pega-pega ou de amarelinha. Os aldeões e as famílias mais pobres dependem especialmente de cuidadoras de crianças e, "vivendo em público, como os bebês japoneses vivem, em breve, adquirem um olhar inteligente e interessado; carregados nas costas das crianças maiores, parecem desfrutar dos jogos tanto quanto elas[40]. No Japão, o modo de carregar o bebê enfaixado às costas da mãe, com braços e pernas abertos, tem muito em comum com o uso do xale, característico nas ilhas do Pacífico e em outros lugares. Isso contribui para a passividade, e os bebês carregados desse modo tendem a crescer – como os japoneses também fazem – com uma capacidade para dormir em qualquer

40. BACON, A.M. *Japanese women and girls*, p. 6.

lugar, de qualquer modo. Mas o modo japonês de carregar o bebê enfaixado não encoraja uma passividade tão completa quanto o que usa o xale e o saco. O bebê "aprende a se agarrar como um gatinho às costas de quem o carrega. [...] As faixas que o ligam às costas são suficientes para segurança; mas o bebê [...] depende de seus esforços para garantir uma posição confortável e, em breve, aprende a ser carregado com uma habilidade considerável, em vez de ser meramente um fardo preso aos ombros"[41].

A mãe coloca o bebê no berço quando está trabalhando e o leva consigo quando anda pelas ruas. Ela fala com ele; canta baixinho para ele. Transmite-lhe os gestos de etiqueta. Se responde a um cumprimento, move a cabeça e os ombros do bebê para a frente, de modo que ele também faça a saudação. O bebê está sempre incluído. A cada tarde, ela o leva consigo ao banho quente, e brinca com ele enquanto o segura sobre seus joelhos.

Durante 3 ou 4 meses o bebê usa fraldas de pano, de um tecido muito pesado, às quais os japoneses por vezes atribuem suas pernas arqueadas. Quando o bebê está com 3 ou 4 meses, a mãe começa a educá-lo. Ela antecipa suas necessidades, segurando-o em suas mãos fora da porta. Espera por ele, usualmente assobiando baixo e monotonamente, e a criança aprende a conhecer o propósito desse estímulo auditivo. Todos concordam que um bebê no Japão, e igualmente na China, é educado muito cedo. Quando há deslizes, algumas mães o beliscam, mas, geralmente, apenas mudam o tom de suas vozes e mantêm o bebê difícil do lado de fora da porta por mais tempo. Caso ocorra constipação, a mãe faz um enema ou lhe ministra um purgante. As mães dizem que estão deixando o bebê mais confortável; uma vez educado, não terá mais de usar as fraldas grossas e desconfortáveis. É verdade que um bebê japonês deve achar as fraldas desagradáveis não apenas por serem pesadas, mas porque o costume não prescreve que sejam mudadas sempre que estejam molhadas. O bebê, contudo, é muito pequeno para perceber a conexão entre sua educação e sua liberação das fraldas desconfortáveis. Ele experiencia somente uma inescapável rotina implacavelmente imposta. Além disso, a mãe tem de manter o bebê afastado de seu corpo, enquanto o segura com firmeza. O que o bebê aprende dessa educação implacável o prepara para aceitar na vida adulta as compulsões mais sutis da cultura japonesa[42].

O bebê japonês usualmente fala antes de caminhar. Engatinhar sempre foi desencorajado. Tradicionalmente, havia um sentimento de que o bebê não deveria ficar de pé ou dar passos até que tivesse um ano, e a mãe costumava impedir quaisquer tentativas de que fizesse isso. O governo tem ensinado por uma ou

---

41. Op. cit., p. 10.

42. Geoffrey Gorer tb. enfatizava o papel do treinamento japonês para usar o vaso sanitário em Themes in Japanese culture, *Transactions of the New York Academy of Science*, vol. 5, 1943, p. 106-124.

duas décadas, em sua revista barata e amplamente circulada *Mother's Magazine*, que as mães devem encorajar e auxiliar, com as mãos ou com uma faixa sob os braços, os bebês a caminharem, e isso se tornou muito mais comum. Mas os bebês ainda tendem a falar inclusive mais cedo. Quando começam a usar as palavras, o fluxo da "fala de bebê", que os adultos gostam de usar para entretê-lo, torna-se mais intencional. Eles não deixam a aquisição da linguagem por parte do bebê ocorrer por imitação. Ensinam ao bebê as palavras, a gramática e o respeito pela língua, e tanto o bebê como os adultos desfrutam do jogo.

Quando as crianças começam a caminhar, podem fazer muitas travessuras no lar japonês. Podem inserir seus dedos através das paredes de papel, e podem cair dentro do fogão de chão que fica no meio do piso. Não contentes com isso, os japoneses inclusive exageram os perigos da casa. É "perigoso" e completamente proibido pisar na soleira da porta. A casa japonesa não possui, é claro, porão, e é elevada do chão sobre vigas. Acredita-se seriamente que a casa inteira possa perder sua forma se uma criança pisar na soleira da porta. Não apenas isso, mas a criança deve aprender a não pisar ou sentar onde os tatames se juntam um ao outro. Os tatames são de tamanho padrão, e os cômodos da casa são conhecidos como "cômodos de 3 tatames" ou "cômodos de 12 tatames". Muitas vezes conta-se às crianças que, onde esses tatames se juntam, os samurais de tempos antigos costumavam enfiar suas espadas de baixo para cima da casa e ferir os ocupantes do cômodo. Somente os tatames grossos e macios oferecem segurança; mas mesmo as fendas onde se encontram são perigosas. A mãe põe sentimentos desse tipo nas constantes reprimendas que faz ao bebê: "Perigoso" e "Mau". A terceira reprimenda usual é "Sujo". A ordem e a limpeza da casa japonesa são proverbiais, e o bebê é orientado a respeitá-la.

Muitas crianças japonesas só são desmamadas um pouco antes de um novo bebê nascer, mas a *Mother's Magazine* do governo, nos últimos anos, aprovou o desmame do bebê aos 8 meses. Mães da classe média fazem isso, mas está muito longe de ser o costume comum no Japão. Fiel ao sentimento japonês de que amamentar é um grande prazer para a mãe, aqueles círculos que estão adotando gradualmente o costume consideram esse período mais curto de amamentação um sacrifício da mãe pelo bem-estar de seu filho. Quando aceitam a nova máxima de que "criança que mama por muito tempo é fraca", culpam a mãe por sua autocomplacência, caso não desmame seu bebê. "Ela diz que não pode desmamar seu bebê. É porque ainda não se decidiu. Quer continuar, pois fica com a melhor parte do processo." Com uma atitude assim, é muito compreensível que o desmame aos 8 meses não tenha se difundido. Há uma razão prática também para o desmame tardio. Os japoneses não têm uma tradição de alimentos especiais para um bebê recém-desmamado. Quando é desmamado cedo, é alimentado com a água na qual o arroz foi cozido, mas ordinariamente passa diretamente do leite de sua mãe para as refeições usuais de adultos. O leite de vaca não está incluído na dieta japonesa, e eles não preparam vegetais especiais para crianças. Sob essas circunstâncias, há uma dúvida razoável a respeito de o governo estar correto ao ensinar que "a criança amamentada por muito tempo é fraca".

As crianças costumam desmamar depois de conseguirem compreender o que lhes é dito. Elas sentam no colo da sua mãe na mesa da família durante as refeições e são alimentadas com pedaços de comida; agora comem mais dela. Algumas crianças têm problemas alimentares nessa época, e isso é fácil de entender quando são desmamadas devido ao nascimento de um novo bebê. As mães muitas vezes dão doces às crianças para dissuadi-las de pedir o peito. Por vezes, uma mãe porá pimenta em seus mamilos. Mas todas as mães os provocam dizendo-lhes que estão mostrando que são meros bebês se querem mamar. "Olhe para seu primo pequeno. É um homem. É pequeno como você e não pede para mamar." "Aquele menino pequeno está rindo de você porque você é um menino e ainda quer mamar." Crianças de 2, 3 e 4 anos que ainda estão pedindo o peito de suas mães muitas vezes o soltarão e fingirão indiferença ao ouvirem uma criança maior se aproximar.

Essa provocação, essa exortação de uma criança à vida adulta não está confinada ao desmame. Desde o momento em que a criança pode compreender o que lhe é dito, essas técnicas são comuns em qualquer situação. Uma mãe dirá ao seu menino bebê quando chora: "Você não é uma menina", ou "Você é um homem". Ou dirá: "Olhe para aquele bebê. Ele não chora". Quando outro bebê é trazido para uma visita, a mãe acaricia esse bebê diante do filho e diz: "Vou adotar esse bebê. Eu quero um bebê bonzinho assim. Você não se comporta de modo apropriado". Seu filho se joga sobre ela, muitas vezes golpeando-a com seus punhos, e chora: "Não, não, não queremos outro bebê. Vou fazer o que você disser". Quando a criança de 1 ou 2 anos é barulhenta ou falha em executar alguma tarefa, a mãe dirá a um visitante homem: "Você leva essa criança embora? Nós não a queremos". O visitante representa seu papel. Ele começa a levar a criança para fora da casa. A criança, em total explosão de raiva, grita e chama por sua mãe para resgatá-la. Quando a mãe percebe que a provocação funcionou, cede e pega a criança de volta, exigindo sua promessa frenética de ser boa. A pequena peça é encenada algumas vezes com crianças de 5 e 6 anos.

A provocação assume outra forma também. A mãe vira para seu esposo e diz à criança: "Gosto mais do seu pai do que de você. Ele é um homem bom". A criança expressa seu ciúme e tenta se colocar entre seu pai e sua mãe. Sua mãe diz: "Seu pai não fica gritando pela casa e correndo pelos cômodos". "Não, não", a criança protesta, "Eu também não. Eu sou boa. *Agora* você me ama?" Quando a encenação foi longe o bastante, o pai e a mãe olham um para o outro e sorriem. Eles podem provocar desse modo tanto uma filha quanto um filho pequeno.

Essas experiências são um solo rico para o medo do ridículo e do ostracismo, tão marcados no adulto japonês. É impossível dizer em que momento a criança compreende que estão brincando com ela ao provocá-la assim, mas, cedo ou tarde, isso ocorre e, então, a sensação de ser ridicularizada se funde com o pânico da criança ameaçada com a perda de tudo que é seguro e familiar. Quando é adulta, ser ridicularizado guarda essa aura infantil.

O pânico que essa provocação ocasiona na criança de 2 a 5 anos é o maior, porque o lar é realmente um refúgio de segurança e complacência. A divisão do trabalho, tanto físico quanto emocional, é tão completa entre seu pai e sua mãe que raramente se apresentam à criança como competidores. Sua mãe ou sua avó administram a casa e repreendem a criança. Ambas servem seu pai de joelhos, e o colocam na posição de honra. A ordem de precedência na hierarquia do lar é clara. A criança aprendeu as prerrogativas das gerações anteriores, do homem comparado à mulher, do irmão mais velho comparado ao irmão mais jovem. Mas, nesse período de sua vida, uma criança é comprazida em todas essas relações. Isso é surpreendentemente verdadeiro caso seja um menino. Para meninas e meninos, a mãe é igualmente a fonte de satisfações constantes e extremas, mas, no caso de um menino de 3 anos, ele ainda pode obter satisfação ao lhe dirigir ataques de fúria. Ele pode nunca vir a manifestar qualquer agressão para com seu pai, mas tudo que sentiu quando foi provocado por seus pais e seus ressentimentos em relação a ser "dado" podem ser expressos em explosões de raiva dirigidas contra sua mãe e sua avó. Nem todos os meninos pequenos, é claro, têm essas explosões de raiva, mas tanto em aldeias como em lares de classe alta são considerados uma parte ordinária da vida da criança entre 3 e 6 anos. O bebê golpeia sua mãe, grita e, como um ato final de violência contra ela, desmancha seu precioso penteado. Sua mãe é uma mulher e, mesmo aos 3 anos, ele é seguramente um homem. Ele pode satisfazer mesmo suas agressões.

Em relação a seu pai, só pode mostrar respeito. Para a criança, seu pai é o grande exemplar de posição hierárquica elevada; na frase japonesa constantemente usada, a criança deve aprender a expressar o devido respeito a ele "pelo treinamento". O pai é menos disciplinador do que em qualquer outra nação ocidental. A disciplina das crianças está nas mãos da mulher. Um simples olhar silente do pai ou uma breve reprimenda são usualmente a única indicação que dá aos seus filhos pequenos sobre as coisas que deseja que façam, e essas são raras o bastante para serem rapidamente cumpridas. Ele pode fazer brinquedos para seus filhos em seu tempo livre. De vez em quando, carrega-os nos braços muito tempo depois de terem aprendido a caminhar – como a mãe também faz – e, com seus filhos dessa idade, ele casualmente assume responsabilidades por cuidados que um pai americano ordinariamente deixa para sua esposa.

As crianças têm uma grande liberdade com seus avós, embora também sejam objeto de respeito. Os avós não são apresentados no papel de disciplinadores. Eles podem assumir esse papel quando se opõem à frouxidão da criação das crianças, e essa é a ocasião de uma boa dose de conflito. A avó da criança está usualmente disponível as 24 horas do dia e, para as crianças, a rivalidade por elas entre sua mãe e a mãe do pai é proverbial nos lares japoneses. Do ponto de vista da criança, ela é cortejada por ambas. Do ponto de vista da avó, a criança muitas vezes é usada na dominação da avó pela nora. A jovem mãe não tem maior obrigação na vida do que satisfazer sua sogra, e não pode protestar, independentemente do quanto os avós mimem seus filhos. A avó lhes dá doces após a mãe ter dito que eles não deveriam comê-los mais, e diz, incisivamente: "*Meus* doces não são veneno". Em muitos lares, a avó pode fazer presentes para as crianças que a mãe não consegue dar-lhes, e tem mais tempo livre para dedicar ao entretenimento das crianças.

Os irmãos e irmãs mais velhos também são ensinados a comprazer as crianças menores. Os japoneses são muito conscientes do perigo de o bebê se sentir preterido com a chegada de outro bebê. A criança destituída de seu lugar pode facilmente associar ao novo bebê o fato de ter de abrir mão do seio e da cama de sua mãe para o recém-chegado. Antes de o novo bebê nascer, a mãe diz à criança que agora ela terá uma boneca viva real, e não apenas um bebê "de mentira". Dizem-lhe que agora pode dormir com seu pai em vez de com sua mãe, e a criança vê isso como um privilégio. As crianças se envolvem nos preparativos para o novo bebê. É comum ficarem genuinamente excitadas e contentes, mas ocorrem lapsos que são considerados perfeitamente esperáveis e não particularmente ameaçadores. A criança destituída de seu lugar pode pegar o bebê e sair com ele, dizendo à mãe "Vamos dar este bebê". "Não", ela responde, "é nosso bebê. Veja, vamos ser bons para ele. Ele gosta de você. Necessitamos de você para nos ajudar a cuidar dele". A pequena cena se repete, por vezes, durante um período considerável, mas as mães não parecem se preocupar muito com isso. Em famílias grandes, a solução para o problema ocorre automaticamente: as crianças mais velhas são unidas por vínculos mais estreitos às mais jovens, alternadamente. A criança maior será a cuidadora e protetora preferida da terceira criança, e a segunda criança, da quarta. As crianças menores cuidam umas das outras. Até os 7 ou 8 anos, geralmente, faz pouca diferença o sexo das crianças nesse arranjo.

Todas as crianças japonesas têm brinquedos. Pais, mães e todo o círculo de amigos e parentes fazem ou compram bonecas e todos os seus apetrechos para as crianças; entre as pessoas mais pobres, elas custam praticamente nada. As crianças brincam com elas de casinha, de papai e mamãe e de festinha, após discutirem quais são exatamente os procedimentos adultos "corretos"; às vezes, submetem à mãe um ponto de disputa. Quando há brigas, a mãe tende a invocar a *noblesse oblige*, e pedir para a criança maior ceder à menor. A frase comum é: "Por que não perder para ganhar?", querendo dizer com isso – algo que a criança de 3 anos entende rapidamente – que, se a criança maior der seu brinquedo à menor, o bebê logo ficará satisfeito e se voltará para outra coisa, e assim a criança advertida terá conseguido seu brinquedo de volta, mesmo tendo renunciado a ele, ou que, ao aceitar um papel impopular no jogo patrão-empregado que as crianças estão propondo, ela ainda assim "ganhará" com a diversão que podem ter. "Perder para ganhar" se torna um arranjo enormemente respeitado na vida japonesa, mesmo quando as pessoas são adultas.

Além das técnicas de repreensão e de provocação, distrair a criança e afastar sua mente do seu objeto têm um lugar honrado na criação de crianças. Mesmo a prática constante de dar doces é geralmente considerada uma parte da técnica de distração. À medida que a criança se aproxima da idade escolar, técnicas de "curar" são usadas. Se um menino pequeno tem ataques de fúria, é desobediente ou barulhento, sua mãe pode levá-lo a um santuário xintoísta ou budista. A atitude da mãe é: "*Nós* vamos buscar ajuda". É muitas vezes um passeio breve e agradável, e o sacerdote curador fala seriamente com o menino, perguntando o dia do seu nascimento e sobre seus problemas. Ele se retira para orar e volta para pronunciar a cura, por vezes removendo a desobediência sob a forma de um verme ou inseto. Ele o purifica e o envia de volta para casa liberado. "Dura um tempo", os japoneses dizem. Mesmo a punição mais severa que as crianças japonesas recebem é considerada um "remédio". Essa é a queima de um pequeno cone de pó, a *moxa*, sobre a pele da criança. Ela deixa uma cicatriz para a vida. A cauterização pela *moxa* é um antigo e difundido remédio asiático oriental, também usado tradicionalmente para curar muitas moléstias e dores no Japão. Pode curar também ataques de fúria e obstinação. Um menino pequeno de 6 ou 7 anos pode ser "curado" desse modo por sua mãe ou sua avó. Pode inclusive ser usado duas vezes em um caso difícil, mas, na verdade, muito raramente uma criança recebe o tratamento da *moxa* por desobediência uma terceira vez. Não é uma punição no mesmo sentido de "Vou bater em você se fizer isso". Mas machuca muito mais do que apanhar, e a criança aprende que não pode desobedecer impunemente.

Além desses meios para lidar com crianças indisciplinadas, existem convenções para ensinar habilidades físicas necessárias. Há uma grande ênfase em os instrutores usarem as suas mãos para guiar as crianças nos movimentos físicos. A criança deve ser passiva. Antes de a criança ter 2 anos, para que ela sente na posição correta, o pai dobra suas pernas para trás e com o peito do pé sobre o chão. No início, a criança acha difícil não cair para trás, especialmente porque uma parte indispensável do treinamento para sentar é a ênfase na imobilidade. A criança não deve se mexer ou mudar de posição. O modo de aprender, eles dizem, é relaxar e ser passivo, e essa passividade é enfatizada quando o pai posiciona as pernas da criança. Sentar não é a única posição física a ser aprendida. Existe também o dormir. A modéstia na posição de uma mulher ao dormir é tão forte no Japão quanto a modéstia sobre ser visto nu nos Estados Unidos. Embora os japoneses não sentissem vergonha da nudez no banho – até que o governo tentasse introduzi-la durante sua campanha para conquistar a aprovação dos estrangeiros –, seu sentimento sobre as posições durante o sono é mais importante. A menina pequena deve aprender a dormir reta com suas pernas juntas, enquanto o menino tem mais liberdade. É uma das primeiras regras que separa a educação de meninos e meninas. Como quase todas as outras exigências no Japão, ela é mais estrita nas classes altas do que nas baixas. Sobre sua criação samurai, a Sra. Sugimoto diz: "Até o que lembro, fui sempre cuidadosa quanto a deitar quieta sobre meu pequeno travesseiro de madeira à noite [...]. As filhas samurais eram ensinadas a nunca perderem o controle da mente ou do corpo – mesmo durante o sono. Os meninos podem se estender descuidadamente na figura *dai*; mas as meninas devem se curvar na figura modesta, dignificada, *kinoji*, que significa "'espírito de controle'"[43]. As mulheres me contaram como suas mães ou cuidadoras arranjavam seus membros quando as colocavam na cama à noite.

No ensino tradicional da escrita, também o instrutor pega a mão da criança e faz os ideogramas. Era "para lhe dar a sensação". A criança aprendia a experienciar os movimentos controlados, rítmicos, antes de sequer poder reconhecer os caracteres, ou mesmo de escrevê-los. Na moderna educação de massa, esse método de ensino é menos pronunciado, mas ainda ocorre. A reverência, o manuseio dos pauzinhos (*hashi*), atirar uma flecha ou amarrar um travesseiro nas costas no lugar de um bebê podem ser ensinados movimentando-se as mãos da criança e colocando fisicamente seu corpo na posição correta.

Exceto nas classes altas, antes da idade escolar as crianças brincam livremente com outras crianças do bairro. Nas aldeias, elas formam pequenos grupos de brincadeiras antes dos 3 anos; mesmo nas cidades, brincam com surpreendente liberdade em meio aos veículos nas ruas abarrotadas. São entes privilegiados. Elas vagam pelas lojas ouvindo os adultos, ou jogam amarelinha ou handebol. Reúnem-se para brincar no santuário da aldeia, seguras na proteção de seu espírito guardião. Meninas e meninos brincam juntos até irem para a escola, e por mais 2 ou 3 anos ainda vínculos mais estreitos tendem a ocorrer entre crianças do mesmo sexo e especialmente entre crianças da mesma idade. Esses grupos da mesma idade (*donen*), especialmente nas aldeias, são duradouros e sobrevivem a todos os outros. Na aldeia de Suye Mura, "à medida que os interesses sexuais diminuem, os donen são os verda-

43. SUGIMOTO, E.I. *A daughter of the Samurai*. Doubleday Page and Company, 1926, p. 15, 24.

deiros prazeres que restam na vida". Suye (a aldeã) diz: "'Os donen são mais próximos do que uma esposa'"[44].

As crianças pré-escolares desses grupos são muito livres entre si. Muitos dos seus jogos são abertamente obscenos aos olhos de um ocidental. Elas conhecem os fatos da vida devido à liberdade da conversação dos adultos e à limitação de espaço em que a família japonesa vive. Além disso, as mães comumente chamam a atenção para a genitália dos seus filhos – especialmente dos meninos – quando brincam com eles e os banham. Os japoneses não condenam a sexualidade infantil, exceto quando é satisfeita nos lugares errados e nas companhias erradas. A masturbação não é considerada perigosa. Os grupos de crianças também são muito livres para criticar uns aos outros – críticas que na vida adulta seriam insultos – e para bravatear – bravatas que mais tarde seriam motivo de profunda vergonha. "As crianças", os japoneses dizem, com seus olhos sorrindo benignamente, "não conhecem a vergonha (*haji*)". Eles acrescentam: "É por isso que são tão felizes". É o grande abismo situado entre a criança e o adulto, pois dizer de uma pessoa adulta que "ela não conhece a vergonha" é dizer que perdeu a decência.

As crianças dessa idade criticam as casas e posses umas das outras e bravateiam especialmente sobre seus pais. "Meu pai é mais forte do que o seu" e "Meu pai é mais esperto do que o seu" é moeda comum. Elas chegam a brigar a socos por seus respectivos pais. Esse tipo de comportamento dificilmente parece digno de nota aos americanos, mas, no Japão, contrasta muito com o que as crianças ouvem nas conversações dos adultos. A referência de cada adulto à sua casa é formulada como "minha miserável casa" e, à de seu vizinho, como "sua nobre casa"; cada referência à sua família como "minha miserável família" e, à de seu vizinho, como "sua honrada família". Os japoneses concordam que por muitos anos durante a infância – da época em que os grupos de brincadeiras de crianças se formam até o 3º ano da escola de ensino fundamental, quando as crianças têm 9 anos – eles se ocupam constantemente com essas afirmações individualistas. Por vezes, é: "Vou ser o suserano e vocês serão meus vassalos". "Não, não vou ser um criado. Eu serei o suserano". Por vezes, bravatas pessoais e menosprezo aos outros. "Eles são livres para dizer o que desejarem. À medida que crescem, acham que o que desejam não é permitido e, então, esperam até que lhe perguntem, e não bravateiam mais."

A criança aprende em casa suas atitudes em relação ao sobrenatural. O sacerdote não lhe "ensina"; geralmente, as experiências de uma criança com a religião organizada ocorrem naquelas ocasiões em que ela vai a uma celebração popular e, com todos os outros que estão presentes, é aspergida pelo sacerdote para purificação. Algumas crianças são levadas a cerimônias budistas, mas usualmente isso

44. EMBREE, J.F. *Suye Mura*, p. 190.

também ocorre nas celebrações. As experiências constantes e mais arraigadas da criança com religião são sempre observâncias familiares centradas em torno de santuários budistas e xintoístas em sua própria casa. O mais conspícuo é o santuário budista, com placas de túmulos da família diante dos quais são oferecidas flores, ramos de uma certa árvore e incenso. Diariamente, oferendas de alimentos são colocadas ali, os anciãos da família anunciam aos ancestrais todos os eventos familiares e fazem reverência diante do santuário. À noite, pequenas lâmpadas são acesas ali. É muito comum as pessoas dizerem que não gostam de dormir longe de casa porque se sentem perdidas sem essas presenças que dirigem a casa. O santuário xintoísta é usualmente uma estante simples dominada por um amuleto do templo de Ise. Outros tipos de oferendas podem ser apresentados ali. E há também o deus-da-cozinha, coberto com fuligem na cozinha, e vários amuletos podem ser fixados em portas e paredes. São proteções e tornam a casa segura. Nas aldeias, o santuário da aldeia é similarmente um lugar seguro, porque deuses benevolentes o protegem com sua presença. As mães gostam que seus filhos brinquem lá onde é seguro. Nada na experiência da criança a faz temer os deuses ou modula sua conduta para satisfazer deuses justos ou censuradores. Eles deveriam ser graciosamente entretidos em troca de seus benefícios. Não são autoritários.

O assunto sério de ajustar um menino aos padrões circunspectos da vida adulta japonesa só se inicia realmente após ele estar na escola por 2 ou 3 anos. Até essa época, ensinam-lhe o controle físico e, quando é indisciplinado, sua desobediência é "curada" e, sua atenção, distraída. Ele é discretamente advertido e provocado. Mas lhe permitem ser teimoso, a ponto inclusive de usar violência contra sua mãe. Seu pequeno ego é fomentado. Não muda muita coisa quando entra na escola. As primeiras 3 séries são coeducacionais, e os professores, sejam homens, sejam mulheres, mimam as crianças e as tratam como iguais. Contudo, em casa e na escola é dada mais ênfase aos perigos de se envolver em situações "embaraçosas". As crianças ainda são muito jovens para "vergonha", mas devem ser ensinadas a evitar ser "embaraçadas". O menino na história que gritava "Lobo, lobo" quando não havia lobo algum, por exemplo, "enganava as pessoas. Se você fizer qualquer coisa desse tipo, as pessoas não confiarão em você, e esse é um fato embaraçoso". Muitos japoneses dizem que foram seus colegas de aula que riram deles pela primeira vez quando cometeram erros – não seus professores ou seus pais. Nesse ponto, o trabalho dos mais velhos da sua família não é na verdade ridicularizar seus filhos, mas gradualmente integrar o ridículo à lição moral de honrar o giri-para-com-o-mundo. As obrigações que eram, aos 6 anos de idade, a devoção amorosa de um cão fiel – a história do *on* do bom cão, mencionada anteriormente, é de um livro para crianças de 6 anos – gradualmente se tornam uma série de restrições. "Se você fizer isso, se você fizer aquilo", dizem os mais velhos, "o mundo rirá de você". As regras são particularistas e situacionais, e muitas delas dizem respeito ao que chamaríamos de etiqueta. Elas exigem que a pessoa subordine sua vontade aos deveres crescentes para com os vizinhos, a família e o país. A criança deve se restringir, deve reconhecer sua dívida. Ela passa gradualmente ao *status* de uma devedora que deve andar circunspectamente para algum dia restituir o que deve.

Essa mudança de *status* é comunicada ao menino em crescimento por uma nova e séria extensão do padrão de provocação da primeira infância. Quando chega aos 8 ou 9 anos, sua família pode, francamente, rejeitá-lo. Se seus professores relatam que foi desobediente ou desrespeitoso e lhe dão uma nota baixa por comportamento, sua família se volta contra ele. Se é criticado pelo lojista por algum delito, "o nome da família foi desgraçado". Sua família é uma sólida falange de acusação. Dois japoneses que conheci ouviram de seus pais antes dos 10 anos que não voltassem para casa, e estavam muito envergonhados para procurar seus parentes. Eles haviam sido punidos por seus professores na sala de aula. Em ambos os casos, passaram a viver em dependências anexas, onde suas mães os encontraram e finalmente providenciaram seu retorno. Meninos no final do ensino fundamental são por vezes confinados em casa para *kinshin*, "penitência", e devem se ocupar com aquela obsessão japonesa: a escrita de diários. De qualquer modo, a família mostra que, agora, considera o menino seu representante no mundo, e se volta contra ele porque provocou críticas. Ele não honrou seu giri--para-com-o-mundo. Não pode buscar o apoio de sua família. Tampouco pode buscar seu grupo etário. Seus colegas de aula o excluem por ofensas, e ele tem de se desculpar e fazer promessas para ser readmitido.

"Vale a pena enfatizar", como Geoffrey Gorer diz,

> que a força da persistência desse costume é, sociologicamente, muito incomum. Em muitas sociedades nas quais a família estendida ou outro grupo social fracionário é operativo, o grupo usualmente se unirá para proteger um de seus membros que está sob crítica ou ataque por parte dos membros de outros grupos. Contanto que a aprovação do grupo da pessoa seja mantida, ela pode enfrentar o resto do mundo com a segurança do apoio total, em caso de necessidade ou ataque. No Japão, contudo, parece que ocorre o inverso: uma pessoa só está segura do apoio do seu grupo enquanto a aprovação é dada por outros grupos; se estranhos desaprovam ou criticam, o grupo da pessoa se voltará contra ela, e seus integrantes agirão como agentes punidores até, ou a menos, que ela possa forçar o outro grupo a retirar sua crítica. Por esse mecanismo, a aprovação do "mundo exterior" assume uma importância provavelmente sem paralelo em outra sociedade[45].

45. GORER, G. *Japanese character structure*. The Institute for international Studies, 1943, p. 27 [mimeo.].

Até esse ponto, a educação da menina não difere da que o menino recebe, embora difiram nos detalhes. Em casa, ela é mais restringida do que seu irmão. Mais deveres são imputados a ela – embora o menino pequeno também possa ser cuidador –, e ela sempre recebe menos presentes e atenção. Não tem também os característicos ataques de fúria do menino. Mas é surpreendentemente livre para uma menina asiática. Vestida com vermelhos brilhantes, brinca nas ruas com os meninos, briga com eles, e muitas vezes se defende sozinha. Como criança, ela também "não conhece a vergonha". Entre 6 e 9 anos, começa gradualmente a aprender suas responsabilidades para com "o mundo" como seu irmão, e por meio das mesmas experiências. Aos 9 anos, as turmas na escola são divididas em seções de meninas e meninos, e os meninos tiram muito proveito de sua nova solidariedade masculina. Eles excluem as meninas e não aceitam que as pessoas os vejam falando com elas. As meninas também são advertidas por suas mães de que essa associação é imprópria. Considera-se que as meninas nessa idade se tornam mal-humoradas, introvertidas e difíceis de educar. As mulheres japonesas dizem que é o final da "alegria infantil". Para as meninas, a infância termina em uma exclusão. Por muitos e muitos anos, o único caminho determinado para elas é o de "duplicar o jicho com jicho". A lição prosseguirá sem interrupção, tanto ao noivarem quanto ao casarem.

O menino, contudo, quando aprende o jicho e o giri-para-com-o-mundo, ainda não adquire tudo o que é obrigação para um homem japonês adulto. "A partir dos 10 anos", os japoneses dizem, "ele aprende o giri para com seu nome". Com isso, querem dizer, é claro, que ele aprende que é uma virtude se ressentir de um insulto. Ele também deve aprender as regras: quando iniciar uma disputa com um adversário e quando adotar meios indiretos para limpar sua honra. Não acho que isso signifique que o menino tenha de aprender a agressividade envolvida no comportamento ofensivo. Na primeira infância, os meninos que puderam expressar agressividade e que combateram muitos tipos de calúnias e contra-acusações de seus colegas em relação às suas mães dificilmente têm de aprender a ser agressivos aos 10 anos. Mas o código do giri-para-com-o-próprio-nome, sob cujas restrições os meninos adolescentes passam a viver, canaliza sua agressividade para formas aceitas e lhes fornece modos específicos de lidar com ela. Como vimos, os japoneses muitas vezes dirigem sua agressividade contra si em vez de usar violência contra outros. Meninos de escola também não são exceção.

Para aqueles meninos que continuam sua escolarização para além dos 6 anos da escola primária – cerca de 15% da população, embora a proporção na população masculina seja maior –, a época em que estão se tornando responsáveis pelo giri-para-com-seu-nome se dá quando são repentinamente expostos à feroz competição dos exames para o ingresso no ensino intermediário e a classificação competitiva de cada aluno em cada matéria. Não há experiência gradual que prepare para isso, pois a competição é minimizada quase totalmente no ensino fundamental e em casa. A nova experiência repentina ajuda a tornar a rivalidade acerba e preocupante. Concorrência por lugar e suspeita de favoritismo são abundantes. Essa competição, contudo, não figura tão amplamente nas histórias de vida como o costume dos meninos mais velhos do ensino intermediário de atormentarem seus colegas mais jovens. As classes superiores do ensino intermediário dão ordens às classes dos mais jovens e lhes aplicam vários tipos de trotes. Elas os obrigam a fazer proezas tolas e humilhantes. Ressentimentos são extremamente comuns, pois os meninos japoneses não consideram essas práticas divertidas. Um menino mais jovem que foi obrigado a se humilhar diante de um colega de classe superior e a realizar tarefas servis odeia seu atormentador e planeja vingança. O fato de que a vingança tem de ser adiada a torna ainda mais envolvente. É o giri-para-com-seu-nome, considerado uma virtude. Anos mais tarde, através da influência familiar, às vezes consegue demitir o atormentador de um trabalho. Por vezes, aperfeiçoa-se no jiu-jitsu ou na esgrima, e humilha-o publicamente em uma rua da cidade, após ambos terem deixado a escola. Mas, a menos que se vingue, tem aquele "sentimento de algo que ficou por fazer", que é o cerne da disputa de insultos japonesa.

Para aqueles garotos que não vão para a escola de ensino intermediário, o mesmo tipo de experiência pode ocorrer em seu treinamento militar. Em tempos de paz, 1 garoto entre 4 era recrutado, e o trote dos recrutas do 1º ano aplicado pelos recrutas do 2º ano era ainda mais extremo do que nas escolas de ensino intermediário e médio. O trote nada tinha a ver com os oficiais no exército e, apenas excepcionalmente, mesmo com oficiais não comissionados. (O artigo 1º do código japonês era que qualquer apelo aos oficiais levava a pessoa ao desprestígio.) Era discutido entre os recrutas. Os oficiais o aceitavam como um método para "fortalecer" os soldados, mas não se envolviam. Os homens do 2º ano passavam para os do 1º os ressentimentos que haviam acumulado no ano anterior, e mostravam sua "força" através de sua inventividade em conceber humilhações. Os alistados eram descritos muitas vezes como saindo do treinamento militar com personalidades mudadas, como "verdadeiros nacionalistas jingoístas". Mas a mudança não é tanto porque lhes ensinaram alguma teoria sobre o Estado totalitarista, e certamente não devido a qualquer inculcação do chu ao imperador. A experiência de serem submetidos a proezas humilhantes é muito mais importante. Homens jovens, educados na vida familiar ao modo japonês e extremamente sérios com relação ao seu *amour-propre* podem facilmente se tornar brutalizados em uma situação assim. Eles não podem suportar o ridículo. O que interpretam como rejeição pode torná-los bons torturadores quando tiverem a oportunidade.

Essas situações japonesas modernas no ensino intermediário e no Exército são heranças, é claro, dos antigos costumes japoneses sobre ridículo e insulto. As escolas de ensino intermediário e médio e o Exército não criaram a reação japonesa a elas. É fácil ver que o código tradicional do giri-para-com-o-próprio-nome torna as práticas de trote mais graves no Japão do que na América. O fato de que cada grupo submetido ao trote oportunamente passa adiante a punição não impede um garoto de planejar se vingar de seu atormentador, o que também é consistente com os padrões antigos. Diferentemente de muitas nações ocidentais, encontrar um bode expiatório não é o costume recorrente no Japão. Na Polônia, por exemplo, onde novos aprendizes e mesmo jovens colhedores são severamente humilhados, o ressentimento não é descarregado nos que lhes humilharam, mas no próximo grupo de aprendizes e colhedores. Os meninos japoneses também têm essa satisfação, é claro, mas estão basicamente preocupados com a disputa de insultos. Os atormentados se "sentem bem" quando são capazes de se vingar dos seus atormentadores.

Na reconstrução do Japão, aqueles líderes que têm o futuro do seu país no coração fariam bem em prestar atenção particular ao trote e ao costume de levar os garotos a executarem proezas tolas nas escolas pós-adolescentes e no Exército. Eles fariam bem em enfatizar o espírito escolar, inclusive o "velho vínculo escolar", a fim de romper a distinção superior-inferior entre colegas. No exército, fariam bem em proibir o trote. Mesmo que os recrutas do 2º ano devam insistir na disciplina espartana em suas relações com os do 1º ano, como os oficiais japoneses de todos os níveis fazem, essa insistência não é insulto no Japão. O comportamento humilhante é. Se nenhum garoto mais velho na escola ou no Exército pudesse impunemente fazer um mais jovem abanar seu rabo como um cachorro, agir como uma cigarra ou ficar de cabeça para baixo enquanto os outros comessem, seria uma mudança mais efetiva na reeducação do Japão do que negações da divindade do imperador ou a eliminação do material nacionalista dos manuais.

As mulheres não aprendem o código do giri-para-com-o-próprio-nome e não têm as experiências modernas dos meninos nas escolas de ensino intermediário e no treinamento militar. Tampouco passam por experiências análogas. Seu ciclo de vida é muito mais consistente do que o de seus irmãos. Desde suas primeiras memórias, elas foram ensinadas a aceitar o fato de que os meninos têm a precedência, a atenção e os presentes que lhes são negados. A regra de vida que elas devem honrar lhes nega o privilégio da autoafirmação aberta. Contudo, na primeira infância, partilharam com seus irmãos a vida privilegiada das crianças no Japão. Elas são especialmente vestidas com vermelhos vivos quando pequenas, uma cor da qual abrirão mão quando adultas até que sejam autorizadas a usá-la novamente, quando atingem seu segundo período privilegiado, aos 60 anos. Em casa, elas podem ser cortejadas, como seus irmãos, na competição entre mãe e avó. Seus irmãos e irmãs também exigem que uma irmã, como qualquer outro membro da família, goste "mais" deles. As crianças lhe pedem para mostrar sua preferência deixando-as dormir com ela, e pode muitas vezes distribuir seus mimos entre vários membros da família, das avós ao bebê de 2 anos. Os japoneses não gostam de dormir sozinhos, e o berço pode ser colocado, à noite, ao lado da cama da irmã mais velha favorita. A prova de que "você gosta mais de mim" nesse dia é muitas vezes o fato de as camas dos dois serem colocadas próximas uma da outra. Às meninas são concedidas compensações mesmo no período em que são excluídas dos grupos de brincadeiras dos meninos, aos 9 ou 10 anos. Elas são agraciadas com novos tipos de penteados; dos 14 aos 18 anos, seu penteado é o mais elaborado no Japão. Nessa idade, podem vestir seda em vez de algodão, e todo esforço é feito para lhes prover roupas que aumentem seu encanto. Desse modo, as meninas recebem certas gratificações.

A responsabilidade pelas restrições impostas a elas também é colocada totalmente sobre elas, e não sobre um pai ou mãe arbitrariamente autoritários. Os pais exercem suas prerrogativas não por meio de punições corporais, mas de sua calma e inabalável expectativa de que a menina irá agir de acordo com o que é exigido dela. Vale a pena citar um exemplo extremo dessa educação, porque mostra muito bem o tipo de pressão não autoritária, que é também característica da criação menos restrita e privilegiada. A partir dos 6 anos, a pequena Etsy Inagaki foi ensinada a memorizar os clássicos chineses por um sábio confuciano.

> Ao longo de minha aula de 2h, ele nunca se moveu a menor fração de 1 polegada, exceto por suas mãos e seus lábios. E eu me sentava diante dele no tatame, em uma posição igualmente correta e estática. Uma vez me movi. Foi em meio a uma aula. Por alguma razão, estava inquieta e oscilei levemente meu corpo, permitindo meu joelho dobrado deslizar um pouco do ângulo devido. A sombra mais tênue de surpresa cruzou a face de meu instrutor. Então, muito quietamente ele fechou seu livro, dizendo gentilmente, mas com um ar severo: "Mocinha, é evidente que sua atitude mental, hoje, não está adequada ao estudo. Você deveria se recolher ao seu quarto e meditar". Meu coraçãozinho quase morreu de vergonha. Nada havia que eu pudesse fazer. Reverenciei humildemente a figura de Confúcio e, depois, meu mestre; respeitosamente afastando-me de costas da sala, fui lentamente ao meu pai para lhe relatar como sempre fazia, no final da minha aula. Meu pai ficou surpreso, uma vez que o tempo ainda não terminara, e sua observação inconsciente: "Como você terminou rápido seu trabalho!" foi como uma sentença de morte. A memória daquele momento dói como uma ferida até hoje[46].

E a Sra. Sugimoto sumariza uma das mais características atitudes parentais no Japão, quando descreve uma avó em outro contexto:

> Serenamente, ela esperava que todos agissem como ela queria; não havia reprimenda nem discussão, mas sua expectativa, macia como um fio

46. SUGIMOTO, E.I. *A daughter of the samurai*. Doubleday Page Company, 1926, p. 20.

de seda, e tão forte quanto, conduzia sua pequena família aos caminhos que lhe pareciam corretos.

Uma das razões pelas quais essa "expectativa, macia como um fio de seda e tão forte quanto" pode ser tão efetiva é que o treinamento é muito explícito para cada arte e habilidade. É o *hábito* que é ensinado, não apenas as regras. Seja o uso correto dos pauzinhos na infância, ou as formas corretas de entrar em um aposento, ou a cerimônia do chá, ou a massagem na vida adulta, os movimentos são executados incontáveis vezes, literalmente, pelas mãos dos adultos, até que sejam automáticos. Para os adultos, as crianças não "adquirem" os hábitos apropriados quando surge o momento de empregá-los. A Sra. Sugimoto descreve como ela arruma a mesa do seu esposo após noivar, aos 14 anos. Ela nunca havia visto seu futuro esposo. Ele estava na América, e ela estava em Echigo, mas repetidamente sob o olhar de sua mãe e de sua avó, "Eu mesma cozinhava os alimentos conforme meu irmão Matsuo mais gostava. Sua mesa era colocada próximo à minha, e eu providenciava que fosse sempre servida antes da minha. Assim, aprendi a ser atenta ao conforto do meu esposo prospectivo. Minha avó e minha mãe sempre falavam como se Matsuo estivesse presente, e eu era cuidadosa com minha vestimenta e minha conduta como se ele realmente estive presente no recinto. Assim, passei a respeitá-lo, bem como a minha posição como sua esposa"[47].

Um menino também recebe um cuidadoso treinamento de hábitos pelo exemplo e imitação, embora seja menos intensivo do que o da menina. Uma vez "aprendido", nenhum álibi é aceito. Após a adolescência, contudo, ele é usualmente deixado em um importante campo de sua vida por sua própria iniciativa. Seus pais não lhe ensinam hábitos de cortejar. O lar é um círculo do qual todo comportamento amoroso aberto é excluído, e a segregação de meninos e meninas não relacionados foi extrema desde que ele tinha 9 ou 10 anos. O ideal japonês é que seus pais arranjarão um casamento para ele, antes que esteja realmente interessado em sexo, e é, portanto, desejável que um menino seja "tímido" em seu comportamento com as meninas. Nas aldeias, há uma grande quantidade de provocação sobre o tema, que muitas vezes mantém os meninos "tímidos". Mas eles tentam aprender. Antigamente, e mesmo recentemente, em aldeias mais isoladas do Japão, muitas meninas, por vezes a grande maioria, estavam grávidas antes de casarem. Essa experiência pré-marital era uma "área livre", não envolvida nos assuntos sérios da vida. Esperava-se que os pais arranjassem os casamentos sem referência a esses casos. Mas, nos dias de hoje, como um japonês dizia ao Dr. Embree em Suye Mura, "Mesmo uma garota que é empregada doméstica tem educação suficiente para saber que deve manter sua virgindade". A disciplina para aqueles meninos que vão para o ensino interme-

47. *A daughter of the samurai*, p. 92.

diário também é severamente dirigida contra qualquer tipo de associação com o sexo oposto. A educação japonesa e a opinião pública evitam a familiaridade marital entre os sexos. Em seus filmes, eles consideram "maus" aqueles garotos que mostram alguns sinais de estarem à vontade com uma jovem. Os "bons" são aqueles que, aos olhos americanos, são bruscos e inclusive descorteses para com uma garota atraente. Ficar à vontade com uma garota significa que esses garotos "já andaram por aí", ou tiveram experiências com gueixas, prostitutas ou garotas do café. A casa de gueixas é a "melhor" forma de aprender, porque "ela lhe ensina. Um homem pode relaxar e apenas assistir". Ele não precisa ter medo de se exibir desajeitadamente, e não se espera que tenha relações sexuais com a garota gueixa. Mas não muitos garotos japoneses podem bancar a casa de gueixas. Eles podem ir aos cafés e observar como os homens tratam as garotas com familiaridade, mas essa observação não é o tipo de treinamento que aprenderam a esperar em outros campos. Os garotos mantêm seu medo de falta de elegância por muito tempo. Sexo é uma das poucas áreas de suas vidas na qual têm de aprender algum tipo de comportamento sem a tutelagem de adultos abalizados. As famílias de posição fornecem "livros de noivas" e biombos com muitas figuras detalhadas para o jovem casal quando casa, e, como um japonês dizia, "Você pode aprender dos livros, do modo que você aprende as regras para fazer um jardim. Seus pais não lhe ensinam como fazer um jardim japonês; é um *hobby* que você aprende quando é mais velho". A justaposição de sexo e jardinagem como duas coisas que você aprende dos livros é interessante, ainda que os homens jovens japoneses aprendam o comportamento sexual de outras formas. Em todo caso, eles não aprendem por meio da tutelagem adulta meticulosa. Essa diferença de treinamento enfatiza, para os homens jovens, o princípio japonês de que o sexo é uma área separada daqueles assuntos sérios da vida que os adultos comandam e nos quais treinam cuidadosamente seus hábitos. É uma área de autossatisfação que ele domina com muito medo de embaraço. As duas áreas têm suas diferentes regras. Após seu casamento, ele pode ter prazeres sexuais em outra parte, sem ser minimamente subreptício sobre isso; ao fazê-lo, ele não infringe os direitos de sua esposa nem ameaça a estabilidade do seu casamento.

Sua esposa não tem o mesmo privilégio. Seu dever é fidelidade ao seu esposo. Ela teria de ser subreptícia. Mesmo quando pudesse estar tentada, comparativamente poucas mulheres no Japão vivem suas vidas em privacidade suficiente para consumar um caso amoroso. Dizem que as mulheres consideradas nervosas ou instáveis têm *hysteri*. "A dificuldade mais frequente das mulheres envolve não suas vidas sociais, mas suas vidas sexuais. Muitos casos de insanidade e grande parte da *hysteri* (nervosismo, instabilidade) se devem, claramente, a desajustes sexuais. Uma garota deve aceitar o que quer que seu esposo possa lhe dar de satisfação sexual"[48]. Muitas doenças das mulheres, os agricultores dizem no Suye Mura, "começam no útero", e depois vão para a cabeça. Quando seu esposo procura em outro lugar, ela pode recorrer aos costumes japoneses aceitos da masturbação; das aldeias de camponeses aos lares dos notáveis, as mulheres apreciam implementos tradicionais para esse propósito. Além disso, nas pequenas aldeias, certas exuberâncias em comportamento erótico são concedidas a ela, quando deu à luz. Antes de ser mãe, ela não faria uma piada sexual, mas, depois, e à medida que amadurece, sua conversação em uma festa mista é cheia delas. Ela entretém o grupo, também, com danças sexuais muito livres, sacudindo seu quadril para trás e para a frente ao acompanhamento de canções indecorosas. "Essas *performances* invariavelmente provocam gargalhadas estrondosas". No Suye Mura também, quando recrutas eram recepcionados de volta nos subúrbios da aldeia após seu treinamento militar, as mulheres se vestiam como homens e faziam piadas obscenas, fingindo estuprar garotas.

As mulheres japonesas têm, portanto, certos tipos de liberdades sobre assuntos sexuais. Quanto mais humildes suas origens, maior sua liberdade. Elas devem observar muitos tabus durante a maior parte de sua vida, mas não há tabu que exija delas que neguem conhecer os fatos da vida. Quando isso agrada aos homens, são obscenas. Do mesmo modo, quando agrada às mulheres, são assexuais. Quando estão maduras, podem se livrar dos tabus; se forem de origem humilde, podem ser tão indecorosas quanto qualquer homem. Os japoneses almejam o comportamento apropriado em diferentes idades e ocasiões, em vez de papéis constantes como da "mulher pura" e da "mulher fácil" ocidentais.

O homem também tem suas exuberâncias, assim como áreas em que uma grande restrição é exigida. Beber em companhia de outros homens, especialmente com acompanhantes gueixas, é um prazer de que desfruta ao máximo. Os homens japoneses gostam de se embriagar, e não há regra que os instrua a não beber. Eles relaxam suas posturas formais quando já beberam algumas doses de saquê e gostam de se reclinar um no outro e agir de modo muito franco. Raramente são violentos quando estão bêbados, embora alguns "homens de convivência difícil" possam tornar-se brigões. Além dessas "áreas livres", como beber, os homens jamais deveriam ser, como eles dizem, imprevisíveis. Falar de alguém, na conduta séria de sua vida, como imprevisível, é o mais próximo que os japoneses chegam de um palavrão, exceto pela palavra "tolo".

As contradições que todos os ocidentais descreveram no caráter japonês são compreensíveis, se levarmos em conta sua educação das crianças. Ela produz uma dualidade em sua perspectiva sobre a vida, em que nenhum dos lados pode ser ignorado. De sua experiência de privilégio e conforto psicológico na primeira

48. EMBREE, J.F. *Suye Mura*, p. 175.

infância, eles retêm ao longo de todas as disciplinas da vida madura a memória de uma vida mais fácil quando "não conheciam a vergonha". Não têm de pintar um céu no futuro, pois o têm em seu passado. Eles reformulam sua infância em sua doutrina da bondade inata dos humanos, da benevolência de seus deuses e da incomparável desejabilidade de ser um japonês. Facilita-lhes basearem sua ética nas interpretações extremas da "semente de Buda" em cada um e de cada um se tornar um kami ao morrer. Isso lhes dá assertividade e certa autoconfiança. Determina sua disposição frequente para realizar qualquer trabalho, não importando quão acima de sua habilidade possa parecer, bem como sua prontidão para se oporem inclusive ao seu governo e para prová-lo por meio do suicídio. Por vezes, dá-lhes uma capacidade para megalomania em massa.

Gradualmente, após 6 ou 7 anos, a responsabilidade pela circunspecção e pelo "conhecimento da vergonha" é colocada sobre a pessoa e respaldada pela mais drástica das sanções: que sua própria família se voltará contra ela caso falhe. A pressão não é como a de uma disciplina prussiana, mas é inevitável. Em seu período inicial privilegiado, esse desenvolvimento é fundamentado pelo treinamento inescapável e persistente em hábitos e posturas na infância e pela provocação dos pais que ameaça a criança com a rejeição. Essas primeiras experiências preparam a criança para aceitar grandes restrições quando lhe dizem que "o mundo" rirá dela e a rejeitará. A criança reprime os impulsos que expressara tão livremente no começo da vida não porque sejam maus, mas porque agora são inapropriados. Ela está iniciando a vida séria. À medida que tem progressivamente negados os privilégios da infância, são-lhe concedidas gratificações crescentes da vida adulta, mas as experiências daquele período inicial nunca se dissipam. Em sua filosofia de vida, a pessoa se inspira livremente nelas. Retorna a elas em sua permissividade sobre os "sentimentos humanos", experienciando-as ao longo de sua maturidade em suas "áreas livres" da vida.

Uma continuidade surpreendente conecta o período inicial e tardio da vida da criança: a grande importância de ser aceita pelos seus pares. Isso, e não um padrão absoluto de virtude, é o que é inculcado nela. Na primeira infância, sua mãe a levou para sua cama quando era grande o bastante para pedir, a criança contou os doces que ela e seus irmãos e irmãs haviam ganhado como um sinal do lugar que ocupavam na afeição de sua mãe, percebia rapidamente quando era ignorada e chegava a perguntar para seus irmãos mais velhos: "Você me ama *mais*?" No período posterior, pedem-lhe que se abstenha de cada vez mais satisfações pessoais, mas a recompensa prometida é que será aprovada e aceita pelo "mundo". A punição é que "o mundo" rirá dela. Essa, com certeza, é uma sanção invocada no treinamento da criança em muitas culturas, mas é excepcionalmente pesada no Japão. A rejeição pelo "mundo" foi dramatizada para a criança pela provocação de seus pais quando ameaçavam se livrar dela. Todo o ostracismo de sua vida é mais temido do que a violência. Ela é alérgica às ameaças de ridículo e rejeição, mesmo quando meramente as conjura em sua mente. Como há pouca privacidade em uma comunidade japonesa, também não é fantasia que "o mundo" sabe praticamente tudo que ela faz e pode rejeitá-la caso a desaprove. Mesmo a construção da casa japonesa – as finas paredes que permitem a passagem dos sons e que se abrem ao serem empurradas durante o dia – torna a vida privada extremamente pública para quem não pode pagar por um muro e um jardim.

Certos símbolos usados pelos japoneses ajudam a tornar claros os dois lados de seu caráter, que são baseados na descontinuidade da educação das crianças. O lado que é formado no período inicial de sua vida é o "*self* sem a vergonha", e eles verificam o quanto o mantêm quando olham para suas faces no espelho. O espelho, eles dizem, "reflete a pureza eterna". Não fomenta a vaidade nem reflete o "*self* interferente". Reflete as profundezas da alma. Uma pessoa deveria ver nele seu "*self* sem a vergonha". No espelho ela vê seus olhos como a "porta" de sua alma, e isso a ajuda a viver como um "*self* sem a vergonha". Ela vê nele a imagem parental idealizada. Existem descrições de homens que sempre levam consigo um espelho para esse propósito, e mesmo de um que colocou um espelho especial no santuário de sua casa no qual se contempla e examina sua alma; ele "se colocava no santuário"; ele "se cultuava". Era inusual, mas apenas um pequeno passo a dar, pois todos os santuários xintoístas da casa têm espelhos sobre eles como objetos sagrados. Durante a guerra, a rádio japonesa transmitia um hino especial de aprovação para uma sala de aula de meninas que haviam comprado um espelho. Isso não era considerado um sinal de vaidade, mas uma dedicação renovada a propósitos calmos nas profundezas de suas almas. Olhar para ele era uma observância externa que evidenciaria a virtude de seu espírito.

Os sentimentos japoneses em relação ao espelho provêm da época que antecede a inculcação do "*self* observador" na criança. Eles não veem o "*self* observador" no espelho. Nele, seus selves são espontaneamente bons como eram na infância, sem o mentor da "vergonha". O mesmo simbolismo que atribuem ao espelho é igualmente a base de suas ideias de autodisciplina "perita" que praticam com tanta persistência para eliminar o "*self* observador" e voltar à franqueza da primeira infância.

A despeito de todas as influências que sua primeira infância privilegiada tem sobre os japoneses, as restrições do período posterior, quando a vergonha se torna a base da virtude, não são sentidas apenas como privações. O autossacrifício, como vimos, é um dos conceitos cristãos que eles muitas vezes questionaram. Eles repudiam a ideia de que estão se sacrificando. Mesmo em casos extremos, os japoneses falam, em troca de morte "voluntária" em cumprimento do chu, do ko ou do giri. E isso não lhes parece cair na categoria do autossacrifício. Uma morte voluntária, eles dizem, atinge um objeto que você mesmo deseja. De outro modo, seria a "morte de um cachorro", que significa uma morte sem valor. Ela não significa, como em inglês, uma morte na sarjeta. Cursos menos extremos de conduta que também em inglês são chamados autossacrifícios, em japonês pertencem, em troca, à categoria do autorrespeito. O autorrespeito (jicho) sempre significa comedimento, e comedimento é tão valioso como o autorrespeito. Grandes coisas podem ser obtidas somente por meio do autocontrole, e a ênfase americana na liberdade como um pré-requisito para realização nunca lhes pareceu, com suas experiências diferentes, ser adequada. Eles aceitam como um preceito principal em seu código a ideia de que, por meio do autocontrole, eles tornam seus selves mais valiosos. De que outro modo poderiam controlar seus selves perigosos, cheios de impulsos que poderiam irromper e confundir uma vida apropriada? Como um japonês expressa:

> Quanto mais camadas de verniz são aplicadas sobre a fundação pelo trabalho laborioso ao longo dos anos, mais valioso se torna o trabalho de laquear como um produto finalizado. O mesmo se dá com as pessoas [...]. Dizem sobre os russos: "arranhe um russo e encontrará um tártaro". Alguém poderia dizer, com igual justiça, sobre os japoneses: "Arranhe um japonês, raspe o verniz, e encontrará um pirata". Todavia, não deveríamos esquecer que, no Japão, o verniz é um produto valioso e um acessório do trabalho manual. Nada há de espúrio sobre ele; não é um reboco para cobrir os defeitos. É, ao menos, tão valioso quanto a substância que adorna[49].

As contradições no comportamento masculino japonês, que são tão conspícuas aos ocidentais, são possíveis pela descontinuidade de sua criação, que deixa em sua consciência, mesmo após todo "laqueamento" que experienciam, a impressão profunda de um tempo em que eram pequenos deuses em seu pequeno mundo, no qual eram livres para satisfazer mesmo suas agressões e no qual todas as satisfações pareciam possíveis. Devido a esse dualismo profundamente implantado, enquanto adultos, podem oscilar dos excessos do amor romântico à completa submissão à família. Podem se entregar ao prazer e ao conforto, independentemente do quão longe vão na aceitação de obrigações extremas. Seu treinamento em circunspecção os torna, em ação, um povo muitas vezes tímido, mas bravo a ponto de ser impetuoso. Mostram-se notavelmente submissos em situações hierárquicas e, mesmo assim, pouco receptivos ao controle de cima. A despeito de toda a sua polidez, podem reter arrogância. Podem aceitar a disciplina fanática no exército e ainda assim ser insubordinados. Podem ser apaixonadamente conservadores e ainda assim ser atraídos por novas formas, como sucessivamente demonstraram em sua adoção dos costumes chineses e do conhecimento ocidental.

---

49. NOHARA, K. *The true face of Japan*. Londres, 1936, p. 50.

O dualismo em seus caráteres cria tensões às quais diferentes japoneses respondem de diferentes modos, embora cada um esteja formulando sua própria solução para o mesmo problema essencial de reconciliar a espontaneidade e a aceitação que experienciaram na primeira infância com as restrições que prometem segurança na vida adulta. Um bom número deles tem dificuldade de resolver esse problema. Alguns apostam tudo para levar suas vidas com formalismo, e temem profundamente qualquer encontro espontâneo com a vida. O medo é enorme, porque a espontaneidade não é fantasia, mas algo que já experienciaram. Eles permanecem indiferentes e, ao aderirem às regras que incorporaram, sentem que se identificam com tudo aquilo que fala com autoridade. Alguns são mais dissociados. Têm medo da agressividade que reprimem em suas próprias almas, cobrindo-a com um comportamento superficial insípido. Eles muitas vezes mantêm seus pensamentos ocupados com minúcias triviais a fim de repelir a consciência de seus sentimentos reais. São mecânicos na execução de uma rotina disciplinada, que é fundamentalmente sem sentido para eles. Outros, que foram mais afetados por sua primeira infância, sentem uma intensa ansiedade diante de tudo que é exigido deles como adultos, e tentam aumentar sua dependência quando não é mais apropriado. Eles sentem que qualquer falha é uma agressão contra a autoridade, e qualquer esforço, portanto, os põe em grande agitação. Situações inesperadas que não podem ser tratadas como rotina são assustadoras para eles[50].

Esses são perigos característicos aos quais os japoneses são expostos quando sua ansiedade sobre rejeição e censura é demais para eles. Quando não estão sob pressão, mostram, em suas vidas, tanto a capacidade para desfrutar a vida como o cuidado para não pisar nos pés dos outros, que foram cultivados neles em sua criação. É um feito bastante considerável. Sua primeira infância lhes deu assertividade. Não despertou um sentimento de culpa opressivo. As restrições posteriores foram impostas em nome da solidariedade para com seus pares, e as obrigações são recíprocas. Existem "áreas livres" designadas nas quais a vida impulsiva pode ainda ser satisfeita, independentemente do quanto outras pessoas possam interferir em seus desejos em certos temas. Os japoneses sempre foram famosos pelo prazer que extraem de coisas inocentes: observar as cerejeiras em flor, a Lua, os crisântemos, ou a neve recém-caída; manter insetos confinados em casa por causa de sua "canção"; escrever pequenos versos; fazer jardins; arranjar flores e beber o chá cerimonial. Essas não são atividades de um povo profundamente perturbado e agressivo. Eles também não se entristecem com seus prazeres. Uma comunidade rural japonesa, naqueles dias mais felizes antes que o Japão embarcasse em sua desastrosa missão, poderia ser, em seu tempo livre, tão alegre

50. Casos baseados nos Testes Rorschach aplicados aos japoneses no Campo de Relocalização de Guerra pela Dra. Dorothea Leighton, e analisados por Frances Holter.

e confiante quanto qualquer povo vivo. E, em suas horas de trabalho, poderia ser igualmente diligente.

Mas os japoneses exigem muito de si. Para evitar as grandes ameaças do ostracismo e da detração, eles devem abrir mão de satisfações pessoais que aprenderam a apreciar. Devem trancafiar esses impulsos nos assuntos importantes da vida. As poucas pessoas que violam esse padrão correm o risco de perder inclusive seu autorrespeito. Aqueles que se respeitam (jicho) mapeiam seu caminho não entre "bem" e "mal", mas entre "ser previsível" e "ser imprevisível", e afogam suas exigências pessoais na "expectativa" coletiva. Esses são os homens bons que "conhecem a vergonha (haji)" e são sempre circunspectos. São os homens que levam honra para suas famílias, aldeias e nação. As tensões geradas, portanto, são enormes, e se expressam em um alto nível de aspiração que tornou o Japão um líder no Oriente e uma grande potência no mundo. Mas essas tensões são um fardo pesado sobre as pessoas. Elas devem estar atentas para que não falhem, ou para que ninguém deprecie seu desempenho em um curso de ação que lhes custou tanta abnegação. Por vezes, explodem nos atos mais agressivos. São incitadas a essas agressões não quando seus princípios ou sua liberdade é objetada, como os americanos, mas quando detectam um insulto ou uma detração. Então, seus perigosos *selves* irrompem contra os detratores, caso seja possível, senão contra si.

Os japoneses pagaram um preço elevado por seu modo de vida. Negaram-se liberdades simples com as quais nós, americanos, contamos tão inquestionavelmente quanto o ar que respiramos. Devemos lembrar, agora que os japoneses estão buscando pela de-mok-ra-sie desde sua derrota, o quão estimulante pode ser para eles agir muito simples e inocentemente como quiserem. Ninguém expressou isso melhor do que a Sra. Sugimoto, ao descrever o jardim plante-como-quiser que ganhou na escola missionária em Tóquio, para onde foi enviada para aprender inglês. Os professores deram um pedaço de terra para cada menina e quaisquer sementes que pedisse.

> Esse jardim plante-como-quiser me deu um sentimento completamente novo de direito pessoal. [...] O próprio fato de que uma tal felicidade pudesse existir no coração humano foi uma surpresa para mim. [...] Eu, sem qualquer violação da tradição, sem qualquer mancha no nome da família, sem qualquer choque aos pais, professores ou cidadãos, sem qualquer dano a coisa alguma no mundo, era livre para agir[51].

Todas as outras meninas plantaram flores. Ela plantou batatas.

> Ninguém sabe o sentimento de liberdade despreocupada que esse ato absurdo me deu. [...] O espírito de liberdade veio bater em minha porta.

51. *A daugther of the samurai*, p. 135-136.

Era um mundo novo.

> Em minha casa, havia uma parte do jardim que deveria permanecer não cultivada. [...] Mas alguém sempre estava ocupado aparando os pinheiros ou cortando a cerca viva; a cada manhã Jiya limpava os degraus e, após varrer debaixo dos pinheiros, espalhava cuidadosamente folhas frescas de pinheiro recolhidas da floresta.

Esse estado selvagem simulado representava para ela a liberdade da vontade simulada na qual fora educada. E todo o Japão estava repleto dela. Cada grande pedra enterrada pela metade nos jardins japoneses foi cuidadosamente escolhida, transportada e colocada sobre uma plataforma oculta de pequenas pedras. Sua localização é cuidadosamente calculada em relação ao riacho, à casa, aos arbustos e às árvores. Do mesmo modo, os crisântemos são cultivados em vasos e arranjados para as mostras anuais de flores por todo o Japão, com cada pétala perfeita disposta, separadamente, pela mão do cultivador, e muitas vezes mantida no lugar por um pequeno e invisível suporte de arame inserido na flor viva.

A euforia da Sra. Sugimoto quando recebeu uma chance de pôr de lado o suporte de arame foi feliz e inocente. O crisântemo que havia crescido no pequeno vaso e que se submetera à disposição meticulosa de suas pétalas descobriu a pura alegria de ser natural. Mas, hoje, entre os japoneses, a liberdade de ser "imprevisível" para questionar as sanções da haji (vergonha) pode perturbar o delicado equilíbrio do seu modo de vida. Sob uma nova administração, terão de aprender novas sanções. E a mudança é cara. Não é fácil desenvolver novas crenças e novas virtudes. O mundo ocidental não pode supor que os japoneses possam assumi-las imediatamente nem torná-las verdadeiramente suas, tampouco deve imaginar que o Japão não possa terminar desenvolvendo uma ética mais livre, menos rigorosa. Os nisseis, nos Estados Unidos, já perderam o conhecimento e a prática do código japonês, e nada em sua ancestralidade os vincula rigidamente às convenções do país do qual seus pais vieram. Do mesmo modo, os japoneses no Japão também podem, em uma nova era, criar um novo modo de vida que não imponha as antigas exigências de comedimento individual. Os crisântemos podem ser belos sem suportes de arame e essas podas drásticas.

Nessa transição para uma maior liberdade psíquica, os japoneses têm certas virtudes tradicionais antigas que podem ajudar a mantê-los em um equilíbrio. Uma dessas é a autorresponsabilidade que formulam como sua obrigação de dar conta da "ferrugem do meu corpo" – aquela figura de linguagem que identifica o corpo de alguém com uma espada. Como o portador de uma espada é responsável por seu brilho reluzente, cada um deve aceitar a responsabilidade pelo resultado dos seus atos. Deve reconhecer e aceitar todas as consequências naturais de sua fraqueza, sua falta de persistência, sua ineficácia. A autorresponsabilidade é interpretada de modo muito mais dramático no Japão do que na América livre.

Nesse sentido japonês, a espada se torna não um símbolo de agressão, mas um símile da pessoa ideal e autorresponsável. Essa virtude é o melhor regulador em uma administração que honra a liberdade individual. A educação de crianças e a filosofia de conduta dos japoneses a inculcaram como parte do Espírito Japonês. Hoje, os japoneses se propuseram a "pôr de lado a espada", no sentido ocidental. Em seu sentido japonês, é forte e duradoura a sua preocupação em manter a espada interior livre da ferrugem que sempre a ameaça. Em sua fraseologia da virtude, a espada é um símbolo que eles podem conservar em um mundo mais livre e pacífico.

13

Os japoneses desde o Dia V-J

Nós, americanos, temos boas razões para nos orgulhar de nossa parte na administração do Japão desde o Dia V-J. A política dos Estados Unidos foi estabelecida na diretriz do State-War-Navy que foi transmitida pelo rádio em 29 de agosto, e tem sido administrada com habilidade pelo General MacArthur. Os excelentes fundamentos para esse orgulho foram muitas vezes obscurecidos pelo elogio e crítica partidários na imprensa americana e no rádio, e poucas pessoas conheciam o bastante sobre a cultura japonesa para se assegurarem de determinada política ser desejável ou não.

O maior problema na época da rendição do Japão era a natureza da ocupação. Os vitoriosos deveriam utilizar o governo existente, inclusive o imperador, ou ele deveria ser dissolvido? Deveria haver uma administração cidade-por-cidade, província-por-província, com oficiais do governo militar dos Estados Unidos no comando? O padrão na Itália e na Alemanha havia sido organizar as bases AMG* como partes integrantes das forças de combate, e colocar a autoridade para os assuntos nacionais locais nas mãos dos administradores Aliados. No Dia V-J, aqueles no comando da AMG no Pacífico ainda esperavam instituir uma ordem desse tipo no Japão. Os japoneses também não sabiam que responsabilidade por seus próprios assuntos teriam permissão para manter. A Proclamação de Potsdam havia declarado somente que "pontos no território japonês a serem designados pelos Aliados seriam ocupados para assegurar os objetivos básicos que estamos apresentando aqui", e que deve ser eliminada em definitivo "a autoridade e a influência daqueles que iludiram e enganaram o povo do Japão, convencendo-o a embarcar na conquista do mundo".

A diretriz do State-War-Navy ao General MacArthur incorporou uma grande decisão sobre esses temas, uma decisão que o quartel-general do General MacArthur apoiou completamente. Os japoneses seriam responsáveis pela administração e

* *Allied Military Government for Occupied Territories* (Governo Militar Aliado para Territórios Ocupados), abreviado originalmente como Amgot e, mais tarde, como AMG. Foi a forma de governo militar administrado pelas forças aliadas durante e após a Segunda Guerra Mundial nos territórios europeus que ocuparam [N.T.].

reconstrução do seu país. "O Supremo Comandante exercerá sua autoridade através das instituições e agências governamentais, incluindo o imperador, até onde isso promova os objetivos dos Estados Unidos. O governo japonês terá permissão, sob suas instruções (do General MacArthur), para exercer os poderes normais do governo nos assuntos de administração nacional." A administração do Japão pelo General MacArthur é, portanto, muito diferente da administração da Alemanha ou da Itália. É exclusivamente uma organização em forma de quartel-general que utiliza funcionários japoneses de todos os níveis hierárquicos. Ela dirige suas comunicações ao governo imperial japonês, não ao povo japonês ou aos residentes de alguma cidade ou província. Sua tarefa é definir objetivos de Estado para o trabalho do governo japonês. Se um ministro japonês pensa serem impossíveis, ele pode propor sua resignação, mas, se seu caso é bom, pode fazer com que a diretriz seja modificada.

Esse tipo de administração foi um movimento ousado. As vantagens dessa política do ponto de vista dos Estados Unidos são bastante claras. Como o General Hilldring disse certa vez:

> As vantagens obtidas através da utilização do governo nacional são enormes. Se não houvesse governo japonês disponível para nosso uso, teríamos de gerenciar diretamente todo o sistema complicado requerido para a administração de um país de 70 milhões de pessoas. Essas pessoas diferem de nós em língua, costumes e atitudes. Ao usarmos as instituições do governo japonês como uma ferramenta, estamos economizando tempo, nossa força de trabalho e recursos. Em outras palavras, estamos exigindo que os japoneses organizem sua própria casa, mas estamos fornecendo as especificações.

Contudo, quando essa diretriz estava sendo redigida em Washington, ainda havia muitos americanos que temiam que os japoneses fossem ressentidos e hostis, uma nação de vingadores alertas que pudessem sabotar qualquer programa pacífico. Esses temores não se concretizaram. E as razões residem mais na curiosa cultura do Japão do que em quaisquer verdades universais sobre nações derrotadas, política ou economia. Provavelmente, entre nenhum outro povo uma política de boa-fé teria sido tão bem-sucedida quanto no Japão. Aos olhos japoneses, ela removeu do severo fato da derrota os símbolos de humilhação e os desafiou a pôr em prática uma nova política nacional, cuja aceitação foi possível precisamente devido ao caráter culturalmente condicionado dos japoneses.

Nos Estados Unidos, discutimos continuamente sobre termos pesados e leves de paz. O problema real não é entre pesado e leve, mas sim o de usar o peso exato – nem mais nem menos – que romperá velhos e perigosos padrões de agressividade e estabelecerá novos objetivos. Os meios a serem escolhidos dependem do caráter do povo e da ordem social tradicional da nação em questão. O autoritarismo prussiano, incrustado na família e na vida cívica cotidiana, torna necessários certos tipos de termos de paz para a Alemanha. Diretrizes sábias de paz difeririam daquelas para o Japão. Os alemães não se consideram, como os japoneses, em dívida para com as gerações passadas e o mundo. Eles se esforçam não para restituir uma dívida incalculável, mas para evitar ser vítimas. O pai é uma figura autoritária e, como qualquer outra pessoa que possui um *status* superior, é quem, como dizem, "impõe respeito". É ele que se sente ameaçado se não o obtém. Na vida alemã, cada geração de filhos se revolta na adolescência contra seus pais autoritários para depois finalmente se render a uma vida adulta tediosa e insípida, que eles identificam como igual à dos seus pais. O ponto alto da existência permanece, por toda a vida, aqueles anos dos *Sturm und Drang* da rebelião adolescente.

O problema na cultura japonesa não é o autoritarismo crasso. O pai é uma pessoa que trata seus filhos jovens com um respeito e um carinho que pareceram, a quase todos os observadores ocidentais, excepcionais na experiência do Ocidente. Como a criança japonesa assume certos tipos de camaradagem com seu pai, e é abertamente orgulhosa dele, a simples mudança de voz do pai pode fazer com que a criança realize seus desejos. Mas o pai não é exigente com seus filhos, e a adolescência não é um período de revolta contra a autoridade parental. Em troca, é um período em que os filhos se tornam os representantes responsáveis e obedientes de sua família diante dos olhos julgadores do mundo. Eles mostram respeito ao seu pai, como os japoneses dizem, "pela prática", "pelo treino", ou seja, como um objeto de respeito, ele é um símbolo despersonalizado de hierarquia da conduta própria da vida.

Essa atitude, que é aprendida pela criança em suas primeiras experiências com seu pai, torna-se um padrão na sociedade japonesa. Os homens, que recebem as mais elevadas marcas de respeito devido à sua posição hierárquica, não exercem caracteristicamente o poder arbitrário. Os oficiais que lideram a hierarquia não exercem tipicamente a autoridade de fato. Do imperador para baixo, conselheiros e forças ocultas trabalham nos bastidores. Uma das descrições mais acuradas desse aspecto da sociedade japonesa foi dada pelo líder de uma das sociedades superpatrióticas, do tipo da Dragão Negro, a um repórter de um jornal inglês no começo da década de 1930. "A sociedade", ele disse, referindo-se, é claro, ao Japão, "é um triângulo controlado por um alfinete em um canto"[52]. O triângulo, em outras palavras, encontra-se sobre a mesa para todos verem. O alfinete é invisível. Por vezes o triângulo se encontra à direita, por vezes à esquerda. Ele oscila sobre um pivô que nunca se revela. Tudo é feito, como os ocidentais muitas vezes dizem, "com espelhos". Todo esforço é feito para minimizar a aparência da

52. Apud CLOSE, U. *Behind the face of Japan*, 1942, p. 136.

autoridade arbitrária e para fazer com que cada ato seja um gesto de lealdade ao símbolo-*status* que é tão constantemente divorciado do exercício real do poder. Quando os japoneses identificam uma fonte de poder não mascarada, consideram-na, como sempre consideraram o prestamista e os *narikin*, exploradores e indignos de seu sistema.

Os japoneses, vendo seu mundo desse modo, podem encenar revoltas contra a exploração e a injustiça sem sequer se tornarem revolucionários. Eles não propõem romper a tessitura do seu mundo. Eles podem instituir as mudanças mais profundas, como fizeram na Era Meiji, sem lançar qualquer calúnia sobre o sistema. Eles a chamaram Restauração, uma "imersão de volta" ao passado. Eles não são revolucionários, e os escritores ocidentais, que baseavam suas esperanças em movimentos ideológicos de massa no Japão, e que durante a guerra engrandeciam a resistência japonesa e contavam com ela para liderar a capitulação, e que após o Dia V-J profetizaram o triunfo das políticas radicais nas pesquisas de opinião, equivocaram-se gravemente em relação à situação. Estavam errados em suas profecias. O primeiro-ministro conservador, Baron Shidehara, falou mais acuradamente para os japoneses quando formou seu gabinete em outubro de 1945:

> O governo do novo Japão tem uma forma democrática que respeita a vontade do povo. [...] Em nosso país dos tempos anteriores, o imperador fazia de sua vontade a vontade do povo. Esse é o espírito da Constituição do Imperador Meiji, e o governo democrático do qual estou falando pode ser considerado verdadeiramente uma manifestação desse espírito.

Uma tal formulação de democracia parece menos que nada para os leitores americanos, mas não há dúvida de que o Japão pode estender mais prontamente a área de liberdades civis e construir o bem-estar de seu povo baseado em uma tal identificação, e não na ideologia ocidental.

O Japão com certeza fará experiências com a mecânica política da democracia ocidental, mas os arranjos ocidentais não serão ferramentas confiáveis com as quais modelar um mundo melhor, como são nos Estados Unidos. As eleições populares e a autoridade legislativa de pessoas eleitas criarão tantas dificuldades quanto soluções. Quando essas dificuldades se desenvolverem, o Japão modificará os métodos nos quais confiamos para conquistar a democracia. Então, vozes americanas se insurgirão para dizer que a guerra foi travada em vão. Acreditamos na retidão das nossas ferramentas. Na melhor das hipóteses, contudo, eleições populares serão periféricas à reconstrução japonesa como uma nação pacífica por um bom tempo no futuro. O Japão não mudou tão fundamentalmente desde a década de 1890, quando experimentou as eleições pela primeira vez, a ponto de que algumas das antigas dificuldades que Lafcadio Hearn descreveu na época não tendam a ocorrer novamente:

> Não houve de fato qualquer animosidade pessoal naquelas furiosas disputas eleitorais que custaram tantas vidas; quase não houve qualquer antagonismo pessoal naqueles debates parlamentares, cuja violência surpreendeu os estrangeiros. Os conflitos políticos não foram realmente entre indivíduos, mas entre interesses de clãs ou de partido; e os seguidores dedicados de cada clã ou partido compreenderam a nova política somente como um novo tipo de guerra – uma guerra de lealdade a ser travada em prol do líder[53].

Em eleições mais recentes na década de 1920, os aldeões costumavam dizer antes de votar: "Meu pescoço está lavado e limpo para a espada", uma frase que identificava a disputa com os antigos ataques dos samurais privilegiados às pessoas comuns. Todas as conotações de eleições no Japão diferirão mesmo hoje daquelas nos Estados Unidos, e isso será verdadeiro independentemente de o Japão estar ou não seguindo políticas agressivas perigosas.

A força real do Japão, que ele pode usar para se refazer em uma nação pacífica, repousa em sua habilidade para dizer sobre um curso de ação: "Isso falhou", e depois dirigir suas energias a outros canais. Os japoneses têm uma ética de alternativas. Eles tentaram conquistar seu "devido lugar" na guerra, e perderam. Esse caminho, agora, eles podem descartar, porque todo o seu treinamento os condicionou a mudanças possíveis de direção. Nações com uma ética mais absolutista devem se convencer de que estão lutando por princípios. Quando se rendem aos vitoriosos, dizem: "O certo foi perdido quando fomos derrotados", e seu autorrespeito exige que trabalhem para fazer esse "certo" vencer da próxima vez. Ou podem bater em seus peitos e confessar sua culpa. Os japoneses não necessitam de um nem de outro. 5 dias após do Dia V-J, antes que os americanos tivessem chegado ao Japão, o grande jornal de Tóquio, *Mainichi Shimbun*, pôde falar sobre a derrota e as mudanças políticas que ela traria, e dizer: "Mas foi tudo positivo para a salvação última do Japão". O editorial enfatizava que ninguém deveria esquecer sequer por um momento de que eles haviam sido completamente derrotados. Como seu esforço para construir um Japão com base no poder absoluto havia fracassado completamente, eles deveriam, a partir de então, trilhar o caminho de uma nação pacífica. O *Asahi*, outro grande jornal de Tóquio, naquela mesma semana caracterizou a recente "fé excessiva" do Japão "na força militar" como "um erro sério" em sua política nacional e internacional. "A antiga atitude, da qual pudemos obter tão pouco e sofremos tanto, deveria ser descartada por uma nova, que esteja arraigada na cooperação internacional e no amor pela paz."

O ocidental observa essa mudança no que considera como princípios, e suspeita dela. Contudo, é uma parte integral da conduta da vida no Japão, seja

53. *Japan: An interpretation*, 1904, p. 453.

nas relações pessoais, seja nas relações internacionais. Os japoneses veem que cometeram um "erro" ao embarcarem num curso de ação que não atinge seu objetivo. Quando fracassam, eles o descartam como uma causa perdida, pois não estão condicionados a perseguir causas perdidas. "Não é útil", dizem, "morder o próprio umbigo". O militarismo foi, na década de 1930, o meio aceito pelo qual pensaram em conquistar a admiração do mundo – uma admiração que se basearia no seu poder armado –, e aceitaram todos os sacrifícios que esse programa exigiu. Em 14 de agosto de 1945, o imperador, a voz sancionada do Japão, disse-lhes que haviam perdido. Eles aceitaram tudo o que esse fato implicava. Significava a presença das tropas americanas – então, eles as acolheram. Significava o fracasso de sua iniciativa dinástica, então, estavam dispostos a considerar uma Constituição que banisse a guerra. 10 dias após o Dia V-J, seu jornal, o *Yomiuri-Hochi*, pôde escrever sobre o "Começo de uma Nova Arte e de uma Nova Cultura", e dizer:

> Deve existir uma firme convicção em nossos corações de que a derrota militar nada tem a ver com o valor da cultura de uma nação. A derrota militar deveria servir como um ímpeto [...], [pois] foi necessário não menos que a derrota nacional para o povo japonês erguer suas mentes verdadeiramente para o mundo, para ver as coisas objetivamente como realmente são. Cada irracionalidade que distorceu o pensamento japonês deve ser eliminada pela análise franca. [...] É necessário coragem para olhar para essa derrota de frente como um fato severo, [mas devemos] colocar nossa fé na cultura nipônica do amanhã.

Eles haviam tentado um curso de ação e foram derrotados. Hoje, tentariam as artes pacíficas da vida. "O Japão", repetiam seus editoriais, "deve ser respeitado entre as nações do mundo", e era o dever dos japoneses merecer esse respeito em uma nova base.

Esses editoriais jornalísticos não eram apenas a voz de alguns intelectuais; as pessoas comuns, em uma rua de Tóquio e em uma aldeia remota, deram a mesma virada de 180°. As tropas de ocupação americanas não conseguem acreditar que esse povo amigável seja o mesmo que prometeu lutar até a morte com lanças de bambu. A ética japonesa contém muito do que nós, americanos, repudiamos, mas experiências americanas durante a ocupação do Japão foram uma excelente demonstração de quantos aspectos favoráveis uma ética estranha pode ter.

A administração americana do Japão, sob o comando do General MacArthur, aceitou essa habilidade japonesa para seguir um novo curso. Ela não impediu esse curso, insistindo em usar técnicas de humilhação. Teria sido culturalmente aceitável, de acordo com a ética ocidental, que tivéssemos feito isso, pois é um preceito da ética ocidental que a humilhação e a punição são meios socialmente efetivos para provocar a condenação do pecado do malfeitor. Essa admissão de pecado é, depois, um primeiro passo em sua reabilitação. Os japoneses, como vimos, formulam o problema de outro modo. Sua ética torna uma pessoa responsável por todas as implicações de seus atos, e as consequências naturais de um erro deveriam convencê-la de sua indesejabilidade. Essas consequências naturais podem inclusive ser derrotadas em uma guerra total. Mas essas não são situações das quais os japoneses devam se ressentir como humilhantes. No léxico japonês, uma pessoa ou uma nação humilha a outra por detração, ridículo, desprezo, menosprezo e insistindo em símbolos de desonra. Quando os japoneses se consideram humilhados, a vingança é uma virtude. Independentemente de quão fortemente a ética ocidental condene tal preceito, a efetividade da ocupação americana do Japão depende do autocomedimento americano sobre esse ponto. Os japoneses separam o ridículo, do qual se ressentem terrivelmente, das "consequências naturais" que, de acordo com os termos de sua rendição, incluem coisas como a desmilitarização e mesmo a imposição espartana de indenizações.

O Japão, em sua única grande vitória sobre uma grande potência, mostrou que, mesmo como um vitorioso, poderia cuidadosamente evitar humilhar um inimigo derrotado quando finalmente capitulou, e não considerou que essa nação havia zombado dele. Existe uma famosa fotografia da rendição do exército russo em Port Arthur, em 1905, que todos os japoneses conhecem. Ela mostra os russos portando suas espadas. Os vitoriosos e os vencidos podem ser distinguidos somente por seus uniformes, pois os russos não haviam sido destituídos de suas armas. A explicação japonesa bem conhecida dessa rendição conta que, quando o General Stoessel, o comandante russo, anunciou sua disposição de receber as proposições japonesas de rendição, um capitão e intérprete japonês foi ao seu quartel-general levando comida. "Todos os cavalos, exceto o do General Stoessel, haviam sido mortos e comidos, de modo que o presente de 50 galinhas e uma centena de ovos frescos que os japoneses levaram a eles era, na verdade, bem-vindo." A reunião do General Stoessel e do General Nogi foi arranjada para o dia seguinte.

Os dois generais apertaram as mãos. Stoessel expressou sua admiração pela coragem dos japoneses e [...] o General Nogi elogiou a longa e brava defesa dos russos. Stoessel expressou sua empatia por Nogi por ter perdido seus dois filhos na campanha. [...] Stoessel lhe presenteou com seu belo cavalo árabe branco, mas Nogi disse que, por mais que quisesse recebê-lo como seu das mãos do general, deveria primeiro ser presenteado ao imperador. Contudo, ele prometeu que, se retornasse a ele, como tinha razões para crer que retornaria, ele cuidaria dele como se sempre tivesse sido seu[54].

54. Citado de uma descrição japonesa em CLOSE, U. *Behind the face of Japan*, 1942, p. 294. Essa versão da rendição russa não tem de ser literalmente verdadeira para ter importância cultural.

Todos no Japão conheciam o estábulo que o General Nogi construiu para o cavalo do General Stoessel, em seu pátio da frente – um estábulo muitas vezes descrito como mais pretensioso do que a própria casa de Nogi e, após sua morte, uma parte do santuário nacional de Nogi.

Diz-se que os japoneses mudaram, entre o dia em que os russos se renderam e os anos de sua ocupação das Filipinas, por exemplo, quando o mundo todo conheceu sua destrutividade e crueldade perniciosas. Para um povo com a ética situacional extrema dos japoneses, contudo, essa não é a conclusão necessária. Em primeiro lugar, o inimigo não capitulou após Bataan; houve apenas uma rendição local. Mesmo quando os japoneses, por sua vez, renderam-se nas Filipinas, o Japão ainda estava lutando. Em segundo lugar, os japoneses nunca consideraram que os russos os tivessem "insultado" nos primeiros anos do século XX, ao passo que todos os japoneses foram educados, nas décadas de 1920 e 1930, a considerar que a política dos Estados Unidos "inferiorizava o Japão", ou, em sua formulação, "tratava o país como fezes". Essa foi a reação do Japão ao Ato de Exclusão, à parte que os Estados Unidos representaram no Tratado de Portsmouth e nos acordos de Paridade Naval. Os japoneses haviam sido encorajados a considerar do mesmo modo o papel do crescimento econômico dos Estados Unidos no Extremo Oriente e nossas atitudes raciais para com os povos não brancos do mundo. A vitória sobre a Rússia e a vitória sobre os Estados Unidos nas Filipinas, portanto, ilustram o comportamento japonês em seus aspectos mais opostos: quando insultos estão envolvidos e quando não estão.

A vitória final dos Estados Unidos mudou novamente a situação para os japoneses. Sua derrota final provocou, como é usual na vida japonesa, o abandono do curso que estavam buscando. A ética peculiar dos japoneses lhes permitia apagar a lousa. A política dos Estados Unidos e a administração do General MacArthur evitaram escrever novos símbolos de humilhação sobre aquela lousa limpa, e continuaram simplesmente insistindo naquelas coisas que, aos olhos japoneses, são "consequências naturais" da derrota. Funcionou.

A conservação do imperador foi de grande importância. Foi bem administrada. Foi o imperador que chamou primeiro o General MacArthur, não o contrário, e essa foi uma lição prática para os japoneses, cuja força os ocidentais têm dificuldades para reconhecer. Diz-se que, quando foi sugerido ao imperador que negasse sua divindade, ele protestou dizendo que seria um embaraço pessoal desfazer-se de algo que não tinha. Os japoneses, disse com sinceridade, não o consideravam um deus no sentido ocidental. O quartel-general de MacArthur, contudo, insistiu com ele que a afirmação de sua divindade era ruim para a reputação internacional do Japão, e o imperador concordou em aceitar o embaraço que a negação lhe custaria. Ele falou no Dia do Ano-novo, e pediu para que lhe traduzissem todos os comentários da imprensa mundial à sua mensagem. Quando os leu, enviou uma mensagem ao quartel-general do General MacArthur dizendo que estava satisfeito. Os estrangeiros, obviamente, não o haviam entendido antes, e ele estava feliz por ter falado.

A política dos Estados Unidos também havia permitido certas gratificações aos japoneses. A diretriz do State-Army-Navy especifica que "deve ser dado encorajamento e mostrada aprovação ao desenvolvimento de organizações no trabalho, indústria e agricultura, estabelecidas em uma base democrática". A força de trabalho japonesa se organizou em muitas indústrias, e os antigos sindicatos de agricultores, que eram ativos nas décadas de 1920 e 1930, estão se afirmando novamente. Para muitos japoneses, essa iniciativa, que podem agora adotar para melhorar sua condição, é uma prova de que o Japão conquistou algo como uma consequência dessa guerra. Um correspondente americano fala de um grevista em Tóquio que levantou a cabeça para olhar para um soldado americano e disse, com um grande sorriso, "Japão *vencer*, não?" As greves no Japão de hoje têm muitos paralelos com as antigas Revoltas dos Camponeses, nas quais a petição dos agricultores era sempre referente ao fato de que os impostos e corveias aos quais estavam submetidos interferiam na produção adequada. Essas revoltas não eram lutas de classes no sentido ocidental, e não eram uma tentativa de mudar o sistema em si. No Japão de hoje, as greves não detêm a produção. A forma favorita que assumem é os trabalhadores

> ocuparem a fábrica, continuarem a trabalhar e ridicularizarem a administração ao aumentarem a produção. Os grevistas em uma mina de carvão de propriedade de Mitsui barraram a entrada de todo o pessoal da administração, e aumentaram a produção diária de 250 para 620 toneladas. Os trabalhadores nas minas de cobre de Ashio assumiram a administração durante uma "greve", aumentaram a produção e dobraram seus salários[55].

A administração de qualquer país derrotado é, com certeza, difícil, independentemente de quanto bom-senso a política aceita mostre. No Japão, os problemas de alimento, de abrigo e a reconversão são inevitavelmente agudos. Seriam ao menos igualmente agudos sob uma administração que não fizesse uso do pessoal governamental japonês. O problema dos soldados desmobilizados, que era tão temido pelos administradores americanos antes de a guerra terminar, é certamente menos ameaçador do que teria sido se os oficiais japoneses não tivessem sido mantidos. Mas não é facilmente resolvido. Os japoneses têm consciência da dificuldade, e seus jornais falaram comovidamente no último outono sobre quão amarga foi a derrota para os soldados que haviam sofrido e perdido, e lhes imploraram para que não deixassem isso interferir em seu "julgamento". O exército re-

55. *Time*, 18/02/1946.

patriado mostrou, em geral, "julgamento" notável, mas o desemprego e a derrota devolveram alguns soldados ao antigo padrão de sociedades secretas em prol de objetivos nacionalistas. Eles podem facilmente se ressentir de seu *status* presente. Os japoneses não concordam mais com sua antiga posição privilegiada. Os soldados feridos costumavam se vestir de branco, e as pessoas os reverenciavam na rua. Mesmo um recruta de tempos de paz recebia uma festa de partida e uma de boas-vindas em seu vilarejo. Havia bebidas e refrescos, dança e vestimentas típicas, e ele sentava em um lugar de honra. Agora, o soldado repatriado não tem essas atenções. Sua família o acolhe, mas isso é tudo. Em muitas cidades, é hostilizado. É fácil, sabendo quão amargamente os japoneses consideram uma mudança de comportamento como essa, imaginar sua satisfação em se juntar com seus antigos camaradas para trazer de volta os tempos antigos em que a glória do Japão era confiada às mãos dos soldados. Alguns de seus camaradas de guerra lhe dirão, também, quão afortunados são os soldados japoneses que já estão lutando com os Aliados em Java, em Shansi e na Manchúria; por que ele deveria se desesperar? Ele também lutará de novo, dizem-lhe. As sociedades secretas nacionalistas são velhas instituições do Japão; elas "limpavam o nome" do Japão. Os homens condicionados a sentir que "o mundo se desequilibra" quando alguma medida de revide não é executada sempre foram candidatos possíveis para essas sociedades clandestinas. A violência que essas sociedades, como a Dragão Negro e a Oceano Negro, adotavam é a violência que a ética japonesa permite como giri para com o próprio nome, e o longo esforço do governo japonês para enfatizar o gimu, às custas do giri para com o próprio nome, terá de ser continuado nos próximos anos para que essa violência seja eliminada.

Será necessário mais do que um apelo ao "julgamento". Exigirá uma reconstrução da economia japonesa, que dará um sustento e um "devido lugar" aos japoneses, que agora se encontram em seus 20 e 30 anos. Exigirá melhorias nas terras dos agricultores. Sempre que há adversidades econômicas, os japoneses retornam para suas antigas aldeias agrícolas, e as pequenas fazendas, endividadas e em muitos lugares com arrendamentos, não podem alimentar mais muitas bocas. A indústria também deve ser iniciada, pois o forte sentimento contra dividir a herança com os filhos mais jovens terminará levando todos, menos os mais velhos, a buscar sua sorte na cidade.

Os japoneses têm uma jornada longa e árdua pela frente, sem dúvida, mas, se o rearmamento não for permitido no orçamento do Estado, eles têm uma oportunidade de elevar seu padrão nacional de vida. Uma nação como o Japão, que gastou metade da sua receita nacional em armamento e com as forças armadas por uma década antes de Pearl Harbor, pode estabelecer a fundação de uma economia saudável se proibir esses gastos e reduzir progressivamente suas exigências dos agricultores. Como vimos, a fórmula japonesa para a divisão dos produtos agrícolas era de 60% para o agricultor; 40% ele pagava de tributos e arrendamentos. Isso contrasta muito com países rizicultores como Burma e Sião, nos quais 90% era a proporção tradicional deixada ao agricultor. Essa enorme exigência sobre o agricultor no Japão foi o que terminou tornando possível o financiamento da máquina de guerra nacional.

Qualquer país europeu ou asiático que não estiver se armando na próxima década terá uma vantagem potencial em relação aos países que estiverem, pois sua riqueza pode ser usada para construir uma economia saudável e próspera. Nos Estados Unidos, dificilmente levamos essa situação em consideração em nossas políticas asiáticas e europeias, pois sabemos que não nos empobreceríamos devido a programas caros de defesa nacional. Nosso país não foi devastado. Não somos um país primariamente agrícola. Nosso problema crucial é a superprodução industrial. Aperfeiçoamos a produção em massa e os equipamentos mecânicos a ponto de nossa população não poder encontrar emprego a menos que coloquemos em movimento grandes programas de armamento ou de produção de bens de luxo, ou de serviços de bem-estar social e de pesquisa. A necessidade por investimentos lucrativos de capital é também aguda. Essa situação é muito diferente fora dos Estados Unidos. É diferente mesmo na Europa Ocidental. A despeito de todas as exigências por reparações, uma Alemanha que não tem permissão para se rearmar poderia, em uma década ou mais, estabelecer as funda ções de uma economia sólida e próspera que seria impossível na França, caso sua política seja promover uma grande força militar. O Japão poderia tirar proveito de uma vantagem similar em relação à China. A militarização é um objetivo atual na China, e suas ambições são apoiadas pelos Estados Unidos. O Japão, caso não inclua a militarização em seu orçamento, pode, caso queira, financiar sua prosperidade dentro de poucos anos, e poderia se tornar indispensável no comércio do Oriente. Poderia basear sua economia nos lucros da paz e elevar o padrão de vida de seu povo. Um Japão pacífico assim poderia conquistar um lugar de honra entre as nações do mundo, e os Estados Unidos poderiam ser de grande assistência, caso continuassem a usar sua influência em apoio a um programa assim.

O que os Estados Unidos não podem fazer – e que nenhuma nação de fora poderia – é criar por decreto um Japão livre e democrático. Nunca funcionou em qualquer país dominado. Nenhum estrangeiro pode decretar, para um povo que possui seus hábitos e crenças, um modo de viver conforme à sua própria imagem. Os japoneses não podem ser forçados por lei a aceitar a autoridade de pessoas eleitas e ignorar a "devida posição" como é estabelecida em seu sistema hierárquico. Eles não podem ser forçados por lei a adotar os contatos humanos livres e fáceis aos quais somos acostumados nos Estados Unidos, a exigência imperativa de ser independente, a paixão que cada pessoa tem para escolher seus parceiros, seu trabalho, a casa em que viverá e as obrigações que assumirá. Os japoneses, contudo, estão muito articulados em relação a mudanças nessa direção, que eles consideram necessárias. Desde o Dia V-J, seus políticos têm dito que o Japão deve encorajar seus homens e mulheres a viverem suas próprias vidas e a confiarem em suas consciências. Eles não dizem, é claro, mas qualquer japonês entende que estão questionando o papel da "vergonha" (haji) no Japão, e que esperam por um novo crescimento da liberdade entre seus cidadãos: a liberdade em relação ao medo da crítica e do ostracismo do "mundo".

As pressões sociais no Japão, independentemente de quão voluntariamente adotadas, exigem demais do indivíduo. Elas exigem que oculte suas emoções, abra mão de seus desejos e que se coloque como representante exposto de uma família, organização ou nação. Os japoneses mostraram que podem adotar toda a autodisciplina que um curso desses exige. Mas o peso sobre eles é extremamente elevado. Eles têm de se reprimir em demasia, para seu próprio bem. Temendo se aventurar em uma nova vida, que é menos custosa para suas psiques, deixaram-se levar por militaristas a um curso no qual os custos se acumulam interminavelmente. Tendo pago por isso um preço tão elevado, tornaram-se presunçosos e passaram a desprezar povos com uma ética menos exigente.

Os japoneses deram o primeiro grande passo na direção da mudança social pela identificação da guerra agressiva como um "erro" e uma causa perdida. Eles esperam recuperar seu lugar respeitado entre as nações pacíficas. Terá de ser um mundo pacífico. Se a Rússia e os Estados Unidos passarem os próximos anos se armando para ataque, o Japão usará sua experiência para lutar nessa guerra. Mas admitir isso certamente não coloca em questão a possibilidade inerente de um Japão pacífico. As motivações do Japão são situacionais. Ele buscará seu lugar dentro de um mundo em paz, se as circunstâncias permitirem. Se não, dentro de um mundo organizado como um campo armado.

No presente, os japoneses reconhecem o militarismo como uma luz que falhou. Eles observarão para ver se também falhou em outras nações do mundo. Se não, o Japão pode reacender seu próprio ardor belicoso e mostrar o quanto pode contribuir. Se falhou em outro lugar, o Japão pode se dispor a mostrar quão bem aprendeu a lição de que as iniciativas dinásticas imperialistas não são o caminho para a honra.

Glossário

Ai, amor; especificamente o amor de um dependente a um superior.

Arigato, obrigado; "essa é uma coisa difícil".

Buraku, um vilarejo de cerca de 15 casas; um distrito em uma aldeia.

Bushido, "o caminho do samurai". Um termo popularizado durante o século XX para designar a *conduta de ideais japoneses*. O Dr. Inazo Nitobe, em *Bushido, a alma do Japão*, lista como Bushido: retidão ou justiça, coragem, benevolência, polidez, sinceridade, honra, lealdade e autocontrole.

Chu, lealdade ao imperador.

Daimyo, um senhor feudal.

Donen, amigos da mesma idade.

Eta, uma classe pária no Período Pré-Meiji.

Geisha, uma cortesã especialmente treinada e de elevado prestígio.

Gi, retidão.

Gimu, uma categoria de obrigações japonesas. Cf. tabela esquemática, p. 77.

Giri, uma categoria de obrigações japonesas. Cf. tabela esquemática, p. 77.

Go, uma unidade de medida de capacidade; menos de um copo.

Haji, vergonha.

Haraki'ri or seppuku, suicídio de acordo com o código samurai. Seppuku é o termo mais elegante. Quando nenhum acento é indicado, deve-se dar igual valor a todas as sílabas. Os acentos que são marcados são apenas aproximações apenas para auxiliar os leitores. Vogais e ditongos são pronunciadas do seguinte modo:

- *a* como em *arte*
- *ai* como em *aisle*
- *e* como em *veto*
- *ei* como em *veil*
- *g* é sempre difícil, como em *grande*
- *i* como em *polícia*
- *ĭ* como em *time*
- *o* como em *bolo*
- *u* como em *rude*.

Hysteri, nervosismo e instabilidade. Geralmente usado para mulheres.

Ĭnkyo, o estado de afastamento formal da vida ativa.

Issei, um americano descendente de japoneses nascido no Japão. Cf. Nisei.

Ĭsshĭn, restaurar, imergir de volta ao passado. Um *slogan* da Restauração Meiji.

Jen (Chinês), boas relações humanas, benevolência.

Jicho', autorrespeito, circunspecção. "Dobrar o jicho com jicho", ser superlativamente circunspecto.

Jĭn (escrito com os mesmos caracteres do chinês jen), obrigação que é externa ao código obrigatório. Mas cf. "conhecendo o jin" p. 79, nota de rodapé.

Jingi (variante de jin), uma obrigação externa ao código obrigatório.

Jiri'ki, "autoajuda", treinamento espiritual dependente unicamente dos próprios poderes humanos disciplinados. Cf. tariki.

Judo, uma forma de jiu-jitsu. Luta japonesa.

Jujĭtsu, luta japonesa.

Kabuki, drama popular. Cf. nô.

Kagura, danças tradicionais executadas em santuários xintoístas.

Kami, cabeça, fonte. Termo xintoísta para deidade.

Kamika'ze, "vento divino". O furacão que repeliu a frota invasora de Genghis Khan no século XIII. Os pilotos dos aviões suicidas na Segunda Guerra Mundial eram chamados Unidade Kamikaze.

Katajikĕnai', obrigada; "Estou insultada".

Kino do'ku, obrigada; "esse sentimento venenoso".

Kĭnshĭn, penitência. Um período de retiro para remover "a ferrugem do corpo".

Ko, devoção filial.

Koan (pronúncia ko-ari), problemas que não possuem resposta racional, estabelecido pelo culto Zen para aqueles em treinamento.

Ko-on, obrigação para com o imperador, o Estado.

Magokoro, "sinceridade".

Makoto, "sinceridade".

Meiji, Era, o período do reinado do Imperador Meiji, 1868-1912. Designa o começo da era moderna no Japão.

Moxa, folhas pulverizadas de uma certa planta, que são queimadas em um cone na superfície do corpo para propósitos curativos. Cura moléstias e desobediência.

Muga, a eliminação do *self*-observador conquistada por aqueles que treinaram.

Narĭkĭn', nouveau riche. "Um peão promovido a rainha" (xadrez).

Nĭrva'na (sânscrito), emancipação final da alma da transmigração; estado de não ser; absorção no divino.

Nisei, um americano descendente de japonês nascido nos Estados Unidos. Cf. Issei.

Nô, drama clássico. Cf. kabuki.

Nushi, mestre.

On (pronuncia-se *aun*), uma categoria de obrigações contraídas. Cf. tabela esquemática p. 77.

Oya, pais.

Ronĭn, nos tempos feudais, vassalos samurais que, devido desgraça, morte ou desonra de seu senhor, haviam se tornado homens sem mestres.

Sake (saquê), bebida de arroz fermentado que é a principal bebida alcoólica dos japoneses.

Samurai, nos tempos feudais, os guerreiros, homens de duas espadas. Abaixo deles estavam as pessoas comuns: agricultores, artesãos e comerciantes.

Satori, iluminação budista.

Seppu'ku or haraki'ri, suicídio pela perfuração do abdômen. Nos tempos feudais, era o privilégio exclusivo dos nobres e dos samurais.

Shuyo, autodisciplina, treinamento mental.

Sonno joi, "Restaurar o imperador e expulsar os bárbaros (ocidentais)". Um *slogan* da Restauração Meiji.

Sumimaseri', obrigada; lamento; "isso nunca termina".

Sutra (sânscrito), pequenas coleções de diálogos e aforismos. Os discípulos de Gautama Buddha escreveram esses sutras no idioma conversacional de sua época (Pali).

Tai setsu, Lei Suprema.

Tari'ki, "auxílio do outro". Bênção espiritual que é um ato de graça. Cf. jiriki.

Tonari gumi, pequenos grupos de bairros de cerca de 5 a 10 famílias.

Xogum, nos tempos Pré-Meiji o governante de fato do Japão; a sucessão era hereditária enquanto uma família pudesse permanecer no poder. O xogum era sempre investido pelo imperador.

Yoga (sânscrito), uma forma de filosofia e prática ascéticas predominante na Índia desde tempos imemoriais.

Zaibatsu, grandes negócios; membros influentes da hierarquia econômica.

Zen, um culto budista introduzido a partir da China e importante no Japão desde o século XII. Era um culto da classe alta dos governantes e guerreiros, e ainda contrasta com os grandes cultos budistas tariki com seu grande número de seguidores.

Índice

COLEÇÃO ANTROPOLOGIA

– *As estruturas elementares do parentesco*
Claude Lévi-Strauss
– *Os ritos de passagem*
Arnold van Gennep
– *A mente do ser humano primitivo*
Franz Boas
– *Atrás dos fatos – Dois países, quatro décadas, um antropólogo*
Clifford Geertz
– *O mito, o ritual e o oral*
Jack Goody
– *A domesticação da mente selvagem*
Jack Goody
– *O saber local – Novos ensaios em antropologia interpretativa*
Clifford Geertz
– *O processo ritual – Estrutura e antiestrutura*
Victor W. Turner
– *Sexo e repressão na sociedade selvagem*
Bronislaw Malinowski
– *Padrões de cultura*
Ruth Benedict
– *O Tempo e o Outro – Como a antropologia estabelece seu objeto*
Johannes Fabian
– *A antropologia do tempo – Construções culturais de mapas e imagens temporais*
Alfred Gell
– *Antropologia – Prática teórica na cultura e na sociedade*
Michael Herzfeld
– *Arte primitiva*
Franz Boas
– *Explorando a cidade – Em busca de uma antropologia urbana*
Ulf Hannerz
– *Crime e costume na sociedade selvagem*
Bronislaw Malinowski
– *A vida entre os* antros *e outros ensaios*
Clifford Geertz
– *Estar vivo – Ensaios sobre movimentos, conhecimento e descrição*
Tim Ingold
– *A produção social da indiferença – Explorando as raízes simbólicas da burocracia ocidental*
Michael Herzfeld
– *Parentesco americano – Uma exposição cultural*
David M. Schneider
– *Sociologia religiosa e folclore – Coletânea de textos publicados entre 1907 e 1917*
Robert Hertz
– *Cultura, pensamento e ação social – Uma perspectiva antropológica*
Stanley Jeyaraja Tambiah
– *Nove teorias da religião*
Daniel L. Pals
– *Antropologia – Para que serve*
Tim Ingold
– *Evolução e vida social*
Tim Ingold
– *Investigação sobre os modos de existência – Uma antropologia dos Modernos*
Bruno Latour
– *O crisântemo e a espada – Padrões da cultura japonesa*
Ruth Benedict
– *A lógica da escrita e a organização da sociedade*
Jack Goody